7

Nationalgalerie
der Gegenwart

Hamburger
Bahnhof

# 12. Preis der Nationalgalerie 2024

Pan Daijing
Dan Lie
Hanne Lippard
James Richards

Für die / For the **Nationalgalerie –
Staatliche Museen zu Berlin
herausgegeben von** / edited by
**Sam Bardaouil & Till Fellrath**

**Sam Bardaouil
& Till Fellrath**
Hg. / Eds.

**SilvanaEditoriale**

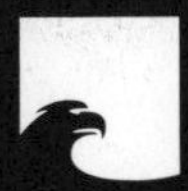

**Nationalgalerie**
Staatliche Museen zu Berlin

# Inhalt/<br>Content

Preis der Nationalgalerie 2024

# Eine Konstellation subtiler Verweise / A Configuration of Subtle Indications

Sam Bardaouil & Till Fellrath

Der Preis der Nationalgalerie blickt auf eine reichhaltige Geschichte zurück, die bis ins Jahr seiner Gründung 2000 zurückreicht. Er wurde ins Leben gerufen, um herausragende Beiträge der zeitgenössischen Kunst anzuerkennen und zu honorieren. Bisherige Preisträger*innen haben unauslöschliche Spuren in der Kunstwelt hinterlassen; sie inspirierten Diskurse und loteten Grenzen aus. Vor diesem Hintergrund unterstreicht die Auszeichnung, die dieses Jahr an Pan Daijing, Dan Lie, Hanne Lippard und James Richards verliehen wird, den innovativen und einflussreichen Charakter ihrer Arbeit.

In früheren Jahren waren jeweils vier Finalist*innen eingeladen, eine im Auftrag neu produzierte Arbeit in einer Gruppenausstellung zu präsentieren, aus der dann ein*e Preisträger*in ausgewählt und mit einer Einzelausstellung in der Historischen Halle im Zentrum des Hamburger Bahnhof gewürdigt wurde. Im Gegensatz dazu wird in der diesjährigen Ausgabe erstmalig ein anderes Konzept umgesetzt; das neue Format bekräftigt die Wichtigkeit der derzeitig geführten Debatte, auf Kollektivität statt Individualismus zu setzen und sich für Solidarität statt Einzelkämpfer*innentum stark zu machen. Die Werke der vier Künstler*innen fügen sich zu einer Momentaufnahme zusammen, in der wir einigen der aktuellsten und innovativsten zeitgenössischen Praktiken der heutigen Zeit begegnen. Sie alle haben ihre Basis in Berlin und spiegeln die kreative Community der Stadt in ihrer Diversität wider.

## Pan Daijing

Pan Daijings interdisziplinäre künstlerische Praxis umfasst Performances, Installationen und Sound Art; sie erforscht die Unwägbarkeiten unserer physischen Existenz, wobei sie den Körper als einen verletzlichen Ort, aber auch als Mittel zum Widerstand begreift. Die Künstlerin und Musikerin bedient sich bewusst einer elementaren kompositorischen und performativen Methodik, mit der sie ein vielfältiges Spektrum an Ausdrucksformen realisiert. Die Arbeiten manifestieren sich

The Preis der Nationalgalerie has a rich history dating back to its inception in 2000, serving as a platform to recognize and celebrate outstanding contributions to contemporary art. Previous winners have left indelible marks on the art world, shaping the discourse, and pushing boundaries. In this context, the recognition bestowed this year upon Pan Daijing, Dan Lie, Hanne Lippard, and James Richards highlights the innovative and influential nature of their work.

Unlike previous editions, where four finalists were invited to present newly commissioned pieces in a group exhibition, after which one winner was selected and given a solo show in Hamburger Bahnhof's main historical hall, this year inaugurates a new format that is more in sync with the discourse surrounding the importance of championing collectivity over individualism and solidarity over the hero cult. All four artists, with their respective bodies of work, provide a snapshot of some of the most current and innovative contemporary practices today. All based in Berlin, together they echo the diversity of the city's creative community.

## Pan Daijing

Pan Daijing's interdisciplinary artistic practice traverses the realms of performance, installation, and sound art, delving into the intricacies of corporeal existence as both a locus of vulnerability and resistance. She is an artist and musician who deliberately employs a rudimentary methodology in both compositional and performative realms, which she then manifests in a diverse array of expressions. These predominantly materialize in performative artistic environments, comprising auditory, kinetic, and spatial installations that pivot substantially on improvisational inclinations and narrative motifs.

While Daijing does not directly tackle the ostensibly dichotomous relationship between the human and the machine, she makes use of technological devices in creating spaces that heighten the visitor's awareness of their body as an outer membrane; that vessel of contact with the rest of the world. Here, Donna Haraway's figures of the cyborg and the monster come to mind. Through proposing novel modes of

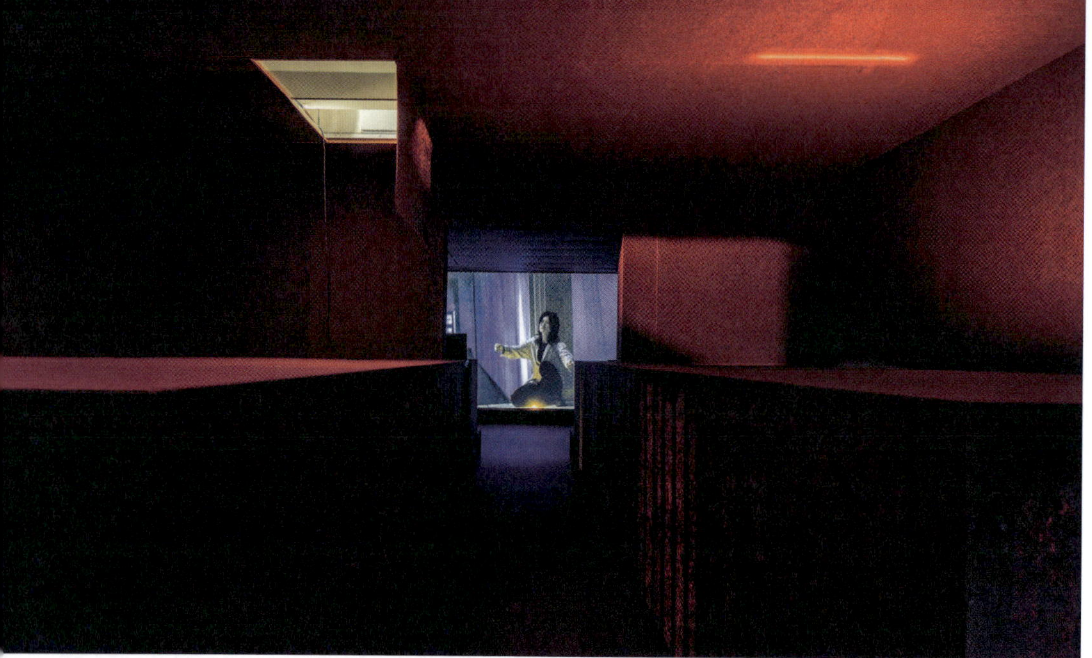

Pan Daijing, *After Fugue*, 2024, Rauminstallation mit vierzehn Lautsprechern, drei Subwoofern, Einkanal-Film, Mehrkanal-Videoinstallation / site-specific architectural interventions with fourteen loudspeakers, three subwoofers, one-channel film, multichannel video installation, **Ausstellungsansicht** / installation view
*Preis der Nationalgalerie 2024*, Hamburger Bahnhof – Nationalgalerie der Gegenwart, Berlin, 2024

vornehmlich als performative künstlerische Inszenierungen in Form von klanglichen und kinetischen raumgreifenden Installationen, die sich vielfach um improvisierte Elemente und narrative Motive drehen.

Obgleich Daijing die vermeintlich komplementäre Beziehung zwischen Mensch und Maschine nicht unmittelbar thematisiert, setzt sie technologische Mittel ein, um für die Besuchenden Räume zu inszenieren, die das Bewusstsein für den eigenen Körper als Membran erhöhen; die äußere Hülle eines jeden Menschen, die als Schnittstelle zwischen uns und dem Rest der Welt fungiert. An diesem Punkt kommen uns Donna Haraways Modelle des Cyborgs und des Monsters in den Sinn, anhand derer wir uns eine neue Art Körper, neue Formen der Wirkmächtigkeit und neue Wege, in der Welt zu sein, vorstellen können. Sie setzen die Grenzen zwischen Mensch und Maschine, Natur und Kultur, zwischen uns selbst und den anderen außer Kraft und rufen uns auf, unser Verhältnis zu Technologie, Biologie und der Umwelt neu zu überdenken. In der Hybridität des Cyborgs und der Monstrosität des Monsters entdecken wir das Potenzial für Widerstand, Transformation und Erneuerung. Sie veranlassen uns,

thinking about new kinds of bodies and agency, they suggest new ways of being in our world. Disrupting the boundaries between human and machine, nature and culture, self and other, they invite us to reconceive our own relationship to technology, biology, and the environment. The cyborg's hybridity and the monster's monstrosity allow us to discover prospects of resistance, transformation, and regeneration. They pose a challenge that compels us to imagine new possibilities of living together in a world that is progressively impacted by technology and its effects on our bodies, our identities, and our communities.[1] Daijing's complex, multifaceted work summons primal responses teetering on fear and fascination, intrigue and perhaps even repulsion, as the visitor navigates through what seems alien and familiar at once. While her work engenders a primordial encounter akin to the raw fervor found in the work of such pioneering figures as Marina Abramović, Joseph Beuys, or Carolee Schneemann, the bodily presence is more suggested than present, serving only as a trenchant within an aural and material environment that echoes both, the frailty and fortitude inherent in the corporeal experience within a concrete space. Through her evocative excavations of physical boundaries and existential

neue Möglichkeiten für das Zusammenleben in einer Welt zu ersinnen, die zunehmend von technologischen Mitteln und ihren Auswirkungen auf unsere Körper, unsere Identitäten und auf unsere Gemeinschaften bestimmt wird.[1] Daijings komplexes, fassettenreiches Werk ruft intuitive Reaktionen hervor; Besuchende schwanken zwischen Faszination und Furcht, fühlen sich angezogen und abgestoßen zugleich, während sie sich ihren Weg durch Szenarien bahnen, die ihnen fremd und zur selben Zeit vertraut erscheinen. Wenngleich ihre Arbeit dem Publikum eine Art Ur-Begegnung ähnlich der rohen Leidenschaftlichkeit ermöglicht, wie sie in den Arbeiten solch wegweisender Künstler*innen wie Marina Abramović, Joseph Beuys oder Carolee Schneemann zum Ausdruck kommt, ist die Präsenz des Körpers hier eher angedeutet als real; der Körper ist nicht mehr als ein Rudiment innerhalb einer auf das Gehör ausgerichteten, materiellen Umgebung, in der sich die Zerbrechlichkeit, aber auch die innere Kraft einer körperlichen Erfahrung vermittelt, wie sie in einem konkreten Raum möglich ist. Indem sie unser Bewusstsein für physische Grenzen und existenzielle Schwellenbereiche schärft, veranlasst Daijing die Betrachtenden auf vielerlei Weise, sich ihren Vorurteilen zu stellen und die eigenen vorgefassten Meinungen kritisch zu hinterfragen, während sie zugleich einen Diskurs über die komplexe Natur unserer Identitäten, Beziehungen und Machtdynamiken anregt.

Daijing bindet gefundene Artefakte und Materialien in ihre Installationen ein, um immersive Räume zu realisieren, die die Grenze zwischen Individuum und Bereichen des Gesellschaftlichen verwischen. Häufig kombiniert sie Videoprojektionen mit skulpturalen Konstellationen, die das Publikum zu phantasmagorischen Betrachtungen über Erinnerungen und Identität veranlassen; ihr Ansatz erinnert dabei stark an Joseph Beuys' Konzept der Sozialen Plastik. Indem sie Persönliches und Gemeinschaftliches nebeneinanderstellt, lädt Daijing die Betrachtenden zur Selbstbetrachtung ein, und insbesondere das Verhältnis zwischen der eigenen Geschichte

thresholds, Daijing, in many ways, impels viewers to interrogate their preconceptions and prejudices, nurturing discourse on the intricate tapestry of identity, affiliation, and power dynamics.

Within her installations, Daijing integrates found artifacts and materials to construct immersive milieus that blur the demarcations between the individual and the societal. She often intertwines video projections with sculptural configurations, beckoning spectators into a phantasmagoric contemplation on memory and identity, redolent of the conceptual terrain charted by Joseph Beuys's 'social sculpture.' By juxtaposing the intimate and the communal, Daijing incites introspection on the interplay between personal narrative and broader socio-political currents. In Daijing's performances, the delineation of 'the other' is rendered moot. According to French philosopher, and arguably founder of the field of phenomenology, Emmanuel Levinas, our self-reliance and the seclusion of our ego are disrupted by the encounter with the Other, resulting in an opportunity for ethical accountability and transcendence. This encounter calls the self into question and requires us to respond to the infinite demand of the Other's alterity.[2] Similarly, and preferring an unburdened reception devoid of predetermined expectations, Daijing values the instantaneous and intuitive responses evoked within spectators. While crafting her performances, she contemplates the bodies of those who will enter into her constructed space, recognizing the necessity of transcending self-absorption to convey a resonant message, and to facilitate an encounter between one's self

---

1 Vgl. Donna Haraway, „Mostöse Versprechen. Eine Erneuerungspolitik für un/an/geeignete Andere" in: dies., *Monströse Versprechen: Die Gender- und Technologie-Essays,* Hamburg: Argument-Verlag, S. 35–124.v

---

1 Cf. Donna Haraway, "The Promises of Monsters: A Regenerative Politics for Inappropriate/d Others" in: *The Haraway Reader,* New York: Routledge, 2004, pp. 63–124.

2 Cf. Emmanuel Levinas, *Totality and Infinity: An Essay on Exteriority,* Pittsburgh: Duquesne University Press, 1969.

und allgemeineren gesellschaftspolitischen Strömungen zu untersuchen. In Daijings Performances wird die Abgrenzung zum anderen hinfällig. Nach dem französischen Philosophen und mutmaßlichen Begründer der Phänomenologie Emmanuel Levinas, unterminiert die Begegnung mit dem anderen die Autarkie und Abgeschlossenheit des Egos, um einen Raum für ethische Verantwortung und Transzendenz zu etablieren. Kraft dieser Begegnung sieht sich das Selbst infrage gestellt und ist aufgerufen, auf das nie versiegende Verlangen nach der Alterität des anderen zu reagieren.[2] In ähnlicher Weise schätzt auch Daijing die unmittelbaren und intuitiven Reaktionen, die ihr Werk im Publikum hervorruft; sie bevorzugt eine unbelastete Rezeption frei von jeglichen Erwartungen. Wenn sie eine Performance erarbeitet, ist sie sich der Körper derjenigen bewusst, die den von ihr inszenierten Raum betreten werden. Sie hat die Notwendigkeit erkannt, dass jedwede Ich-Besessenheit überwunden werden muss, will man eine Botschaft von kräftigem Klang kommunizieren und eine Begegnung zwischen dem Selbst und den anderen ermöglichen, die hier in Erscheinung treten – sei es in Form von Materie oder Raum oder auch als Wesen menschlicher oder nichtmenschlicher Art.

Daijings Praxis ist auf einen organischen Ansatz gegründet, der Ähnlichkeit mit einem Laborexperiment hat, einer persönlichen Forschungsarbeit frei von institutionellen Zwängen. Ihre Praxis regt einen Dialog zwischen Publikum und Raum an, der sich innerhalb von Interaktionen in Echtzeit entwickelt und eine spielerische Intimität erzeugt. Ultimativ privilegiert ihr künstlerisches Ethos authentische Verbindungen und transzendiert konventionelle Muster zugunsten tiefgründiger und transformativer Erfahrungen.

## Dan Lie

In einer wandlungsfähigen kreativen Praxis widmet sich Dan Lie künstlerischen Untersuchungen, die Skulpturen und Installationen umfassen und Themen wie Vergänglichkeit oder Transformation erforschen, aber auch

and the appearance of 'the other' be that matter, space, human, or not.

Daijing's practice champions an organic approach, akin to a laboratory experiment, wherein personal exploration supplants institutional dictates. Her practice allows for a dialogue to unfold between audience and space, within real-time interactions inspiring playful intimacy. Ultimately, her artistic ethos privileges authentic connection, transcending conventional paradigms in pursuit of profound, transformative experiences.

## Dan Lie

Dan Lie is a versatile artist whose creative pursuits span sculpture and installation, exploring themes such as decay, transformation, and fixed categorizations. Lie's work brings to mind the writings of scholar Karen Barad, who eloquently stated in their influential work *Meeting the Universe Halfway*: "Intricate and complex as it may be, the world is not as fixed as it may seem."[3] This notion resonates deeply with Lie's artistic practice, which integrates found materials and everyday objects to offer profound reflections on the nature of transience, from both an ontological and phenomenological perspective.

Lie's artistic expression is strongly influenced by personal experiences, viewing art as a medium to bear witness to the intricate interplay between ever-evolving manifestations of human and non-human existence. Through their installations, sculptures, and multimedia amalgamations, Lie illuminates the performative aspects inherent in objects, highlighting themes of transience and endurance. They achieve this by crafting intricate installations and accentuating organic elements such as plants and fungi, which undergo their own life cycles of growth, decay, and transformation. Central to Lie's artistic inquiry is the concept of time, encompassing a broad spectrum ranging from personal memories to existential contemplations, and from individual lifespans to geological epochs.

In addition to exploring themes of life, death, and decay, Lie's work delves into personal narratives and cultural heritage, drawing inspiration from intimate recollections,

festgelegte Kategorisierungen infrage stellen. Lies Werk ruft die Schriften von Karen Barad in Erinnerung, dey in deren einflussreichem Werk *Meeting the Universe Halfway* [Dem Universum auf halbem Wege begegnen] erklärte: „So verworren und komplex sie auch immer sein mag, die Welt ist nicht so unveränderlich, wie man denken könnte."[3] Dies ist eine Vorstellung, die in Lies künstlerischer Praxis anklingt; die Arbeiten binden gefundene Materialien und Alltagsobjekte ein und bieten uns tiefgehende Einblicke in das Wesen der Vergänglichkeit und zwar sowohl aus ontologischer Sicht als auch einer phänomenologischen Perspektive.

Lies künstlerischer Ansatz ist stark von persönlichen Erfahrungen geprägt, dey betrachtet Kunst als Mittel zur Auseinandersetzung mit dem komplizierten Verhältnis zwischen menschlichen und nicht-menschlichen Lebewesen, Manifestationen, die im Prozess kontinuierlicher Weiterentwicklung begriffen sind. In Installationen, Skulpturen und Konstellationen, in denen diverse Medien zum Einsatz kommen, beleuchtet Lie die performativen Aspekte, die in Objekten angelegt sind, und richtet unseren Blick auf Themen, die um Transienz und Dauer kreisen. Dies geschieht durch Konzeption vielschichtiger Installationen und die Fokussierung auf organische Elemente wie Pflanzen oder Fungi, die eigene Lebenszyklen durchlaufen, Zeiten des Wachsens, Vergehens und der Verwandlung. Eine wesentliche Rolle spielt dabei die Zeit, ein Phänomen, das Lie aus diversen Perspektiven beleuchtet, von persönlichen Erinnerungen bis hin zu existenziellen Überlegungen, von der Lebenszeit individueller Lebewesen bis hin zu geologischen Zeitaltern.

Neben der Erforschung von Themen wie Leben, Tod und Zerfall beschäftigen sich Lies Arbeiten mit persönlichen Erzählungen und überlieferten kulturellen Relikten; sie lassen sich von privaten Erinnerungen, Familiengeschichte(n), kulturellen Artefakten und natürlichen Phänomenen inspirieren, die Zeiten überdauern und mit Erinnerungen assoziiert werden. Mit ihrer unverkennbaren künstlerischen Sprache und in einer Form, die ver-

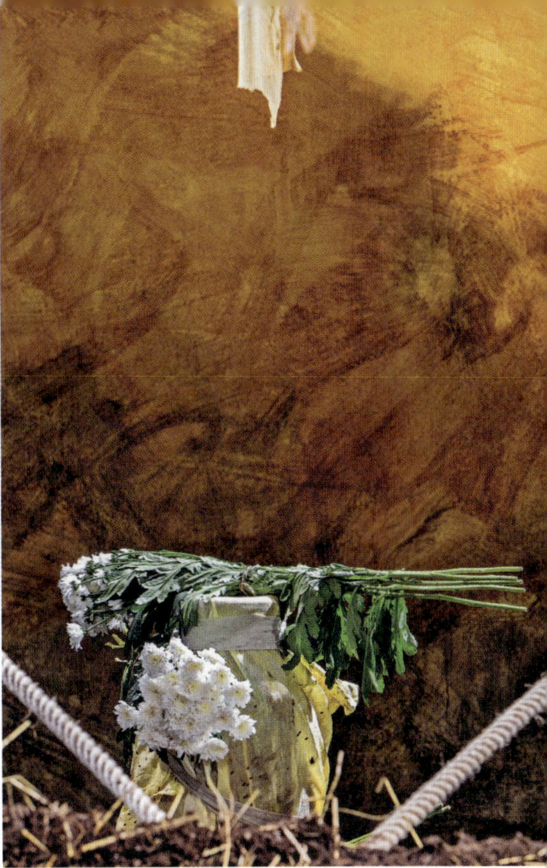

Dan Lie, in Zusammenarbeit mit jenen, die nicht Menschen sind / in collaboration with other-than-humans, *The Reek,* 2024, orts- und zeitbezogene Installation / site- and time-specific installation, **Ausstellungsansicht** / installation view *Preis der Nationalgalerie 2024,* Hamburger Bahnhof – Nationalgalerie der Gegenwart, Berlin, 2024

familial stories, cultural artifacts, and enduring natural phenomena associated with memory. By articulating a distinctive formal and visual language that harmoniously integrates seemingly disparate elements, Lie's art becomes a catalyst for introspection, prompting viewers to contemplate the multifaceted complexity of life in all its manifestations, making space for reflection on ways of life and connections to the intricacies

---

2 Vgl. Emmanuel Levinas, *Totalität und Unendlichkeit: Versuch über die Exteriorität,* Freiburg: Karl Alber Verlag, 1987.
3 Vgl. Karen Barad, *Meeting the Universe Halfway: Quantum Physics and the Entanglement of Matter and Meaning,* Durham: Duke University Press, 2007, S. 14.

---

3 Karen Barad, *Meeting the Universe Halfway: Quantum Physics and the Entanglement of Matter and Meaning,* Durham: Duke University Press, 2007, p. 14.v

meintlich disparate Elemente in harmonische Beziehung zueinander setzt, wird Lies Kunst zum Impulsgeber, der uns als Betrachtende zum Nachdenken über die fassettenreiche Komplexität des Lebens in all seinen Manifestationen anregt. Das Werk eröffnet uns einen Raum, in dem es uns möglich wird, Utopien über alternative Lebensweisen zu entwickeln. Wir werden uns der in unserer materiellen Kultur verborgenen komplexen Zusammenhänge bewusst, die im Laufe der Geschichte, in Zeiten historischer Brüche nicht selten verschüttet worden sind.

Lies Interesse an zyklischen Verbindungen geht über die individuelle Erfahrung hinaus; dey nimmt auch allgemeinere gesellschaftliche und kulturelle Dynamiken in den Blick. Wie Bruno Latour, einer der Begründer der Akteur-Netzwerk-Theorie zutreffend beschreibt, sind Objekte und Menschen in einem zirkulären Strom von Einflüssen ineinander verfangen, und mit jeder Interaktion wird Geschichte geschrieben und umgeschrieben.[4] In Lies Werk schwingt dieses Gefühl mit; der Zustand immerwährenden Fließens ist hier ein wesentlicher Faktor, um dem menschlichen Hang, in festgefahrenen Kategorien zu denken, entgegenzuwirken.

Lies künstlerische Untersuchungen laden uns zu einer nuancierten Betrachtung der Beziehung ein, die zwischen persönlichen Erzählungen, gesellschaftlichen Erwartungen und historischem Erbe besteht. Lies Arbeit inspiriert Gedanken über die Natur einer Welt, die in ständigem Wandel begriffen ist, und über die Rolle, die wir in ihr spielen.

## Hanne Lippard

Hanne Lippards künstlerische Praxis basiert auf Sound Art; sie nutzt das Medium Ton, um die Wechselwirkung zwischen Sprache, Kommunikation und sinnlichem Erleben zu verhandeln. Inspiriert von solch diversen Ursprüngen und Praktiken wie dem experimentellen Ansatz John Cages oder den poetischen Erzählungen von Laurie Anderson gibt Lippard in ihren Kompositionen dem Zufall Raum und bindet die situationsbeding-

of material culture that have been obfuscated by historical ruptures.

In Lie's artistic oeuvre, the exploration of circular connections extends beyond the realm of individual experience to encompass broader social and cultural dynamics. Bruno Latour, a prominent figure in actor-network theory, aptly describes the entanglement of objects and humans in a circular flow of influence, with history being shaped and reshaped by each interaction.[4] Lie's work resonates with this sentiment, acknowledging the perpetual flux that is key for challenging the notion of fixed categorizations.

Through their creative endeavors, Lie invites us to engage in a nuanced examination of the interplay between personal narratives, societal expectations, and historical legacies. Lie's work enriches our exploration of the ever-transforming nature of the world, and ourselves within it.

## Hanne Lippard

Hanne Lippard's artistic practice in sound art navigates the interplay between language, communication, and sensory experience. Drawing from such diverse lineages and practices as the experimental ethos of John Cage and the poetic narratives of Laurie Anderson, Lippard employs chance and randomness in her compositions to disrupt linguistic conventions thus evoking intuitive responses.

Lippard has dedicated her artistic endeavors to the utilization of language as the fundamental substrate for her creative expressions. American linguist and philosopher Noam Chomsky has described language, the interpretation and use of words, as a process of free creation. Despite its fixed laws and principles, we can freely use its principles of generation in seemingly infinite variations.[5] This is strongly echoed in Lippard's practice. By deliberately unraveling the seams of both appropriated and self-generated textual constructs, the artist brings into stark relief the inherent fragility of language as a medium for conveying significance and coherence. Through her deliberate exposition of its inherent flaws, idiosyncrasies, double entendres, and potential for misinterpretation, often realized through sequences of meticulously crafted

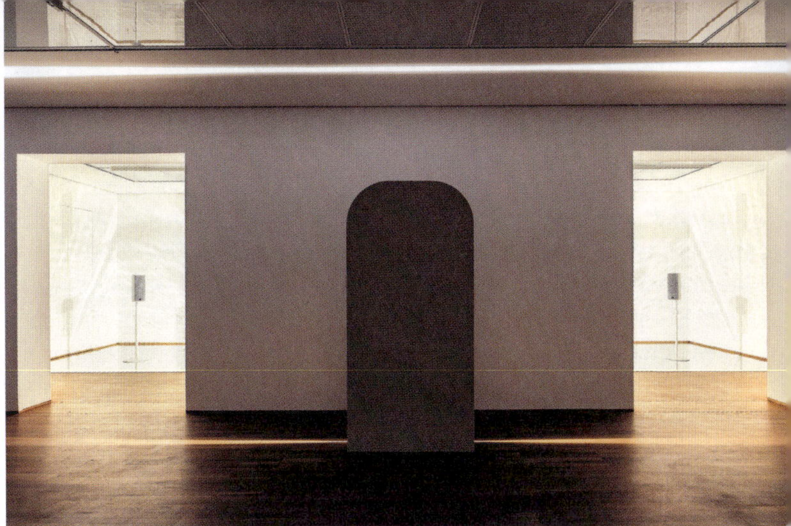

Hanne Lippard, *Stele* (vorne / in the front), *Look for Words* (hinten / in the back), beide / both 2024, Ausstellungsansicht / installation view *Preis der Nationalgalerie 2024,* Hamburger Bahnhof – Nationalgalerie der Gegenwart, Berlin, 2024

ten Umstände ein, um die Konventionen der Sprache zu unterminieren und ihr Publikum zu intuitiven Reaktionen zu inspirieren.

Lippard nimmt die Verwendung von Sprache in den Blick, die sie zur Grundlage ihrer künstlerischen Untersuchungen macht. Der amerikanische Sprachwissenschaftler und Philosoph Noam Chomsky beschreibt Sprache, die Interpretation und Anwendung von Worten, als einen freien Schöpfungsprozess; ihre Gesetze und Prinzipien sind festgelegt, die Art und Weise jedoch, wie wir die Prinzipien anwenden, um sie zu bilden, ist frei und von unendlicher Vielfalt.[5] Eine vergleichbare Betrachtungsweise liegt Lippards Praxis zugrunde. Indem sie sich textbasierte Konstrukte aneignet oder selbst erzeugt, um sie alsdann mit Bedacht zu dekonstruieren, wirft sie ein Schlaglicht auf die inhärent fragile Qualität der Sprache, die uns als Medium zur Vermittlung von Inhalten und Sinnzusammenhang dient. Durch das bewusste Zurschaustellen ihrer immanenten Schwachstellen, Eigenheiten, Doppeldeutigkeiten und der Disposition zur Falschinterpretation – was häufig in Abfolgen minutiös ausgearbeiteter, von entspannter Obsession erfüllten Äußerungen geschieht – erweckt sie Assoziationen zu den avantgardistischen Experimenten mit Sprache, wie sie uns von der Dada-Bewegung bekannt sind. Auf diese Weise lädt Lippard zu einer überlegten Auseinandersetzung mit dem komplizierten

utterances infused with an air of calm obsession, she evokes resonances with the avant-garde literary explorations emblematic of the Dadaist movement. In doing so, Lippard invites profound contemplation on the intricate interplay between language, communication, and interpretation within the contemporary socio-cultural milieu.

Employing a diverse array of mediums including texts, vocal performances, sound installations, printed objects, and sculpture, Lippard occupies a creative locus situated at the convergence of oral and written discourse. Her modus operandi involves the interweaving of discovered textual elements with her own compositional material, which she subsequently subjects to a panoply of manipulative techniques such as repetition, modulation of intonation, and exploitation of homonymic structures. In her praxis, she appropriates content sourced from the public domain, predominantly drawn

4 Vgl. Bruno Latour, *Wir sind nie modern gewesen,* Berlin: Akademie-Verlag, 1995.
5 Vgl. Noam Chomsky, *Language and Mind,* Cambrigde: Cambridge University Press, 2006.

4 Cf. Bruno Latour, *We Have Never Been Modern,* Cambridge: Harvard University Press, 1993.
5 Cf. Noam Chomsky, *Language and Mind,* Cambrigde: Cambridge University Press, 2006.

Verhältnis zwischen Sprache, Kommunikation und Interpretation im Kontext des zeitgenössischen soziokulturellen Milieus ein.

Mithilfe einer Vielfalt von Medien, unter anderem Texte, stimmliche Performances, Audioinstallationen, gedruckte Materialien und Skulpturen, produziert Lippard eine kreative Schnittstelle, die sich an der Grenze zwischen mündlichem und schriftlichem Diskurs verortet. In ihrem Modus Operandi verbindet sie gefundene Textfragmente mit eigenen Materialien, die sie mithilfe diverser Strategien weiter verfremdet; insbesondere nutzt sie das Mittel der Wiederholung, moduliert die Betonung oder beutet Mehrfachbedeutungen aus. Die Inhalte, die sie sich in ihrer Praxis aneignet, entlehnt sie Bereichen des Öffentlichen, wobei sie sich insbesondere für digitale Plattformen oder Phrasen der Werbung interessiert und das übergeordnete Ziel verfolgt, die weitreichenden Auswirkungen der digitalen Kommunikation und der generellen Medialisierung auf unsere Erfahrungen im Umgang mit Sprache genauer unter die Lupe zu nehmen.

Durch ihren innovativen Umgang mit Sound und Sprache liefert uns Lippard eine nuancierte Untersuchung über Kommunikation und Wahrnehmung, wobei sie die Grenze zwischen Hörbarem und Konzeptuellem verwischt. Die methodologischen Interventionen der Künstlerin fungieren als Vehikel, um ihre Gedanken zu zeitgenössischen existenziellen Themen zum Ausdruck zu bringen, Überlegungen etwa zum allumfassenden Phänomen unserer Existenz und der grenzenlosen Komplexität der Beziehungen, die das Dasein für uns bereithält. Sie demonstriert damit einen Sachverhalt, den die amerikanische Soziolinguistin Deborah Tannen vielleicht am besten auszudrücken vermag: „Sprache ist nicht nur ein Vehikel, um das auszudrücken, was uns schon bekannt ist; sie ist auch ein Mittel, mit dem wir neue Ideen und neue Einsichten entwickeln und soziale Beziehungen eingehen und pflegen können."[6]

## James Richards

In einer Praxis, die Video, Sound und Installati-

from digital platforms and the realm of advertising, with the overarching aim of scrutinizing the transformative effects of digital communication and mediatization on the human linguistic experience.

Through her innovative approach to sound and language, Lippard offers a nuanced interrogation of communication and perception, blurring the boundaries between the auditory and the conceptual. Her methodological interventions serve as vehicles through which she articulates reflections on contemporary existential themes encompassing inquiries into the overarching phenomenon of existence, and the infinite complexity of relationships embedded within it, as perhaps best expressed by American linguist Deborah Tannen: "Language is not merely a vehicle for expressing what we already know; it is also the means by which we discover new ideas and understandings, and by which we forge and maintain social relationships."[6]

## James Richards

James Richards's practice encompasses video, sound, and installation, exploring themes of memory, desire, and the body. His work often blurs the boundaries between the intimate and the public, inviting viewers into immersive and sensory experiences that challenge conventional modes of perception. Central to Richards's approach is an exploration of the methods used to create and present images, not only as subjects themselves but also as objects, revealing how they can bridge the present with the past, the hidden with the visible, and the intellectual with the physical. To do so, he makes use of a diverse array of source materials, including personal camcorder recordings, late-night television snippets, found footage that ranges from mainstream feature films and YouTube clips to obscure B-movies and a wide range of archival materials.

The multifaceted imagery in Richards's work can be seen as a distilled plethora of references ranging from the films of Stan Brakhage[7] to the lyrical prose of Virginia Woolf[8]. However, Richards's strength lies in his ability to weave together such a broad range of conceptual

onen umfasst, erforscht James Richards Themen wie Erinnerungen, Sehnsüchte und den menschlichen Körper. Häufig verwischen seine Arbeiten die Grenzen zwischen Persönlichem und Öffentlichem und laden die Betrachtenden zu immersiven, sinnlichen Erfahrungen ein, die konventionelle Arten der Wahrnehmung auf den Prüfstein stellen. Richards' Ansatz erforscht, welche Methoden für die Produktion und Präsentation von Bildern verwendet werden, wobei er diese nicht nur allgemein thematisiert, sondern anhand konkreter Objekte anschaulich macht, die geeignet sind, Gegenwart und Vergangenheit zu verbinden und eine Brücke zwischen Verborgenem und Sichtbarem, zwischen gedanklichen und physischen Welten zu schlagen. Um dies zu erreichen, greift er auf einen diversen Fundus an Ausgangsmaterialien zu; neben persönlichen Camcorder-Aufzeichnungen nutzt er Ausschnitte aus spätabendlichen Fernsehprogrammen sowie gefundenes Filmmaterial, das von Mainstream-Spielfilmen und YouTube-Clips bis hin zu obskuren B-Movies und einem breiten Spektrum an archivalischen Materialien reicht.

Die fassettenreiche Bildmotivik in Richards' Arbeit kann als die Essenz einer Verweisfülle verstanden werden, die von den Filmen Stan Brakhages[7] bis hin zur lyrischen Prosa Virginia Woolfs[8] reicht. Richards' besondere Stärke liegt dabei in dem Vermögen, ein solch breites Spektrum an konzeptuellen und formalen Ausgangsmaterialien mithilfe einer Schnitttechnik so zu kombinieren, dass das Ergebnis zu einer faszinierenden Seherfahrung wird. Laura Mulvey zufolge ist „der Schnitt ein wesentliches Element der Konstruktion einer filmischen Erzählung, denn er bestimmt über die Abfolge und Zusammenstellung von Bildern; auf diese Weise entsteht Bedeutung, die in den Betrachtenden emotionale Reaktionen hervorzurufen vermag."[9] Seine Videocollagen, so könnte man sagen, unterlaufen traditionelle Vorstellungen in Hinblick auf Vollständigkeit und Linearität und setzen stattdessen auf eine emotionale Atmosphäre, die durch das Zusammenspiel von Bildern, Musik und Sprache erzeugt wird und dem Publikum

and formal sources through an editing process that yields a visually compelling experience. As Laura Mulvey puts it, "editing is a crucial element in the construction of cinematic narratives,

6  Vgl. Deborah Tannen, *Talking Voices: Repetition, Dialogue, and Imagery in Conversational Discourse*, Cambridge: Cambridge University Press, 2007, S. 88.

7  Stan Brakhage war ein amerikanischer Filmemacher, der für seinen avantgardistischen und experimentellen Ansatz zum Film bekannt ist. Im Laufe seiner Karriere produzierte Brakhage mehr als 350 Filme, einschließlich *Dog Star Man, Mothlight* und *Window Water Baby Moving*. Seine Beiträge zum experimentellen Kino hatten einen tiefgehenden Einfluss auf nachfolgende Generationen von Filmemacher*innen und Künstler*innen und prägten die Vorstellung, welche Möglichkeiten wir heute mit Bewegtbildern verbinden.

8  Die englische Schriftstellerin Virginia Woolf gilt als beispielhafte Vertreterin der modernen englischen Literatur. Woolf wird für ihre Romane, Essays und nicht-fiktionalen Werke hochgeschätzt, mit denen sie einen maßgeblichen Beitrag zur Entwicklung der Literatur des 20. Jahrhunderts leistete. Zu ihren renommiertesten Werken zählen die Romane *Mrs. Dalloway* (1925), *To the Lighthouse* (1927, [Zum Leuchtturm]) und *Orlando* (1928) sowie die Essay-Sammlungen *A Room of One's Own* (1929, [Ein Zimmer für sich allein]) und *Three Guineas* (1938, [Drei Guineen]). Ihre Texte zeichnen sich durch einen innovativen Erzählstil, den Einsatz narrativer Techniken, etwa den sogenannten Bewusstseinsstrom, und die Erforschung von Themen wie Gender, Identität, Erinnerungen und das Verfließen der Zeit aus.

9  Vgl. Laura Mulvey, „Visual Pleasure and Narrative Cinema" in: *Screen* 16:3 (1975), S. 6.

6  Deborah Tannen, *Talking Voices: Repetition, Dialogue, and Imagery in Conversational Discourse*, Cambridge: Cambridge University Press, 2007, p. 88.

7  Stan Brakhage was an American filmmaker known for his avant-garde and experimental approach to cinema. Throughout his career, Brakhage produced over 350 films, including *Dog Star Man, Mothlight*, and *Window Water Baby Moving*. His contributions to experimental cinema have had a profound influence on subsequent generations of filmmakers and artists, shaping the way we think about the possibilities of the moving image.

8  Virginia Woolf was an English writer and modernist literary figure, who is celebrated for her novels, essays, and works of non-fiction, which contributed significantly to the development of 20th century literature. Some of Woolf's most notable works include the novels *Mrs. Dalloway* (1925), *To the Lighthouse* (1927), and *Orlando* (1928), as well as the essay collections *A Room of One's Own* (1929) and *Three Guineas* (1938). Her writing is characterized by her innovative narrative style, stream-of-consciousness technique, and exploration of themes such as gender, identity, memory, and the passage of time.

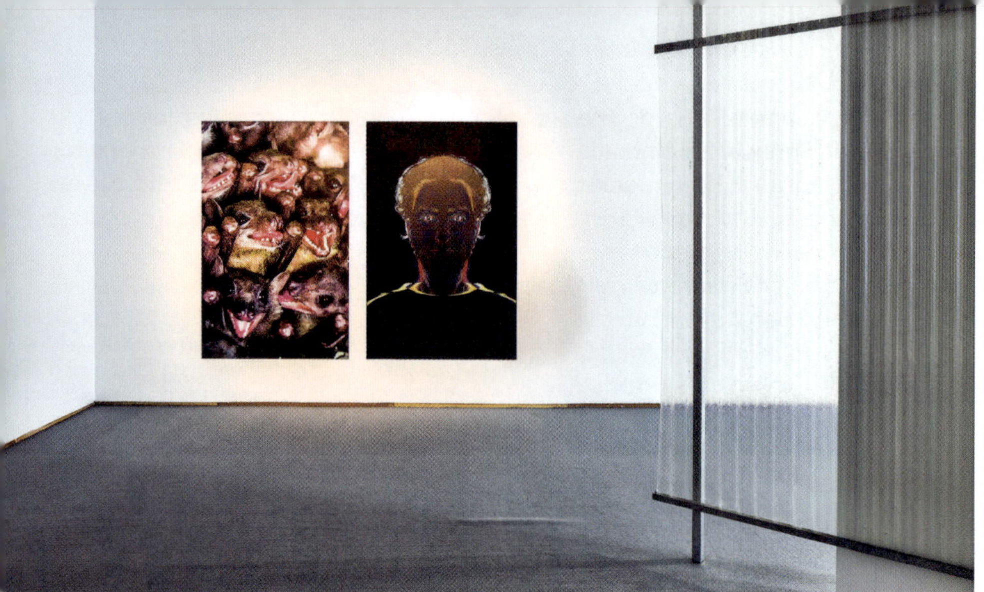

James Richards & Tolia Astakhishvili, *Our Friends in the Audience*, 2024, Digitaldruck auf Papier / digital print on paper, **Ausstellungsansicht** / installation view *Preis der Nationalgalerie 2024*, Hamburger Bahnhof – Nationalgalerie der Gegenwart, Berlin, 2024

ein körperliches, intuitives Erlebnis ermöglichen soll. Durch den Wechsel zwischen Vertrautem und Unbekanntem finden sich die Betrachtenden ermutigt, ihre Vorstellungskraft zu aktivieren und aus den eigenen Erinnerungen zu schöpfen, um die Arbeiten subjektiv zu interpretieren und zu vervollständigen.

Ein weiteres ausgeprägtes Merkmal von Richards' filmischer Praxis ist die bewusste Distanzierung von der hochaufgelösten Ästhetik des Kinos und die Tendenz, stattdessen die Strategien der Remixkultur zu übernehmen. Dies zeigt sich in unerwarteten Loops, Verzerrungen des Audios, kurzen Unterbrechungen und anderen Glitches, die charakteristisch für kopierte Materialien sind. Diese ‚Raubkopie'-Ästhetik steigert die poetische Intensität und Dringlichkeit der Arbeiten und erlaubt es ihnen, eine eindeutige Gegenposition in einer Welt voller Bilder und Signifikanten zu beziehen, wie sie von Gilles Deleuze identifiziert wird. Nach Deleuze ist das Kino durch seine einmalige Kombination von Bewegung, Zeit und Raum imstande, das Publikum in einen Zustand erhöhter Wahrnehmung zu versetzen, eine Verfassung, in der sie die Welt in all ihrer Intensität und Komplexität erleben können.[10] Ähnliches lässt sich über die komplexen Schichten sagen, die Richards' Werk zugrunde liegen, und seine Fähigkeit, mit einem riesigen Fundus

as it determines the sequencing and juxtaposition of images to create meaning and generate emotional responses in the viewer."[9] Rejecting traditional notions of completeness and linearity, his video collages, one could say, rely instead on the emotional resonance generated by the juxtaposition of images, music, and language, in order to generate visceral experiences for the viewer. By alternating between the familiar and the unfamiliar, viewers are encouraged to engage their imagination, drawing on their own memories to interpret and complete the works subjectively.

Another marked feature in Richards's filmic language is his deliberate distancing from the high-resolution aesthetic of cinema, embracing instead the strategies of remix culture. This includes unexpected loops, audio distortions, brief interruptions, and other artifacts characteristic of copied material. This 'pirate' aesthetic enhances the works' poetic intensity and immediacy, allowing them to provide a distinct counter position in a world full of images and signifiers, as once described by French philosopher Gilles Deleuze. According to Deleuze, cinema, by uniting movement, time and space in an unparalleled way, allows viewers to enter a state of heightened perception, enabling them to experience the world in all its intensity and complexity.[10] This cannot be truer of the complex layers underscoring Richards's work, and his ability

an Bildern umzugehen, unerwartete Verbindungen zutage zu fördern und den Betrachtenden poetische Momente anzubieten, die in einem immer umfangreicheren Mosaik aus Bildern und Sounds zu entdecken sind.

Während die vorangegangenen Passagen damit befasst waren, die individuellen Qualitäten in den Arbeiten der vier Künstler*innen herauszustellen und die zentralen Elemente der jeweiligen Praxis anschaulich zu machen, geht es beim Preis der Nationalgalerie in seinem neuen Format, das statt einzelner Finalist*innen gleich vier bedeutsame Positionen auszeichnet, um die Erkenntnis, dass wahre Spitzenleistungen durch Kooperation und Offenheit produziert werden und weniger durch hierarchisches Denken und normative Vergleiche. Ein gutes Beispiel, ein solches Denken zu veranschaulichen, liefert Farid ud-Din Attars *Die Konferenz der Vögel*,[11] ein zeitloses Meisterwerk der persischen Literatur, in dem sich eine Schar Vögel auf Wallfahrt begibt, mit dem Ziel, ihren idealen König, den Simurgh, zu finden. Nach zahlreichen Prüfungen und Beschwernissen stößt jeder der Vögel auf eine tiefgründige Wahrheit, die ihm den Weg zur Selbstwerdung weist. Auf dem Höhepunkt der Reise, inzwischen ist nurmehr eine kleine Schar von Vögeln verblieben, erreicht die Gruppe ihren Zielort, wo sie erkennen, dass sie selbst der gesuchte Simurgh sind. Der Simurgh ist etwas, das in unserem Inneren wohnt, wo er die Zeichen einer göttlichen Präsenz in jeder Seele offenbart. In seiner allegorischen Prosa webt Attar einen poetischen Bildteppich und bringt uns die transformative Reise zu Bewusstsein, die zu uns selbst und zur Erkenntnis führt und in der die Suche nach Sinn mit den Tiefen des menschlichen Geistes verschlungen ist. Da Kunst einer der Wege ist, wie Menschen Wahrheit zu erlangen suchen, wäre es absurd zu glauben, dass nur ein*e einzige*r Künstler*in allein uns dorthin zu führen vermöchte. Die Auszeichnung von vier Künstler*innen mit dem Preis der Nationalgalerie zeigt, ähnlich wie Attars Geschichte, dass uns Kollektivität weiterbringt als individueller Heroismus.

to navigate a vast array of images, uncovering unexpected connections and inviting viewers to discover moments of poetry hidden within an ever-expanding mosaic of images and sounds.

While the preceding paragraphs seek to illuminate the distinct qualities of each of these four artists, and to highlight the pivotal elements within their practice, the Preis der Nationalgalerie in its revised format of doing away with finalists in favor of celebrating four significant positions, has more to do with recognizing that true excellence lies in collaboration and openness, rather than in hierarchies and normative comparisons. Perhaps the best way to illustrate this intention can be found in *The Conference of the Birds*[11] by Farid ud-Din Attar, a timeless Persian masterpiece, in which avian pilgrims embark on a quest for their divine king, the Simurgh. Amidst trials and tribulations, each bird finds profound truths, illuminating the path to self-realization. In the journey's climax, only a small group of birds reach their destination, where they discover that they themselves are the Simurgh they seek. The Simurgh resides within, unveiling the essence of divine presence in every soul. Through allegorical prose, Attar paints a poetic tapestry, reminding us of the transformative journey toward selfhood and enlightenment, where the search for meaning intertwines with the depths of the human spirit. Art being one of the ways in which humans seek truth, it would be absurd to believe that only one artist could lead us there. Awarding the Preis der Nationalgalerie to four artists shows, as does Attar's story, that collectivity takes us further than individual heroism.

---

10 Vgl. Gilles Deleuze, *Das Bewegungs-Bild: Kino 1*, Frankfurt a. M.: Suhrkamp, 1989.

11 Farid ud-Din Attar, *Die Konferenz der Vögel*, Wiesbaden: Verlagshaus Römerweg, 2013.

---

9 Laura Mulvey, "Visual Pleasure and Narrative Cinema" in: *Screen* 16:3 (1975), p. 6.

10 Cf. Gilles Deleuze, *Cinema 1: The Movement-Image*, Minneapolis: University of Minnesota Press, 1986.

11 Farid ud-Din Attar, *The Conference of the Birds*, New York: Penguin Books, 1984.

Pan Daijing, *After Fugue*, 2024, Rauminstallation mit vierzehn Lautsprechern, drei Subwoofern, Einkanal-Film, Mehrkanal-Videoinstallation / site-specific architectural interventions with fourteen loudspeakers, three subwoofers, one-channel film, multichannel video installation, **Ausstellungsansicht** / installation view *Preis der Nationalgalerie 2024*, Hamburger Bahnhof – Nationalgalerie der Gegenwart, Berlin, 2024

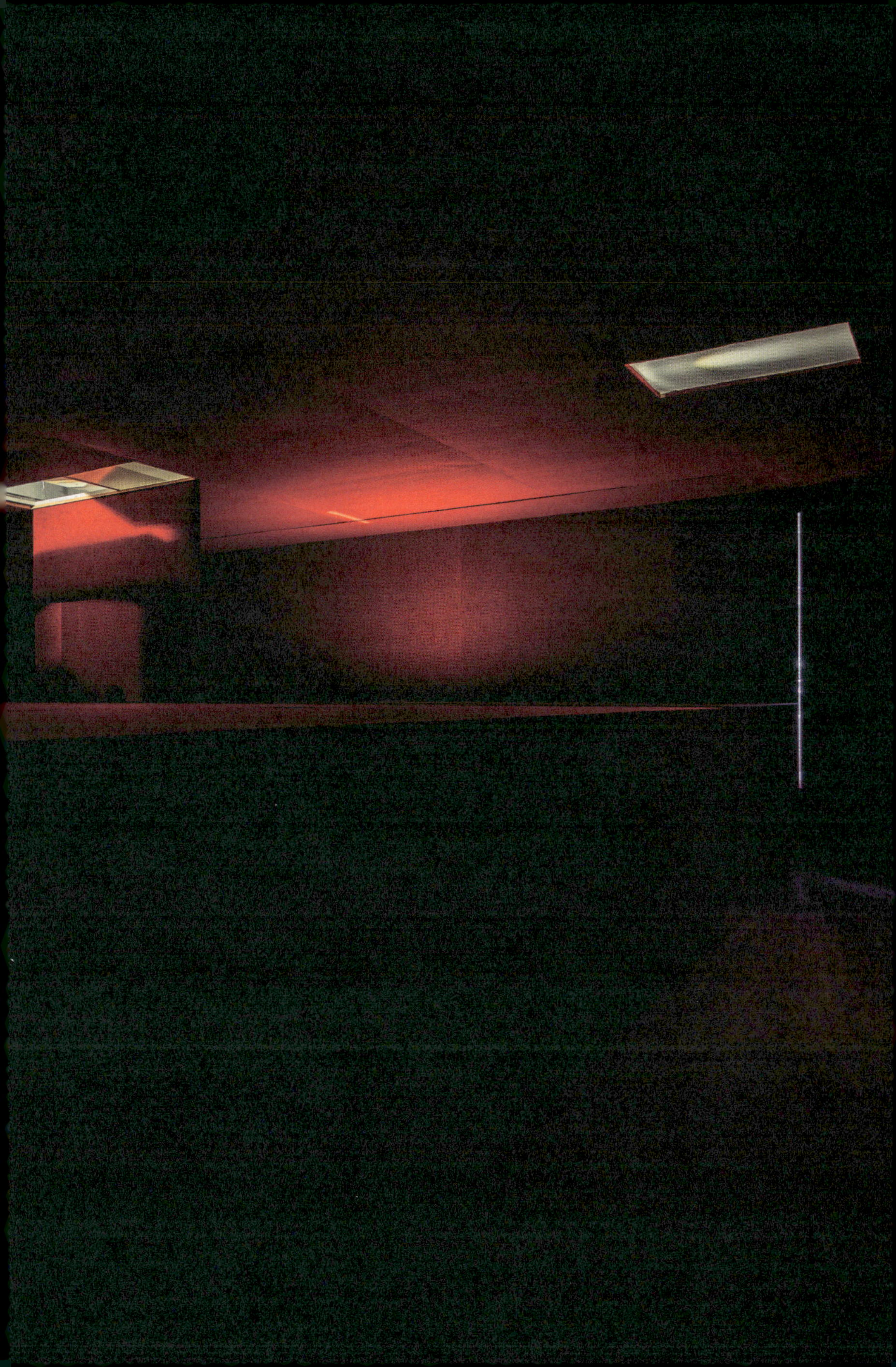

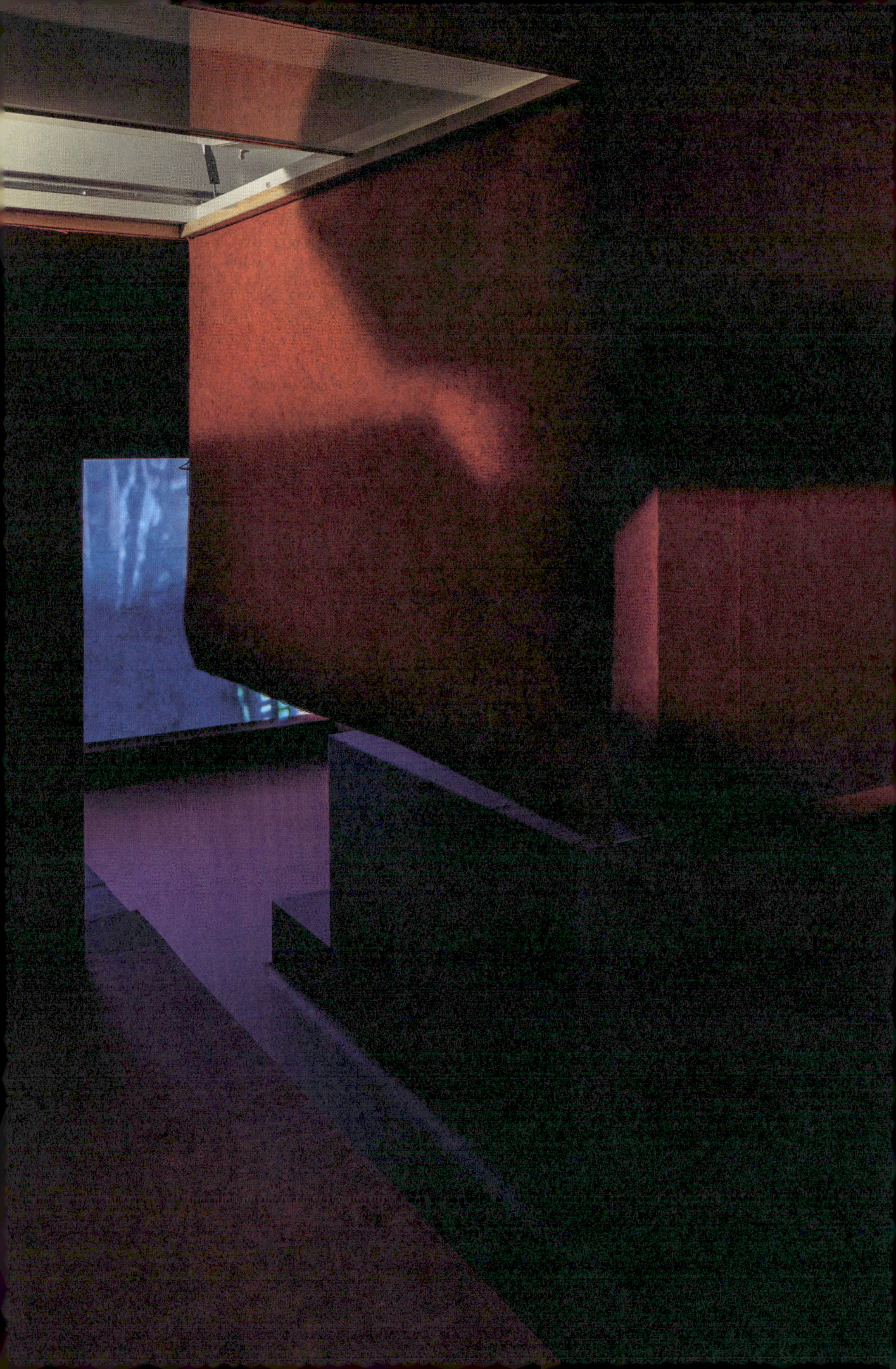

Pan Daijing, *After Fugue,* 2024, Rauminstallation mit vierzehn Lautsprechern, drei Subwoofern, Einkanal-Film, Mehrkanal-Videoinstallation / site-specific architectural interventions with fourteen loudspeakers, three subwoofers, one-channel film, multichannel video installation, **Ausstellungsansicht** / installation view *Preis der Nationalgalerie 2024,* Hamburger Bahnhof – Nationalgalerie der Gegenwart, Berlin, 2024

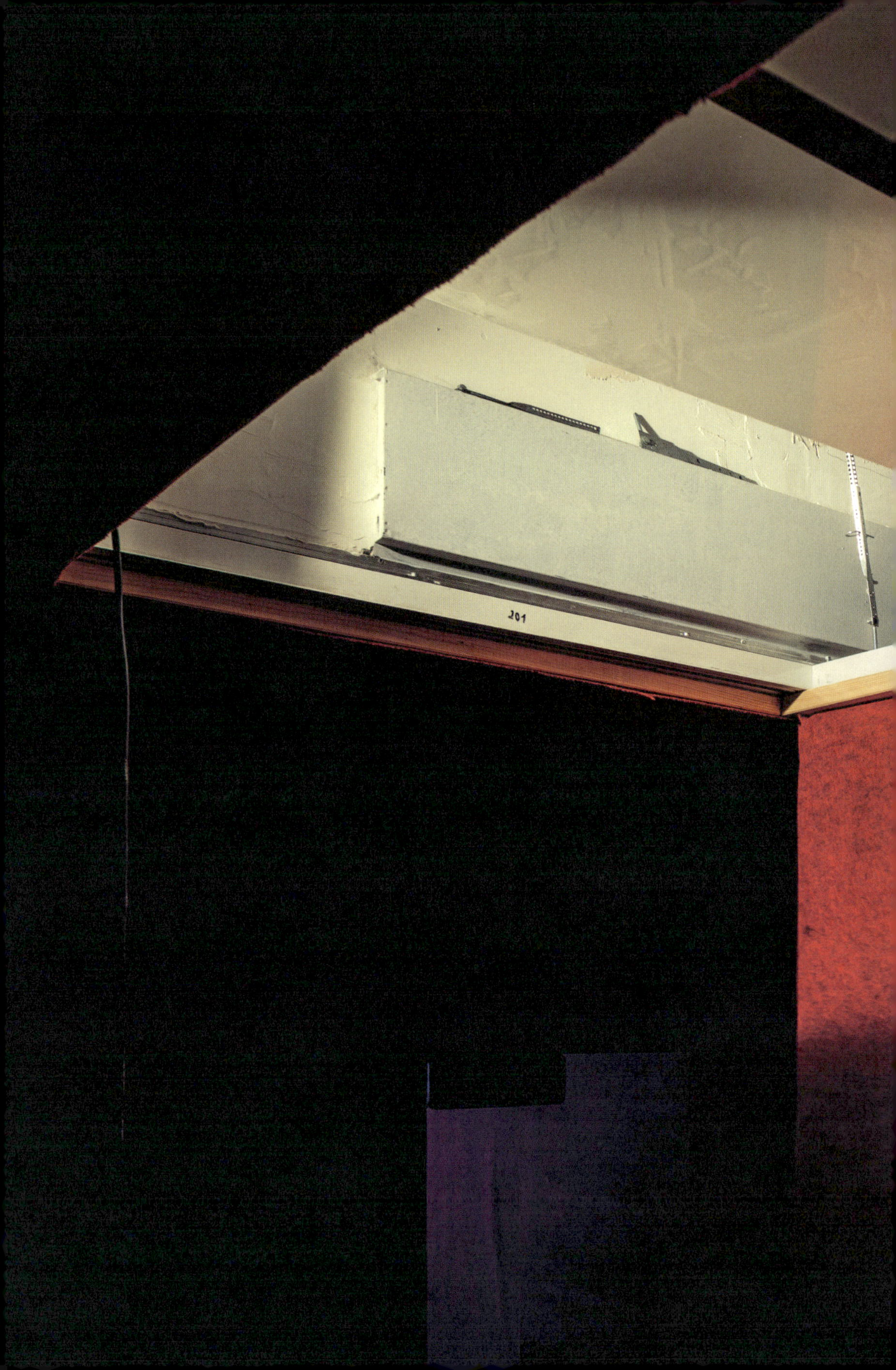

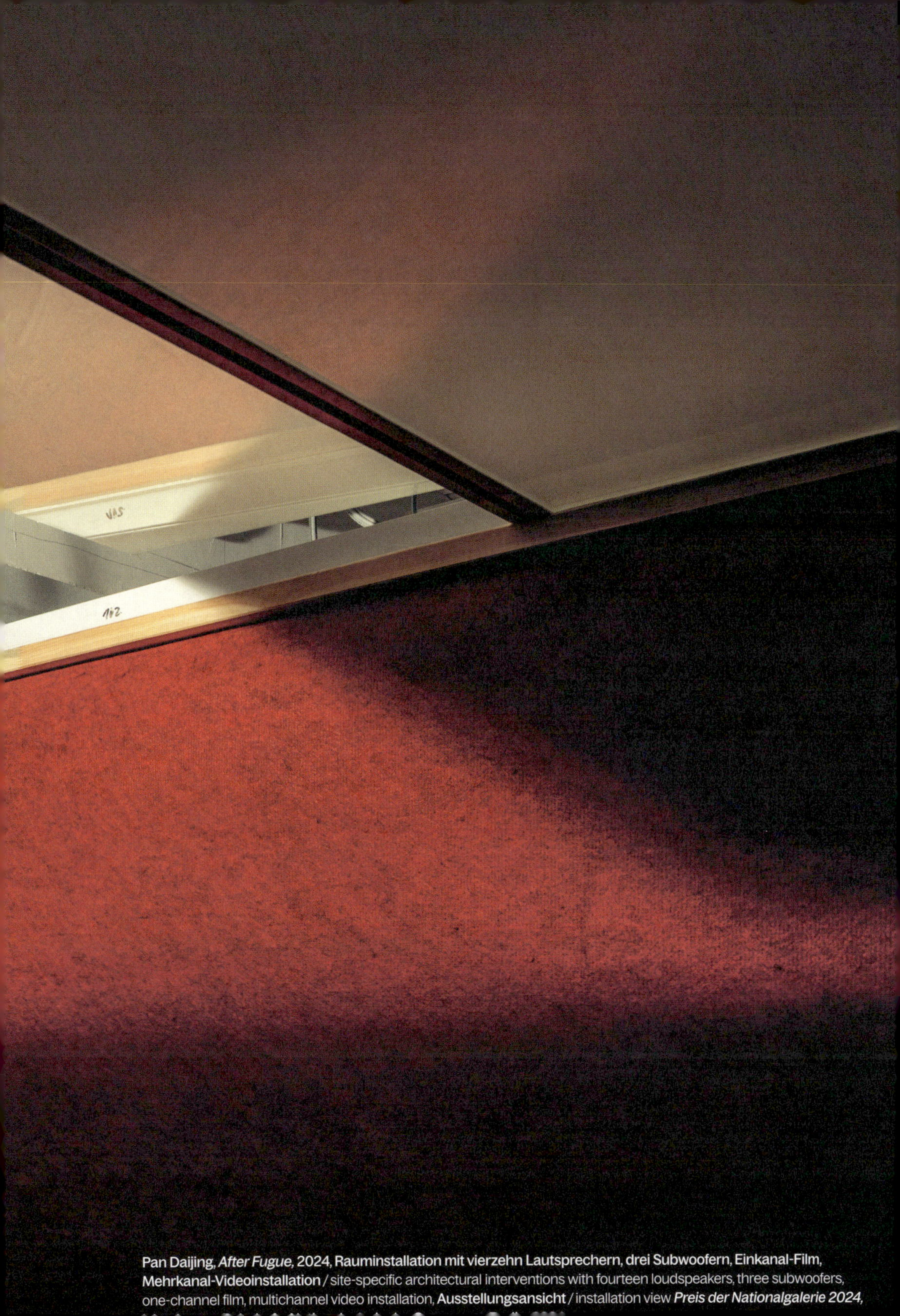

Pan Daijing, *After Fugue*, 2024, Rauminstallation mit vierzehn Lautsprechern, drei Subwoofern, Einkanal-Film, Mehrkanal-Videoinstallation / site-specific architectural interventions with fourteen loudspeakers, three subwoofers, one-channel film, multichannel video installation, **Ausstellungsansicht** / installation view *Preis der Nationalgalerie 2024,*

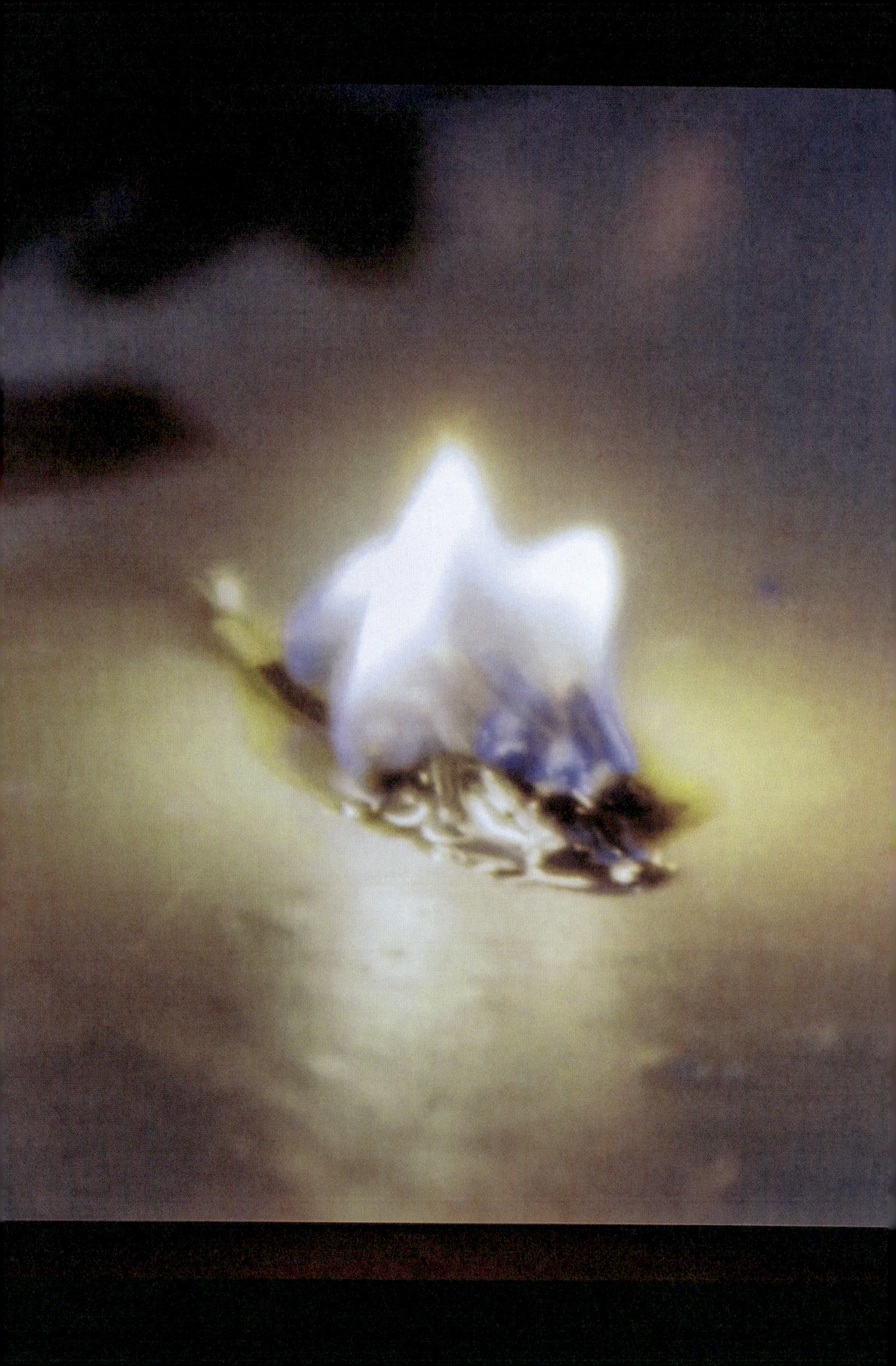

Pan Daijing, *After Fugue*, 2024, Rauminstallation mit vierzehn Lautsprechern, drei Subwoofern, Einkanal-Film, Mehrkanal-Videoinstallation / site-specific architectural interventions with fourteen loudspeakers, three subwoofers, one-channel film, multichannel video installation, **Ausstellungsansicht** / installation view *Preis der Nationalgalerie 2024*, Hamburger Bahnhof – Nationalgalerie der Gegenwart, Berlin, 2024

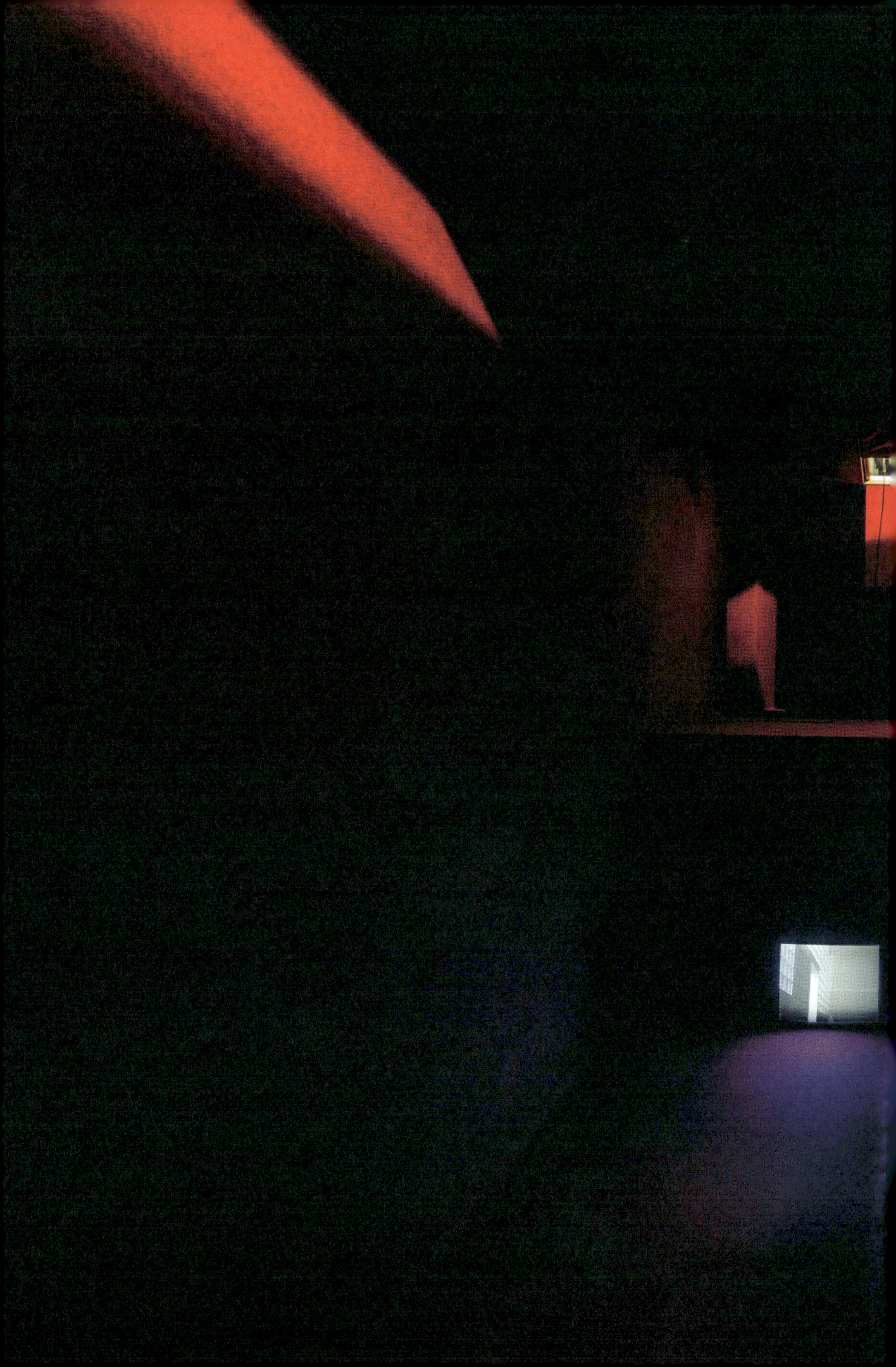

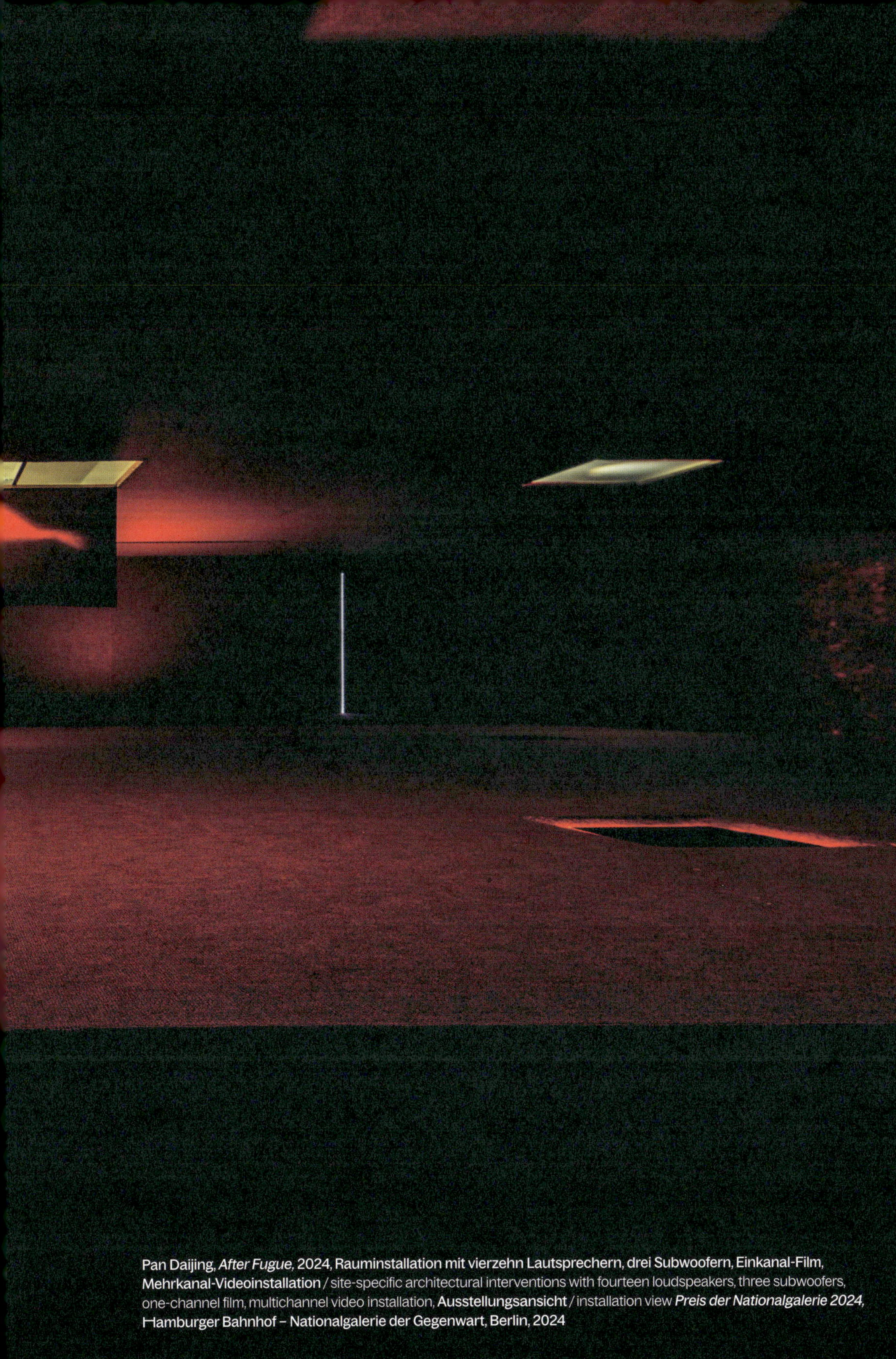

Pan Daijing, *After Fugue,* 2024, Rauminstallation mit vierzehn Lautsprechern, drei Subwoofern, Einkanal-Film, Mehrkanal-Videoinstallation / site-specific architectural interventions with fourteen loudspeakers, three subwoofers, one-channel film, multichannel video installation, **Ausstellungsansicht** / installation view *Preis der Nationalgalerie 2024,* Hamburger Bahnhof – Nationalgalerie der Gegenwart, Berlin, 2024

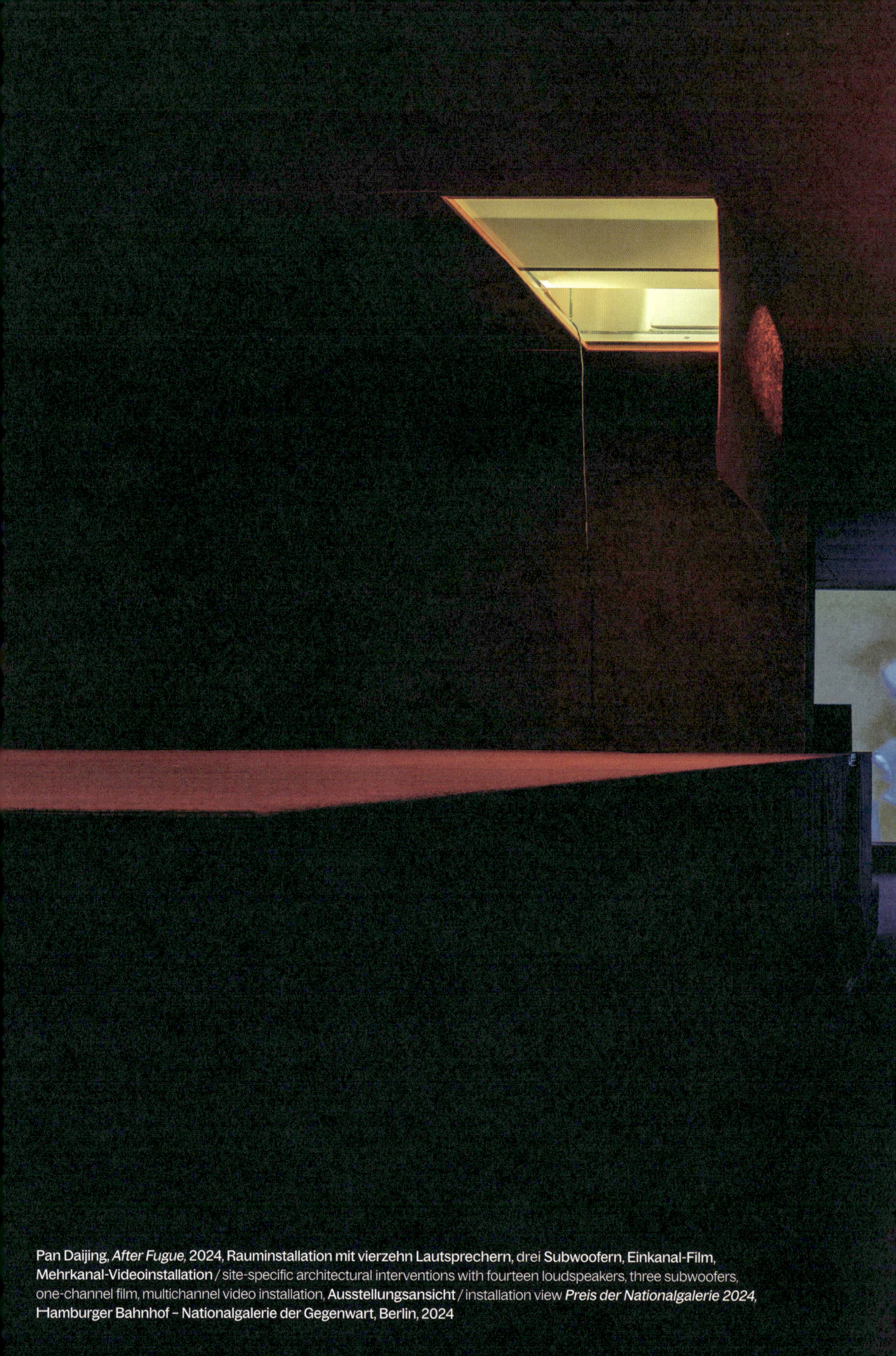

Pan Daijing, *After Fugue,* 2024, Rauminstallation mit vierzehn Lautsprechern, drei Subwoofern, Einkanal-Film, Mehrkanal-Videoinstallation / site-specific architectural interventions with fourteen loudspeakers, three subwoofers, one-channel film, multichannel video installation, **Ausstellungsansicht** / installation view *Preis der Nationalgalerie 2024*, Hamburger Bahnhof – Nationalgalerie der Gegenwart, Berlin, 2024

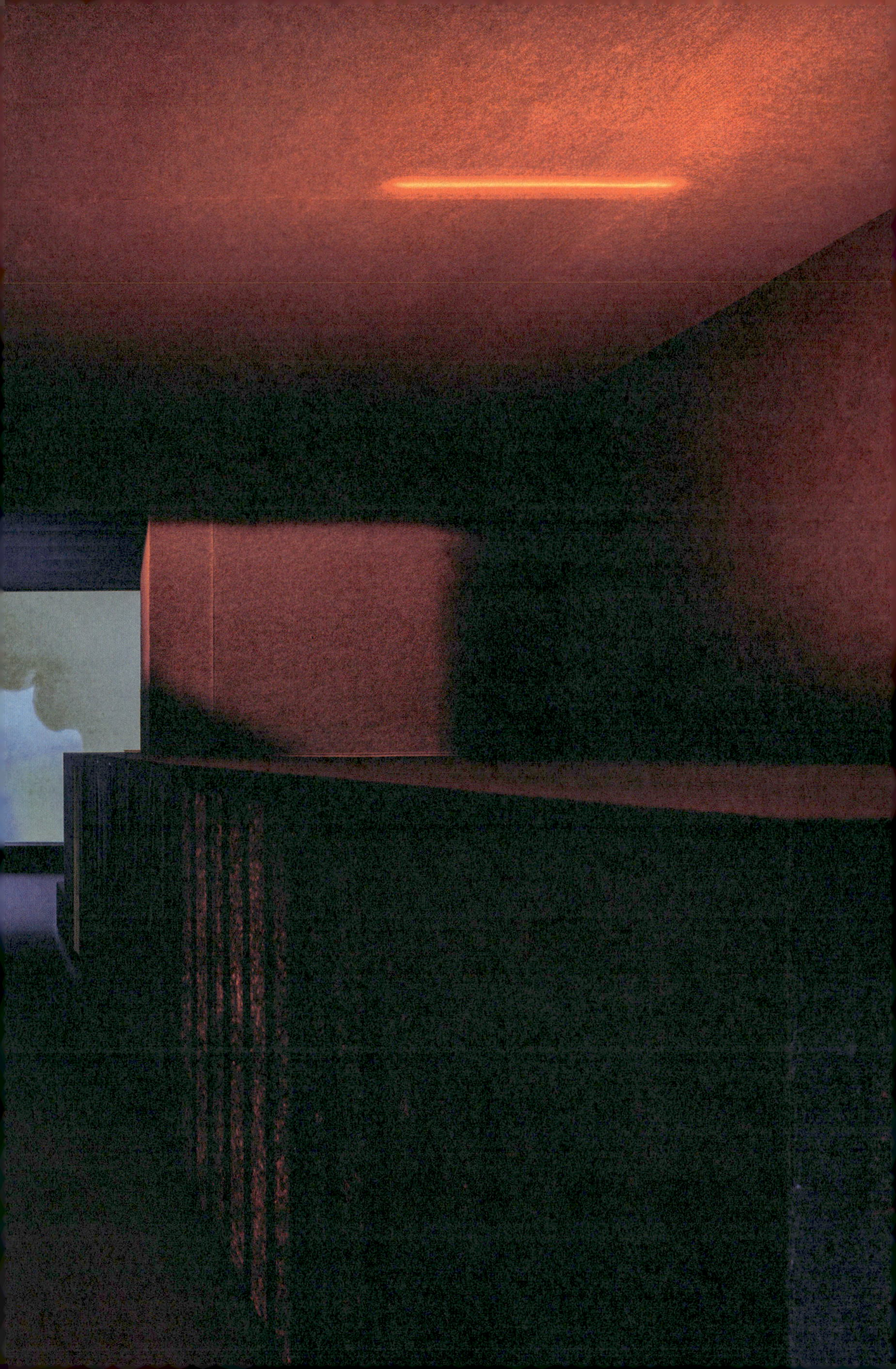

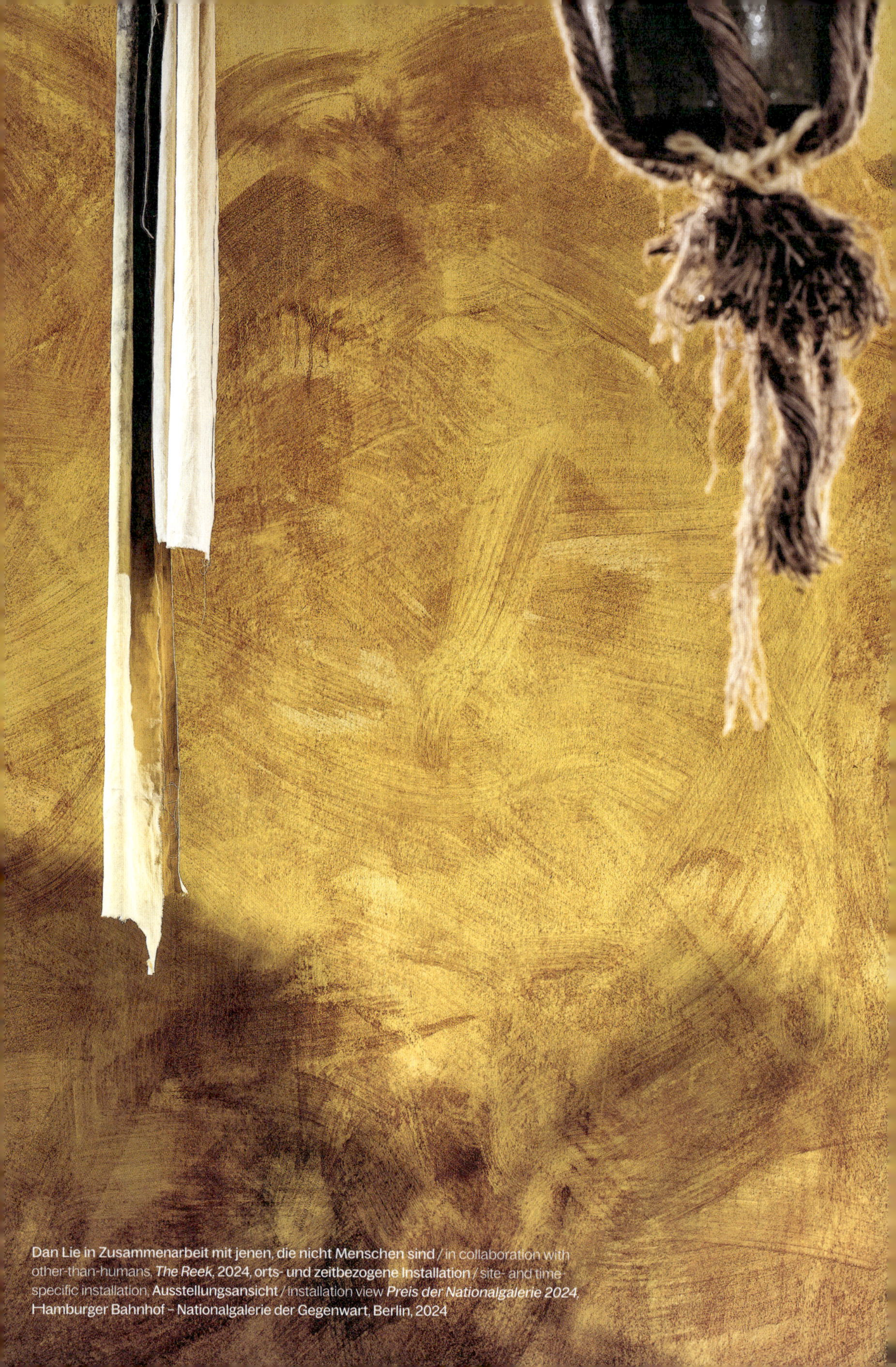

Dan Lie in Zusammenarbeit mit jenen, die nicht Menschen sind / in collaboration with other-than-humans, *The Reek*, 2024, orts- und zeitbezogene Installation / site- and time specific installation, Ausstellungsansicht / installation view *Preis der Nationalgalerie 2024*, Hamburger Bahnhof – Nationalgalerie der Gegenwart, Berlin, 2024

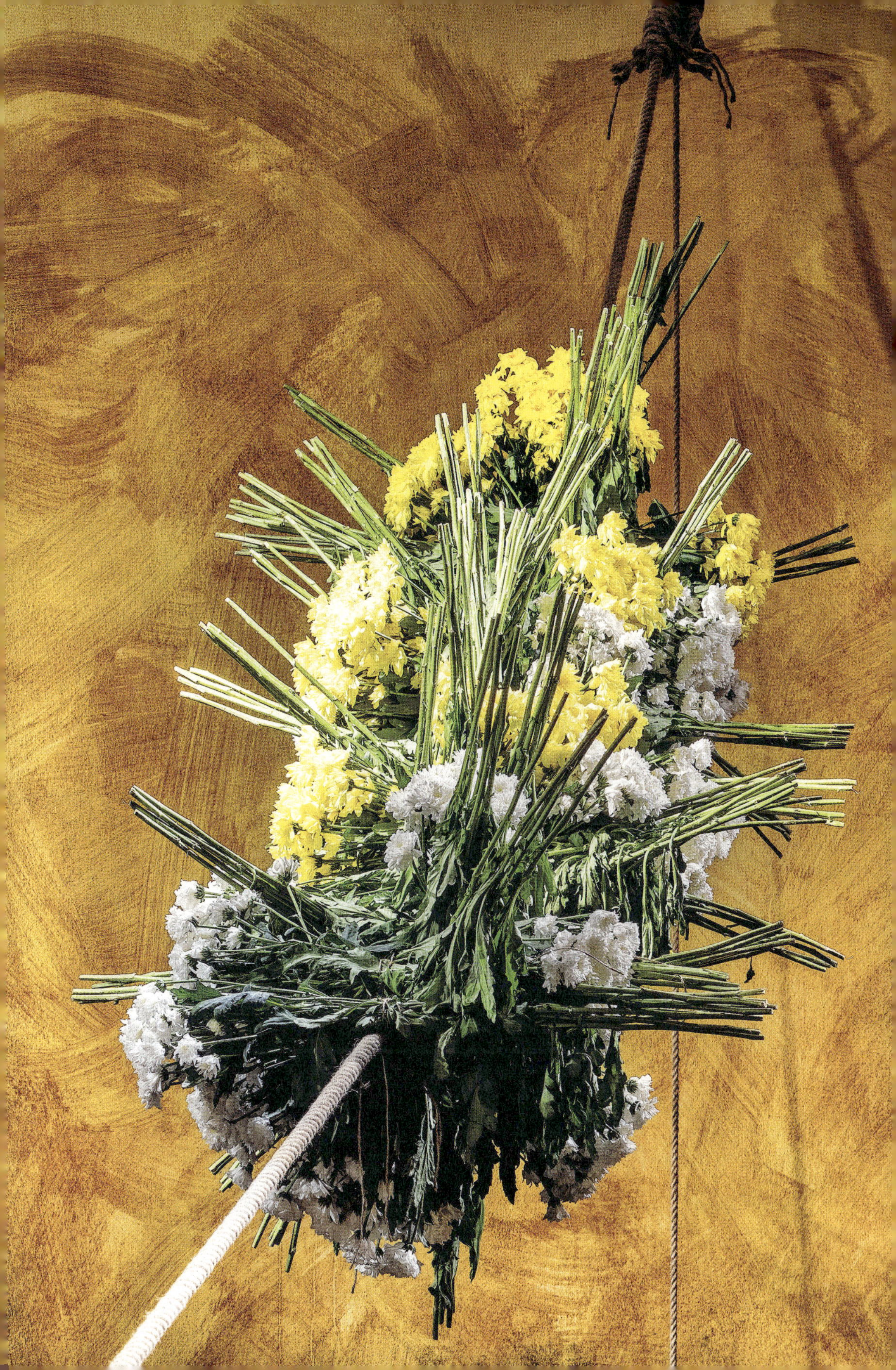

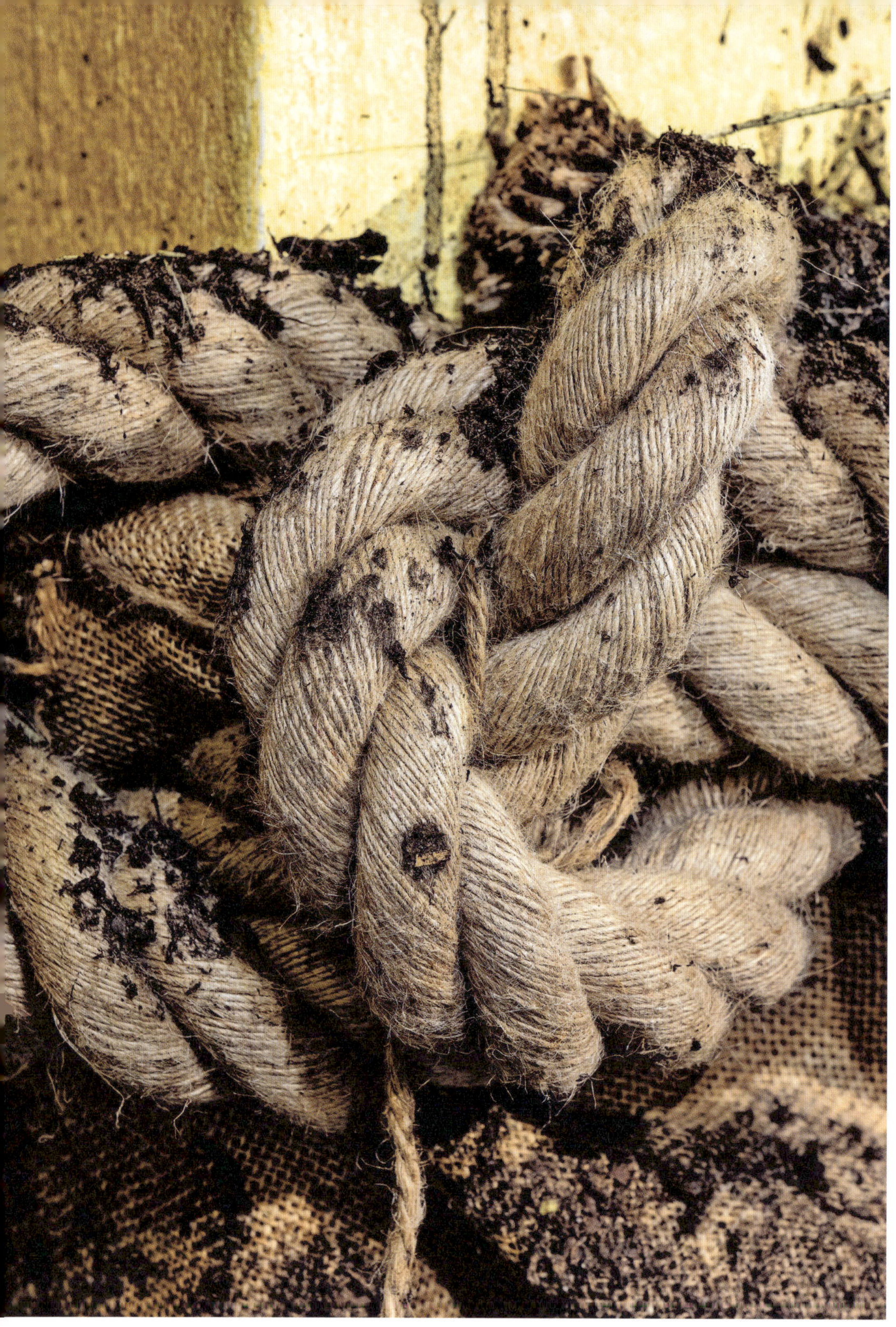

Dan Lie in Zusammenarbeit mit jenen, die nicht Menschen sind / in collaboration with other-than-humans, *The Reek,* 2024, orts- und zeitbezogene Installation / site- and time-specific installation, Ausstellungsansicht / installation view *Preis der Nationalgalerie 2024,* Hamburger Bahnhof – Nationalgalerie der Gegenwart, Berlin, 2024

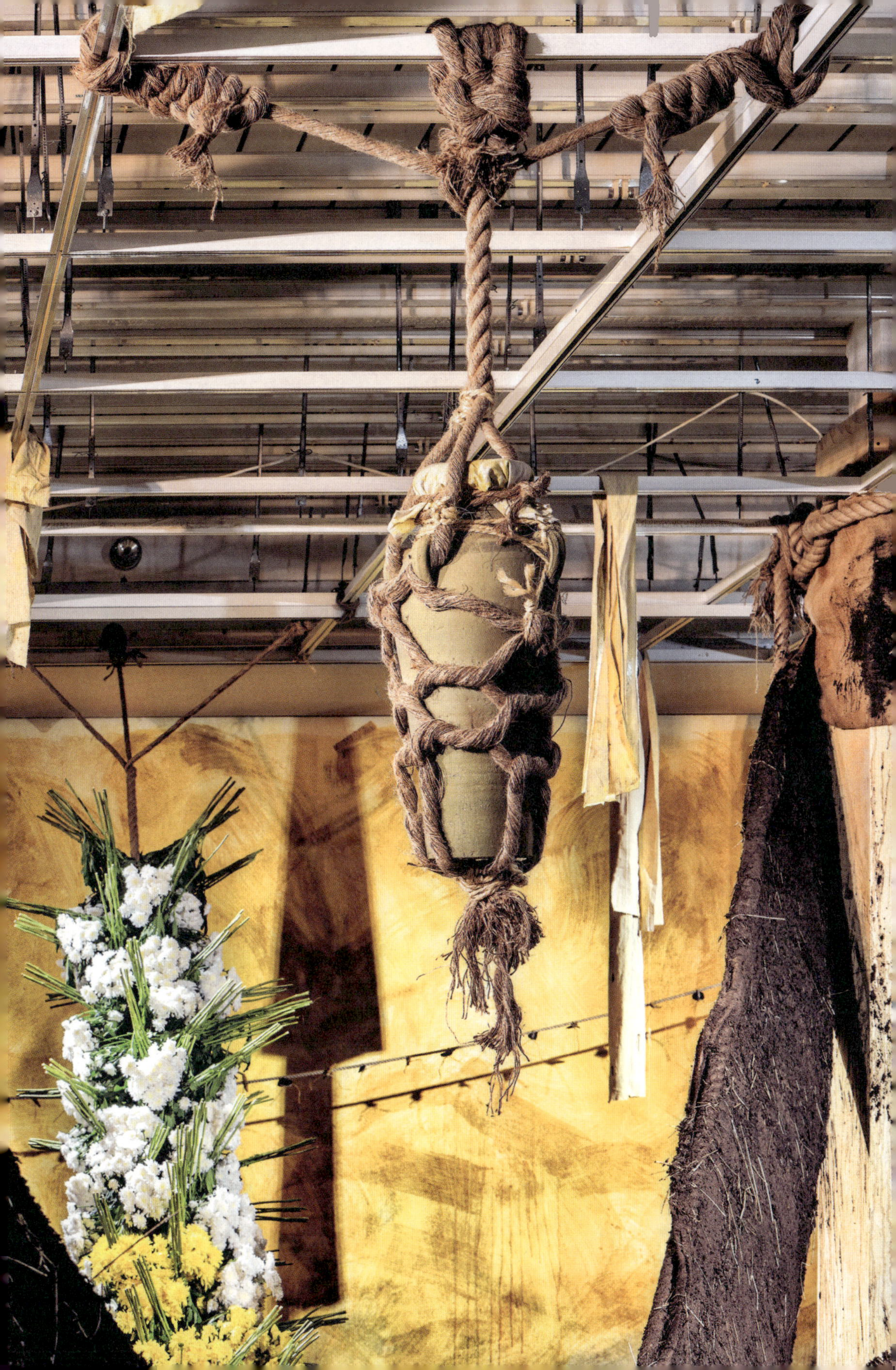

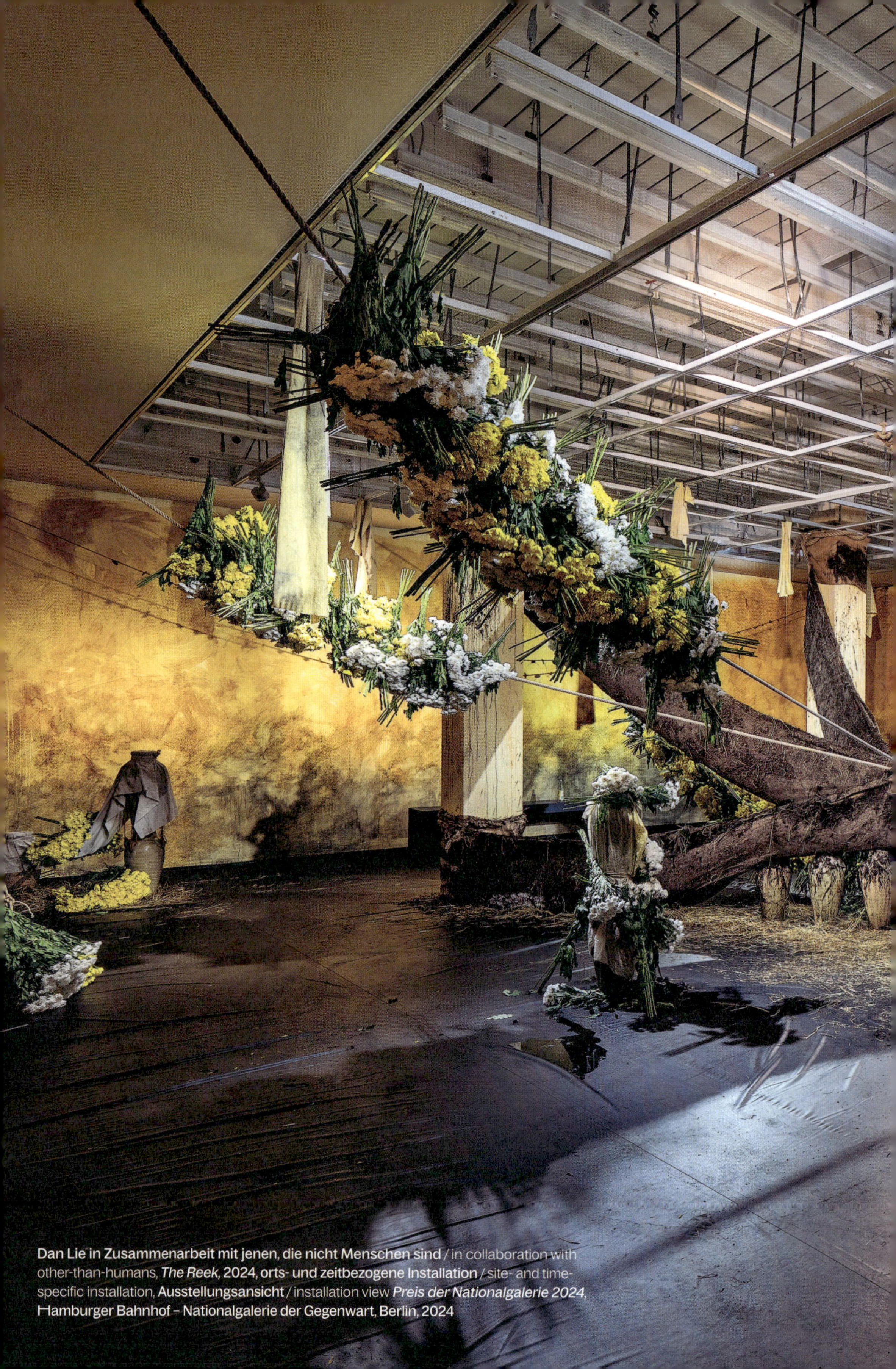

Dan Lie in Zusammenarbeit mit jenen, die nicht Menschen sind / in collaboration with other-than-humans, *The Reek*, 2024, orts- und zeitbezogene Installation / site- and time-specific installation, Ausstellungsansicht / installation view *Preis der Nationalgalerie 2024*, Hamburger Bahnhof – Nationalgalerie der Gegenwart, Berlin, 2024

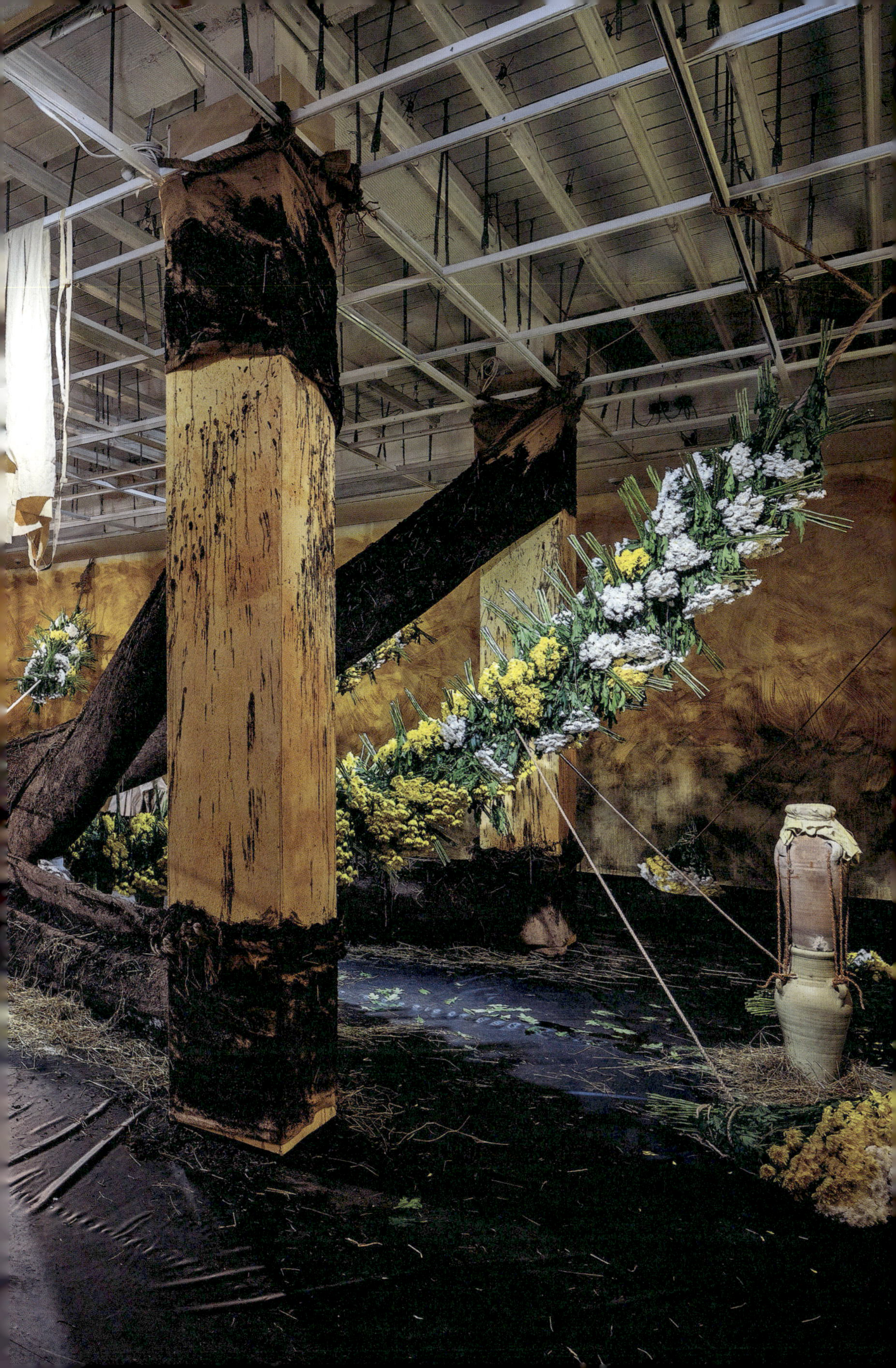

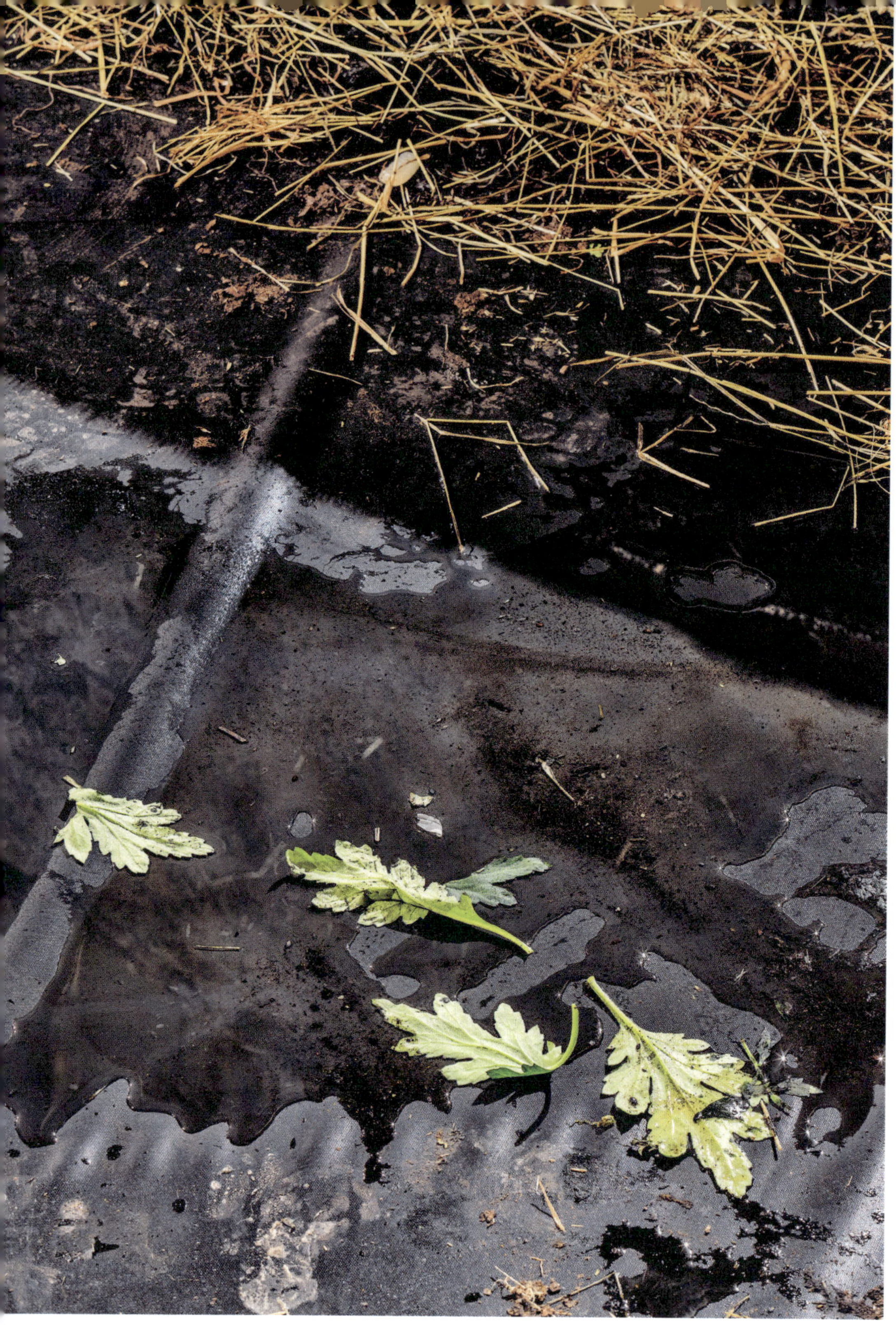

Dan Lie in Zusammenarbeit mit jenen, die nicht Menschen sind / in collaboration with other-than-humans, *The Reek,* 2024, orts- und zeitbezogene Installation / site- and time-specific installation, Ausstellungsansicht / installation view *Preis der Nationalgalerie 2024,* Hamburger Bahnhof – Nationalgalerie der Gegenwart, Berlin, 2024

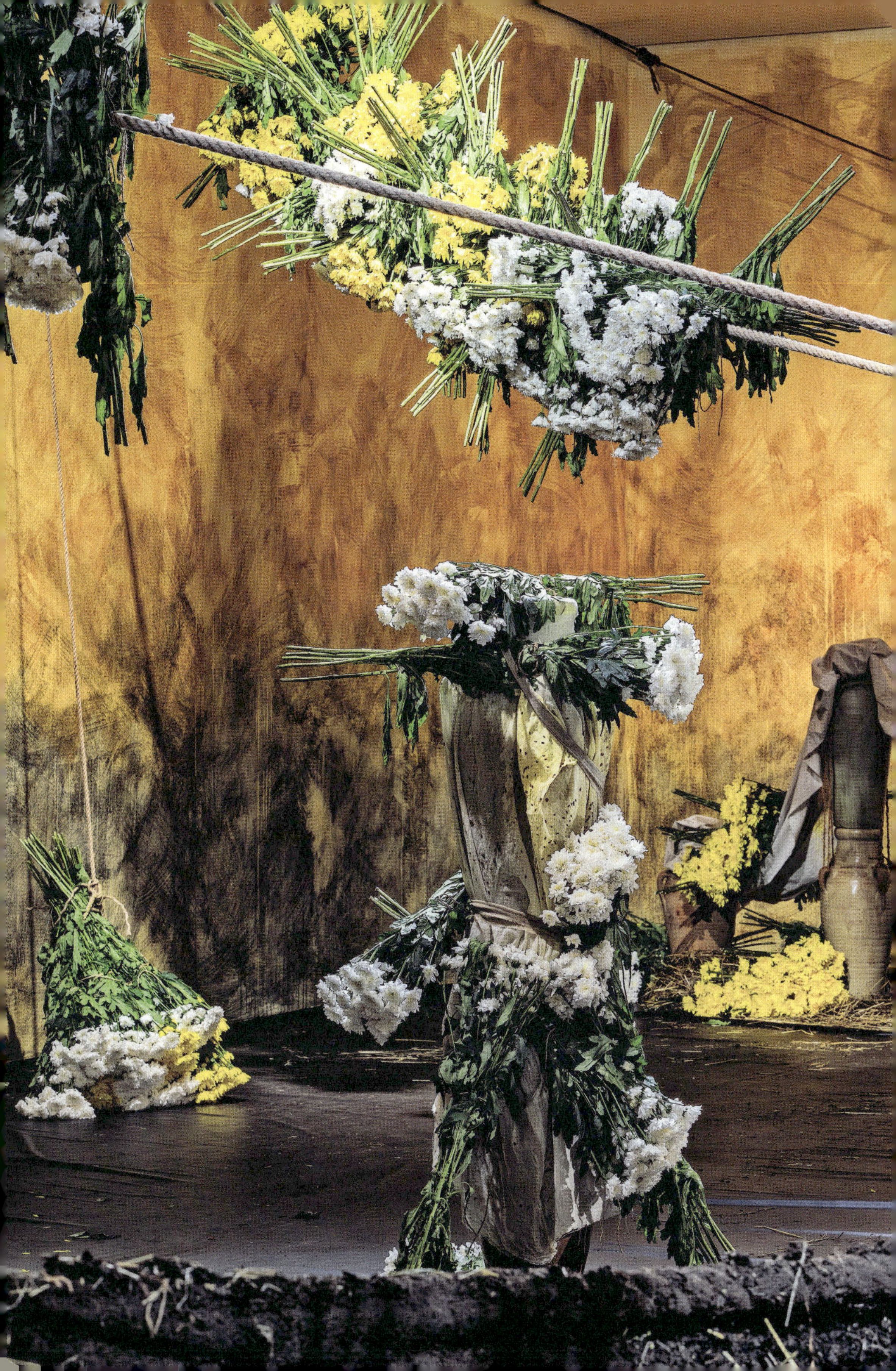

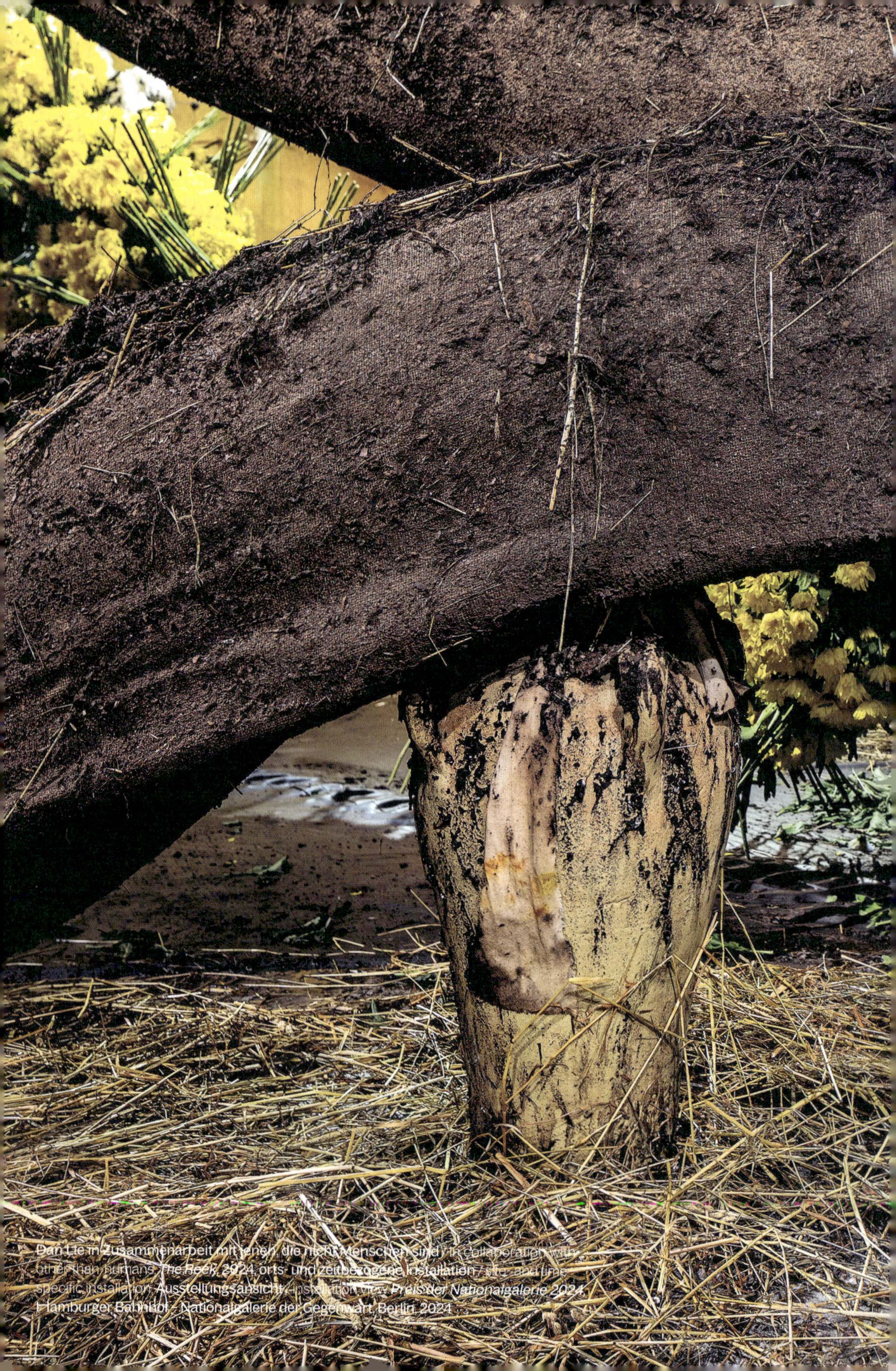

Dan Lie in Zusammenarbeit mit jenen, die nicht Menschen sind / in collaboration with other than humans, *The Rock*, 2024, orts- und zeitbezogene Installation / site- and time-specific installation, Ausstellungsansicht / installation view *Preis der Nationalgalerie 2024*, Hamburger Bahnhof – Nationalgalerie der Gegenwart, Berlin, 2024

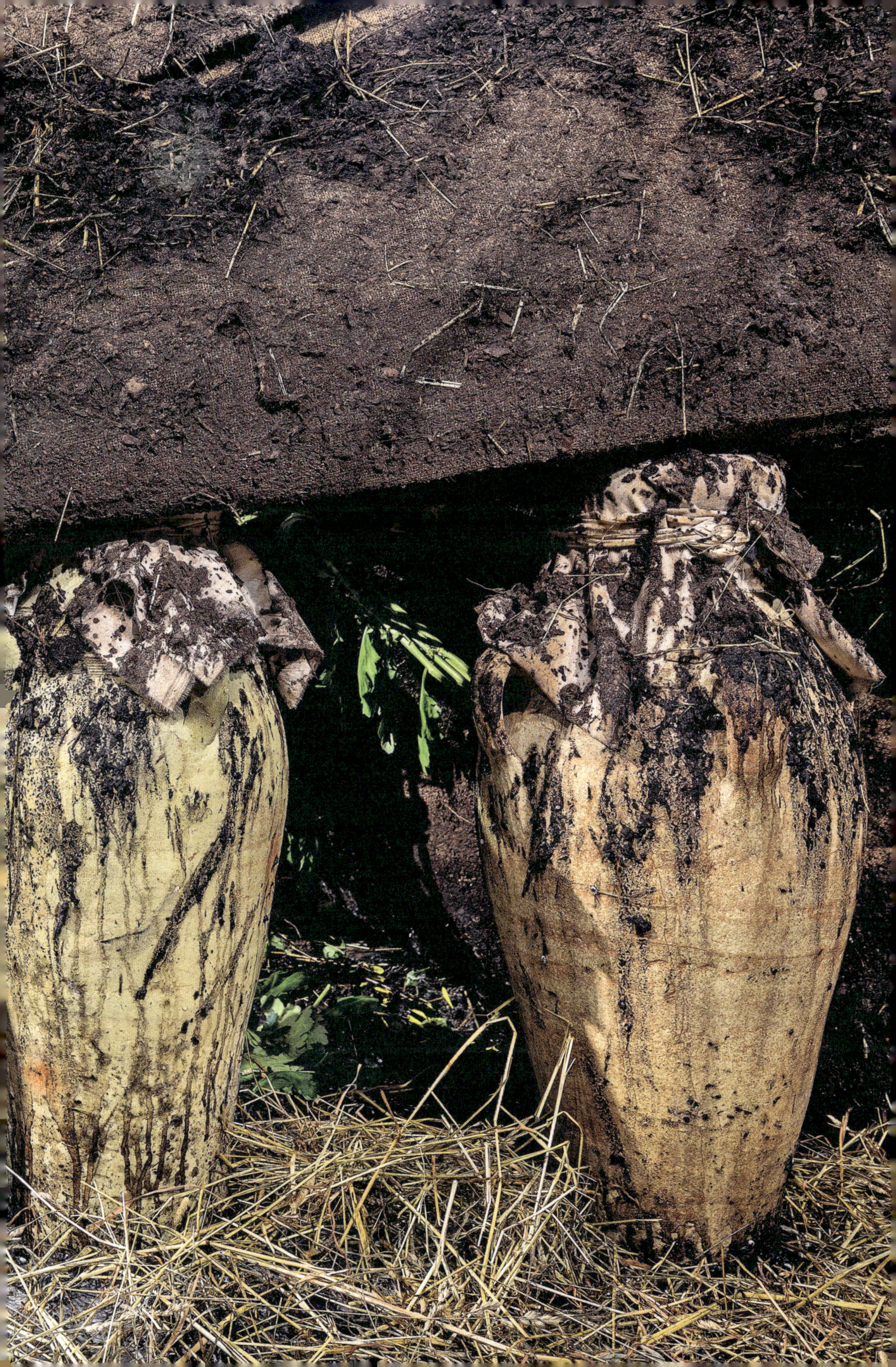

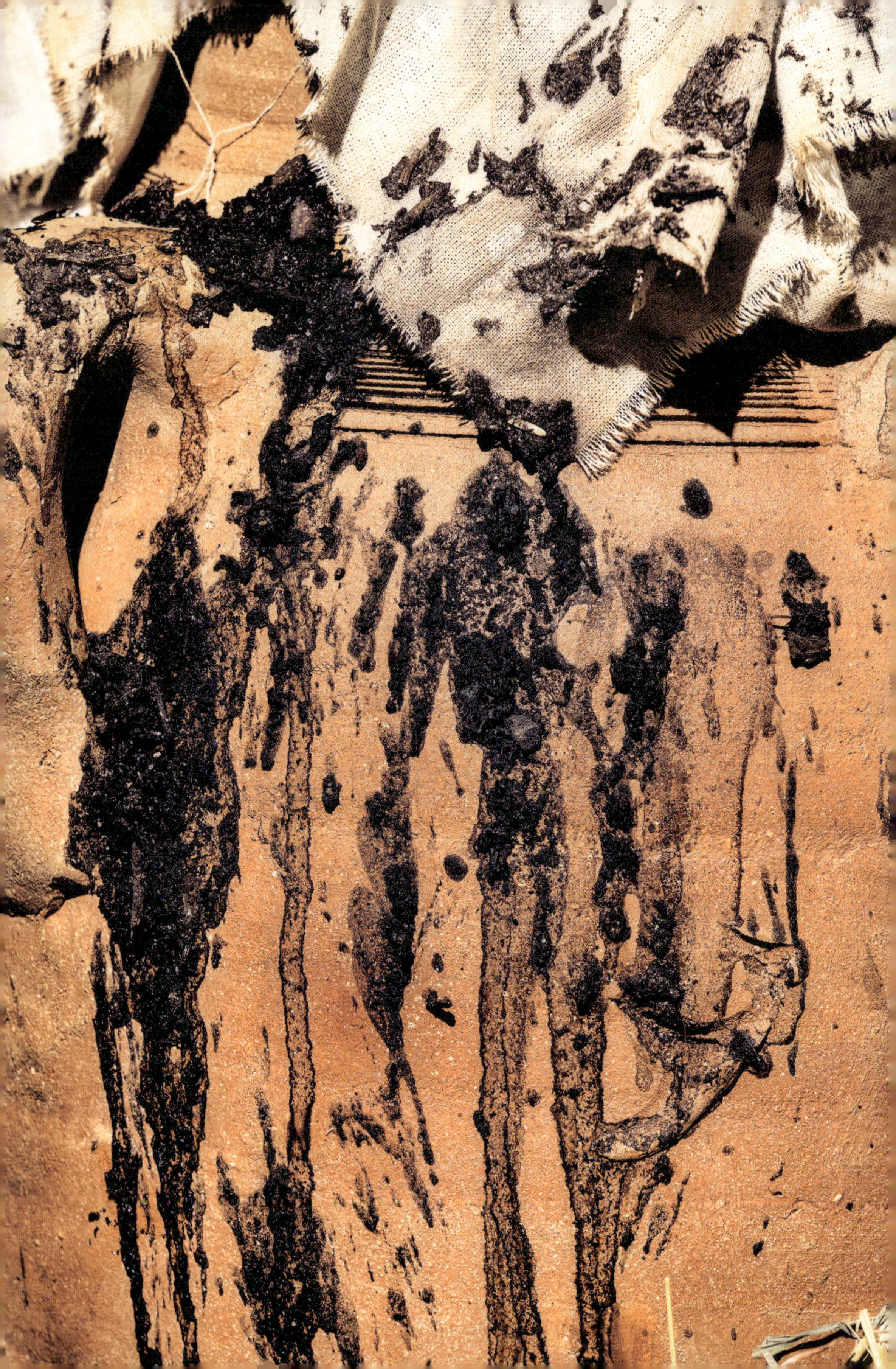

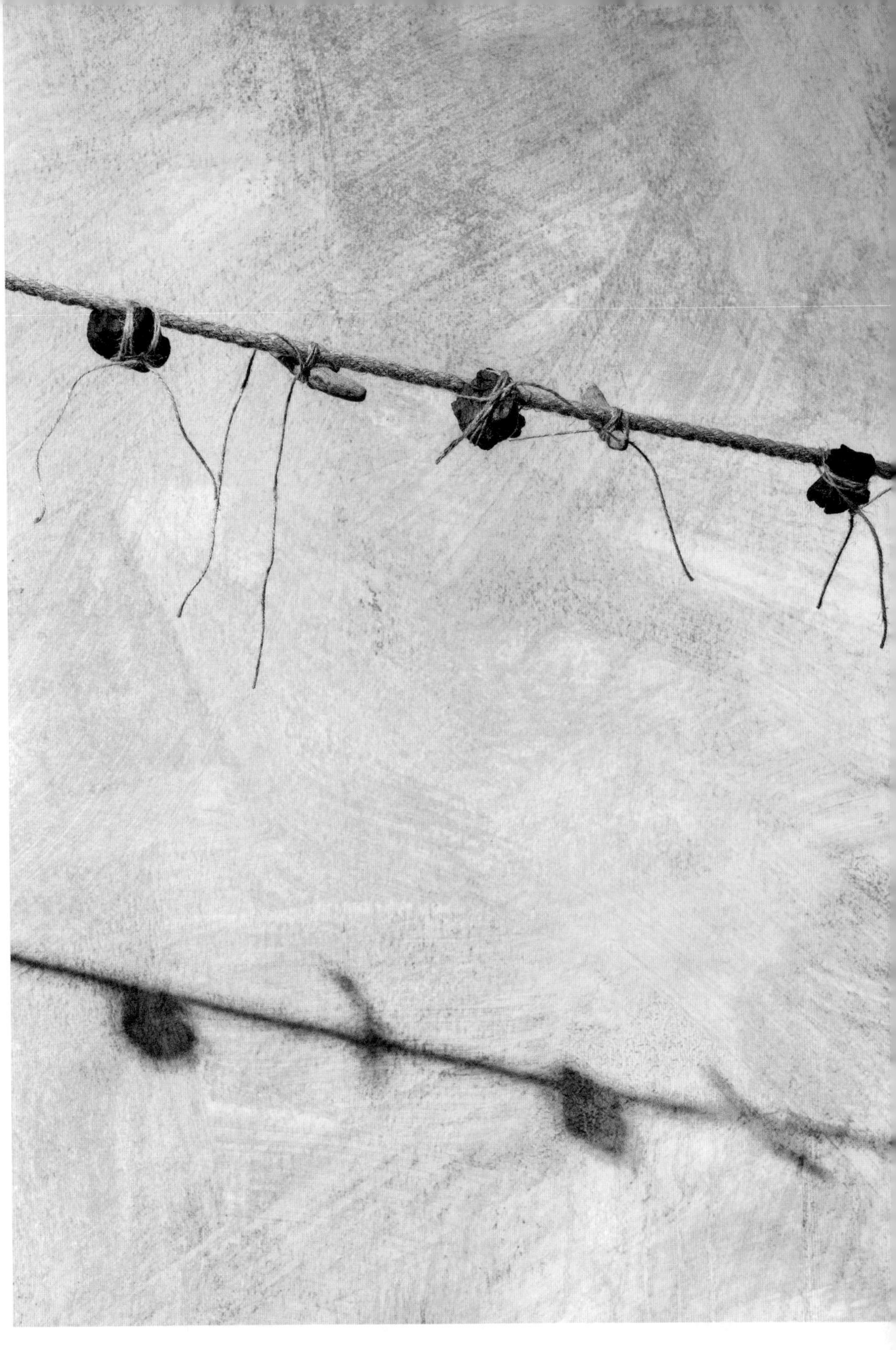

Dan Lie in Zusammenarbeit mit jenen, die nicht Menschen sind / in collaboration with other-than-humans, *The Reek,* 2024, orts- und zeitbezogene Installation / site- and time-specific installation, **Ausstellungsansicht** / installation view *Preis der Nationalgalerie 2024,* Hamburger Bahnhof – Nationalgalerie der Gegenwart, Berlin, 2024

# Pan
# Daijing

# Blendung/
## Glare

**Tom Engels**

Versucht man, die künstlerische Praxis Pan Daijings zu beschreiben, wird man sich rasch der unabwendbaren Unvollständigkeit bewusst, die mit jeder Interpretation und jeder Bemühung, Gefühle zu vermitteln, einhergeht. Man erkennt, dass das Werk an sich, aber auch das, was es in einem selbst auslöst, unweigerlich von obskuren Elementen und einem Gefühl des Übergangs geprägt sind. Diese Ambiguität, dieses In-Bewegung-Sein, und wahrscheinlich auch das Rätselhafte, sind die treibenden Kräfte in Pan Daijing's Arbeit. Wenn wir indessen die Musik als das Fundament ihrer Praxis begreifen, ist es kaum verwunderlich, dass ihr Werk der Dunkelheit zu entspringen scheint.

Pan Daijing erschafft in ihren Live-Erlebnissen immersive Erkundungen, die direkt in den Kern der Zeitlichkeit, der Erinnerung und Existenz führen. Ihre zeitbasierten Arbeiten manifestieren sich als Performances, als lebende Environments oder Konzerte: Formate, die stets darauf ausgerichtet sind, Intensität gemeinsam erfahrbar zu machen. Ihr Werk erscheint in vielerlei Gestalt; sein Spektrum reicht vom wummernden Dröhnen eines Basses in experimentell genutzten Kellerräumen über ätherische Opernstimmen auf einer LP, bis zu langsamen Choreographien aus Blick und Berührung. Ihre ortsbezogenen Installationen, die Raum und Architektur zum Sprechen bringen, werden von Klanglandschaften, Filmen und Videos begleitet. Mithilfe dieser Strategien setzt Pan Daijing die ephemeren und flüchtigen Qualitäten und Intensitäten in Szene, die ihr Verständnis des

Attempting to portray Pan Daijing's work means embracing the unavoidable incompleteness that accompanies any act of interpretation or transmission of feeling; recognizing that the work itself, as well as its impact within us, are inevitably marked by elements of obscurity and passage. This very quality of ambiguity, movement, and perhaps enigma, is what propels Pan Daijing's work. Given that her practice is rooted in music, it is no wonder that her work seems to emanate from the dark.

Pan Daijing crafts immersive explorations into the core of temporality, recollection, and existence, manifesting itself in the realm of live experiences, evolving through time in the form of performances, living environments, concerts, and the creation of a sense of communal intensity.

Her work appears in many forms: ranging from a throbbing bass in experimental basements, to ethereal operatic voicework on an LP, offering slow choreographies of gaze and touch, while film and video are centered or dispersed, while site-responsive interventions make space and architecture speak, and scapes of sound accompany all of the rest. Doing so, Pan Daijing feeds the fleeting and ephemeral qualities and intensities that make up her understanding of performance—both an act and an attitude that

Performativen prägen – Performance als Akt, aber auch als grundsätzliche Haltung, das zu veranschaulichen, was sie als den eigentlichen Kern des Seins begreift.

Obwohl Pan Daijings Wurzeln tief in der Musik sind, würde die Beschränkung ihrer Arbeit auf dieses Medium alleine bedeuten, die Vielfalt ihres Œuvre zu übersehen. Daijings Werk könnte stattdessen als integrative Kompositionsform wahrgenommen werden, in der Musik, Objekt, Architektur und Bewegung miteinander verflochten sind und einen Raum schaffen, in dem Sound nicht nur gehört, sondern auch gefühlt und gesehen wird. Die Objekte in den Installationen der Künstlerin besetzen nicht einfach den Raum, und die Bewegungen illustrieren auch nicht einfach die Musik – vielmehr strahlen sie jeweils ihre eigene Klangpräsenz aus und verwischen die Grenzen zwischen Hörbarem und Greifbarem. Diese raffinierte Orchestrierung von Elementen macht jede einfache Einordnung von Pan Daijings Arbeiten unmöglich; da es ein neues Zuhören erfordert: ein lehnender Körper, ein schreiender Atem, brennendes Bienenwachs, zwei einander berührende Hände.

Kann Musikalität ein organisierendes Prinzip sein? Unter Musikalität könnte man die Art und Weise verstehen, wie Melodie, Harmonie, Rhythmus und Dynamik ein Stück als Ganzes verweben und strukturieren – es ist eine Verschmelzung von Kräften, die etwas eine musikalische Qualität verleihen. So wird es ermöglicht, einer musikalischen Idee, einer Emotion und Tiefe Ausdruck zu verleihen. Aber auch die Interpretation dieser Idee, ausdrucksstark und technisch, und durch Phrasierung, Tempo und Artikulation, kann einer Aufgabe, einer Partitur oder der Manipulation eines Objekts oder Materials Musikalität verleihen. Genau so verwandelt sich eine Idee in einen körperlichen Ausdruck. Und aus einer solchen Perspektive kann man sich auch Pan Daijings Arbeit nähern, die sich nicht nur jeder kompositorischen Logik, sondern auch sämtlichen Konventionen der Medien, in denen sie arbeitet, entzieht. Wie sie selbst dazu erklärt: „Ich arbeite mit der Idee der Musikalität, und Musik kann überall zum Vorschein treten, in

may well serve as a reflection on what she considers to be the core of being itself.

While Pan Daijing's roots are deeply embedded in music practice, to confine her work within the sole precincts of this medium would be to overlook the abundance it encompasses. Daijing's oeuvre could instead be perceived as integrative forms of composition where music, object, architecture, and movement are intertwined, crafting a space where sound is not merely heard but also felt and seen. Objects in her installations do not just occupy space; neither do movements form an illustration of music—they each emanate their own sonic presence, blurring the lines between the audible and the tangible. This sophisticated orchestration of elements elevates Pan Daijing's work beyond simple classification, as it asks to listen anew: to a body leaning, a breath screaming, beeswax burning, one hand touching another.

## Can musicality as such be seen as an organizing principle?

Musicality could be understood as the way in which elements such as melody, harmony, rhythm, and dynamics weave and structure a piece as a whole—it is an amalgamation of forces that give something a musical quality. It is this organization that allows for the expression of a musical idea, an emotion, depth; but also the interpretation of that idea, expressive and technical, and through phrasing, tempo, and articulation, can give musicality to a task, a score, or the manipulation of an object or a material. It is exactly that which gives bodily expression to an idea. It is from this perspective that the work of Pan Daijing can be approached, as it seems to evade the compositional logics, but also the medium-specific legacies of the media she works with. As she once said: "I work with the idea of musicality, and that can happen anywhere in space, in movement, and also in sound. Music is in our conversation right now, in us being here..."

Much like punctuation and intonation in spoken language, phrasing in music organizes notes and motifs into coherent, expressive units that convey tension, and release. In Pan Daijing's

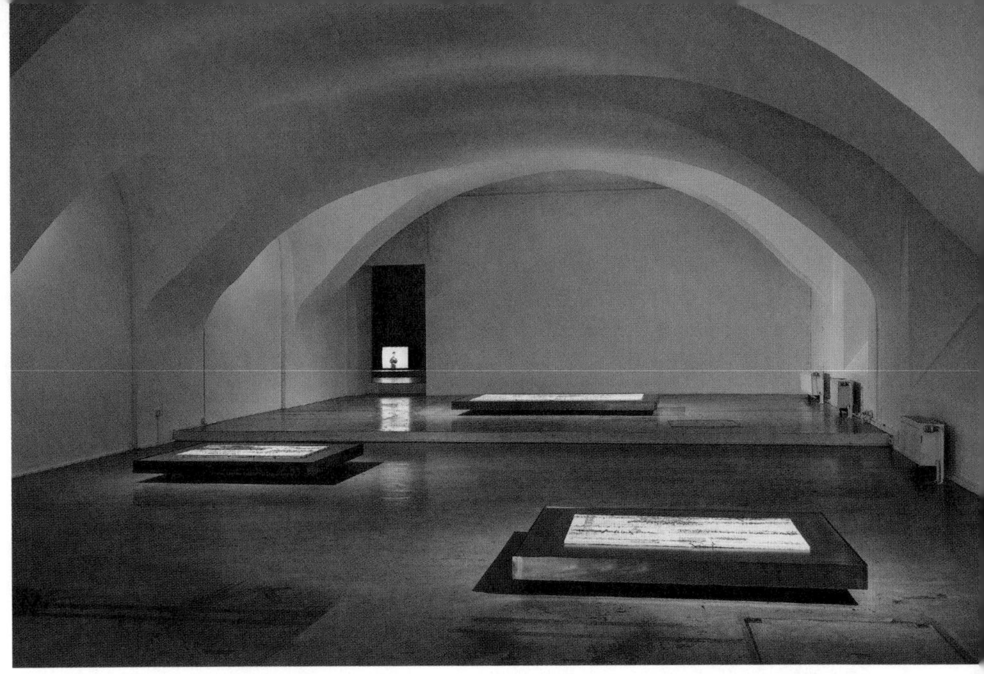

Pan Daijing, *Dry Score,* 2023, Ausstellungsansicht / installation view **Grazer Kunstverein, Graz, 2023**

einem Raum, in Bewegungen oder auch in Tönen. Musik ist gerade in unserem Gespräch, unserer Anwesenheit hier ..."

Ähnlich wie Interpunktion und Intonation in der gesprochenen Sprache organisiert die Phrasierung in der Musik Noten und Motive als kohärente, ausdrucksstarke Einheiten, die Spannung und Entspannung vermitteln. Solche Phrasen werden in Pan Daijings Werk immer wieder neu formuliert und über verschiedene Zeiten und Räume ausgedehnt. Im Laufe der Jahre hat sich ein charakteristisches Prinzip ihrer Arbeit herauskristallisiert, bei dem verschiedene Arbeiten und Ausstellungen ineinandergreifen und sich in einem dynamischen Kontinuum gegenseitig beeinflussen. Man könnte es mit einer beispielhaften Abfolge von Phrasen beschreiben: Performer*innen hinterlassen ihre eigenen unauslöschlichen Spuren an den Wänden von Institutionen mit geschichtsträchtiger Vergangenheit, etwa den umfunktionierten Räumen eines ehemaligen Strafgefängnisses in Hongkong, wo Namen von Insass*innen als Zeugnis von Anwesenheit eingraviert sind. Pan Daijing hat Fragmente dieser Wände akribisch extrahiert und in Zeichnungen transformiert, welche sie wiederum zu horizontalen Gemälden weiterentwickelte. Jede Schicht verleiht der Erzählung Tiefe, sodass sie anderswo gezeigt

work, such phrases are rearticulated over and over again, or they are stretched over time and different spaces. Over the years, a distinctive principle has gradually emerged in her work, where various creations and exhibitions intertwine to influence one another in a dynamic continuum. It could be described in an exemplary sequence of phrases: performers leave their indelible marks on the walls of institutions with storied pasts, such as a transformed penitentiary in Hong Kong, where names are inscribed as a testament to their presence. Fragments of these walls are meticulously extracted, metamorphosing into drawings that evolve into horizontal paintings, each layer adding depth to the narrative, for them to be exhibited elsewhere. Or: rehearsals are captured on film, alongside immersive field studies, and then seamlessly transition into material for hypnotic video installations, blurring the boundaries between live performance and recorded documentation for it to become something new from what was first unknown. The screens and sequences are then reshuffled elsewhere in another location—like a phrase repeated, its intonation changed, some words recombined and added, for a new pronunciation to be revealed. Architecture plays a crucial role too, as Pan Daijing's work engages with the temporal layering of specific sites, resonating as if tuning an instrument to har-

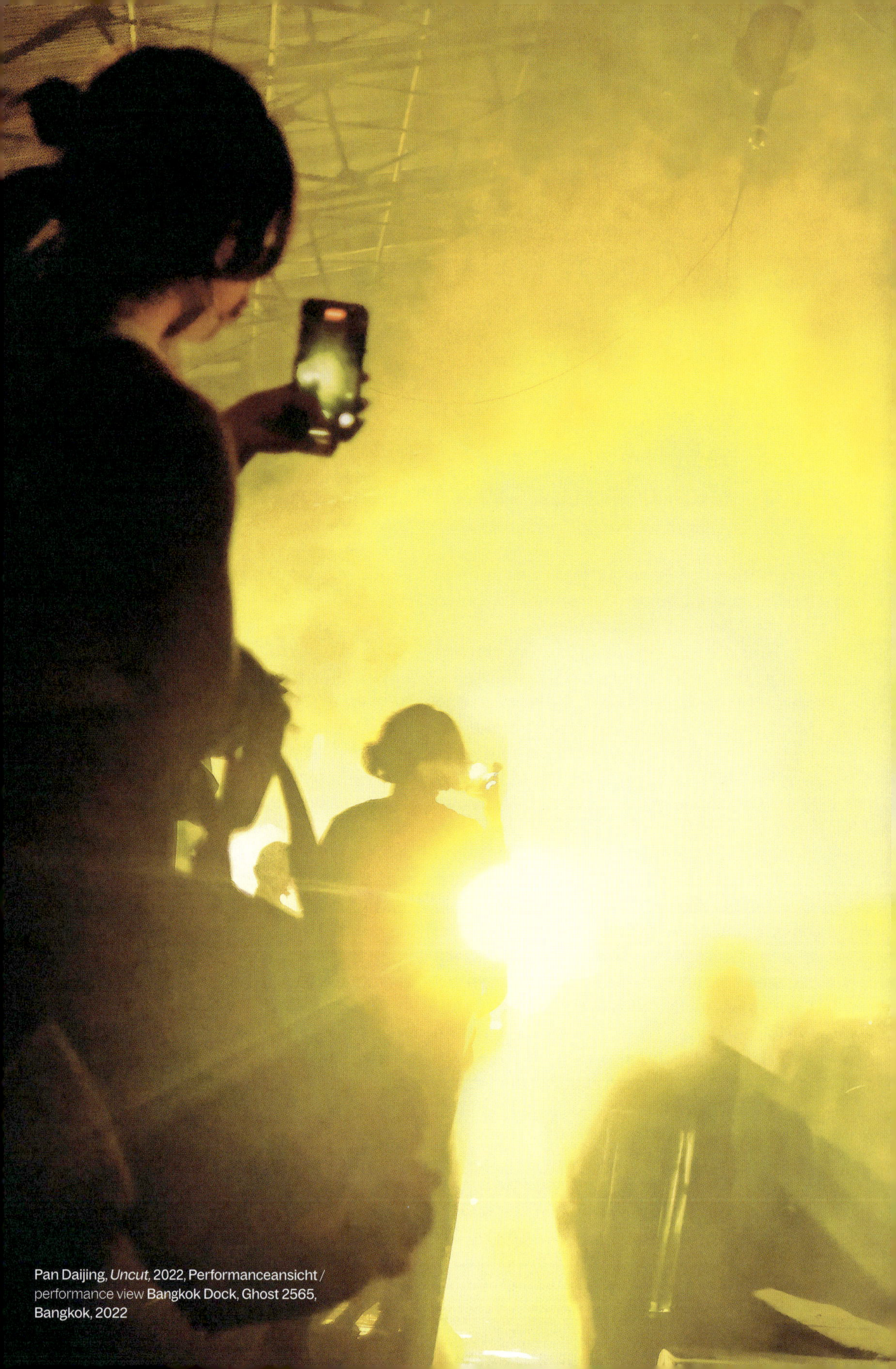

Pan Daijing, *Uncut,* 2022, Performanceansicht /
performance view Bangkok Dock, Ghost 2565,
Bangkok, 2022

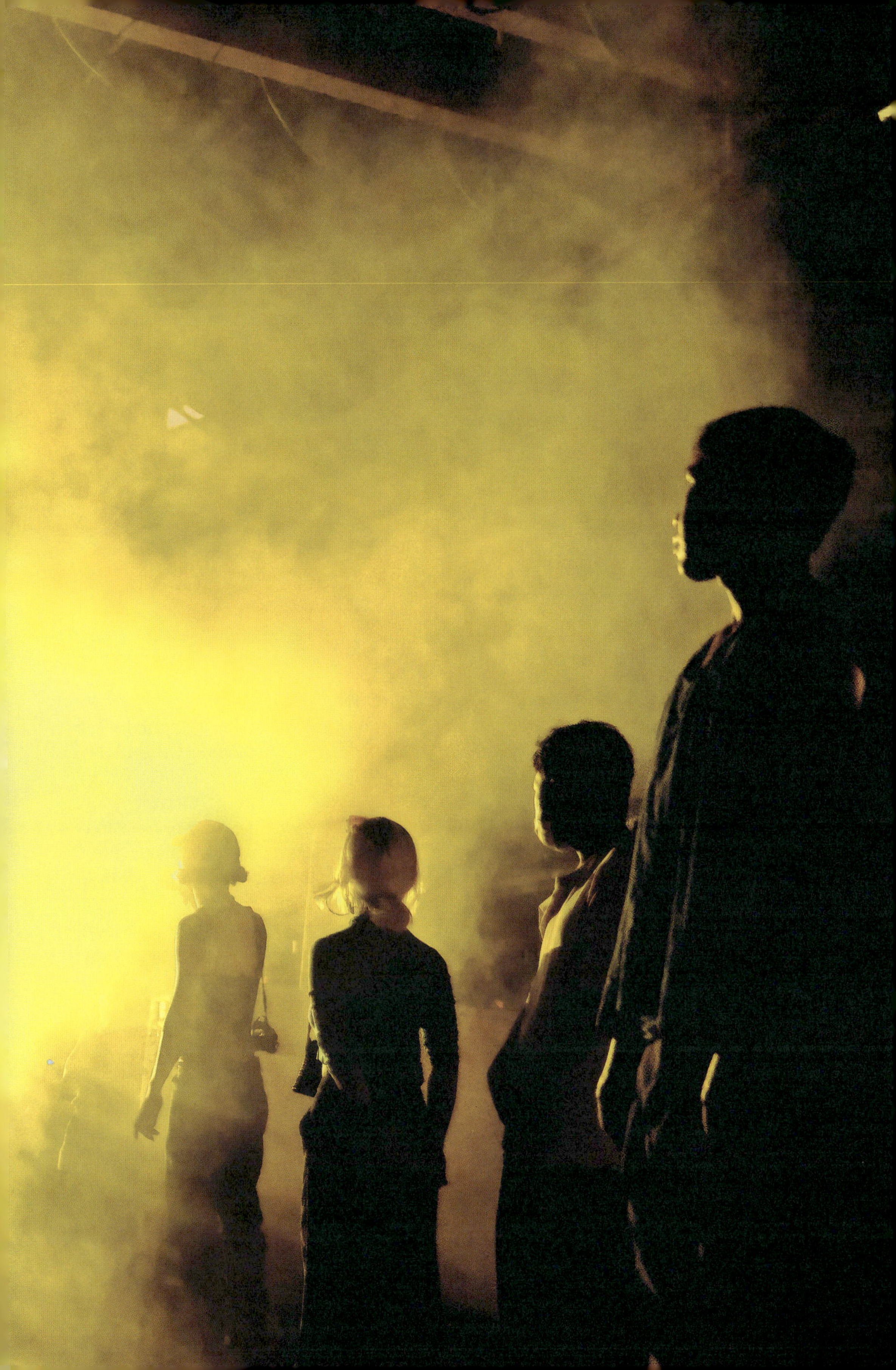

werden kann. Oder: Proben werden zusammen mit immersiven Feldstudien auf Film festgehalten und gehen dann nahtlos in Material für hypnotische Videoinstallationen über, wodurch die Grenzen zwischen Live-Performance und aufgezeichneter Dokumentation verwischen, sodass aus dem zunächst Unbekannten etwas Neues wird. Die filmischen Bilder und Sequenzen werden dann an anderer Stelle neu gemischt – wie eine Phrase wiederholt, ihre Betonung geändert, einige Wörter neu kombiniert und hinzugefügt werden, um eine neue Aussprache zu offenbaren. Auch die Architektur spielt eine entscheidende Rolle. Pan Daijing bezieht zeitliche Schichten ihrer ortsspezifischen Installationen immer mit ein und lässt sie mitschwingen, als würde sie ein Instrument so stimmen, dass es mit seiner Umgebung harmoniert. Dabei geht es nicht nur darum, den Raum zu besetzen, sondern darum, ihn zu berühren, sich auf seine Vergangenheit einzustimmen, um ihn zu beleben und um eine neue performative Dynamik in ihm zu gestalten.

Ihr Werk macht sich die physische Anatomie und die historischen Schichten eines Raums zu eigen, als würde sie die an einem verlassenen Ort verbliebenen Marmorplatten aufstapeln oder ein schlagendes Metronom vor eine riesige, verriegelte Tür stellen oder das durch ein beschädigtes Dach eindringende Licht zu einem architektonischen Akteur werden lassen – jedes ihrer Elemente wird von Pan Daijing höchst bewusst eingesetzt oder neu zusammengestellt, um die besonderen Erzählungen, die mit dem Ort verbunden sind, zutage zu fördern und mit ihnen in einen Austausch zu treten.

Pan Daijing erforscht den der Spur innewohnenden Widerspruch, der impliziert, dass der Akt des Einfangens oder Bewahrens eines Moments dessen Ursprung (unabsichtlich) verändert oder verschleiert. Ihre Arbeiten und Ausstellungen beschäftigen sich mit diesem Widerspruch und scheinen uns zu zeigen, dass Spuren – sei es in der Kunst oder im Leben – die Realität gleichzeitig offenbaren und verbergen. Pan Daijing's Arbeiten fangen Elemente sowohl der Vergangenheit als

monize with its surroundings. This approach to architecture is not merely about occupying space but about touching it, tuning into its past to reshape and animate a new performative dynamic within.

Her work engages with the physical and historical textures of a space, akin to stacking its leftover marble slabs or placing a ticking metronome onto an enormous sealed door or letting the light piercing through a broken roof become an architectural and musical actor—each element deliberately implemented or recomposed to evoke and interact with the site's intrinsic narratives.

Pan Daijing explores the contradiction inherent in the trace, which implies that the act of capturing or preserving a moment will (un)intentionally modify or obscure its origins. Her works and exhibitions delve into this contradiction, suggesting that traces—whether in art, or life—simultaneously disclose and hide reality. They capture elements of both the past and future, yet they also resist full understanding. In one of Pan Daijing's works, a jittery camera haphazardly follows the whimsical, playful movements of a swallow tumbling in the sky. In vain, she tries to capture the movements with her camera each time the bird pops into the frame for a moment only to disappear again immediately. A movement so fleeting that it becomes almost impossible to capture. A final image stares into the blazing sun: an intensity that would blind the human eye, and here, in its unbearable brightness, becomes an image of what it means to persevere in grasping and letting go.

auch der Zukunft ein, doch sie entziehen sich auch einem vollständigen Verständnis. In einer von Pan Daijings Arbeiten ist ein verwackeltes Videobild zu sehen. Aufs Geratewohl folgt die Kamera dem spielerisch anmutenden, unberechenbaren Flug einer Schwalbe, die hoch im Himmel ihre Kapriolen schlägt. Alle Versuche, die Flugbahn des Vogels mit der Kamera zu erfassen, sind jedoch zum Scheitern verurteilt; jedes Mal, wenn die Schwalbe für einen kurzen Moment im Bild erscheint, ist sie sofort wieder verschwunden. Ihre Bewegungen sind so flüchtig, dass es nahezu unmöglich ist, sie festzuhalten. Die finale Kameraeinstellung lässt uns in die gleißende Sonne starren – in einer Intensität, die das menschliche Auge blenden würde, aber hier wird die unerträgliche Grelle ein Bild davon, was es bedeutet, beharrlich festzuhalten und loszulassen.

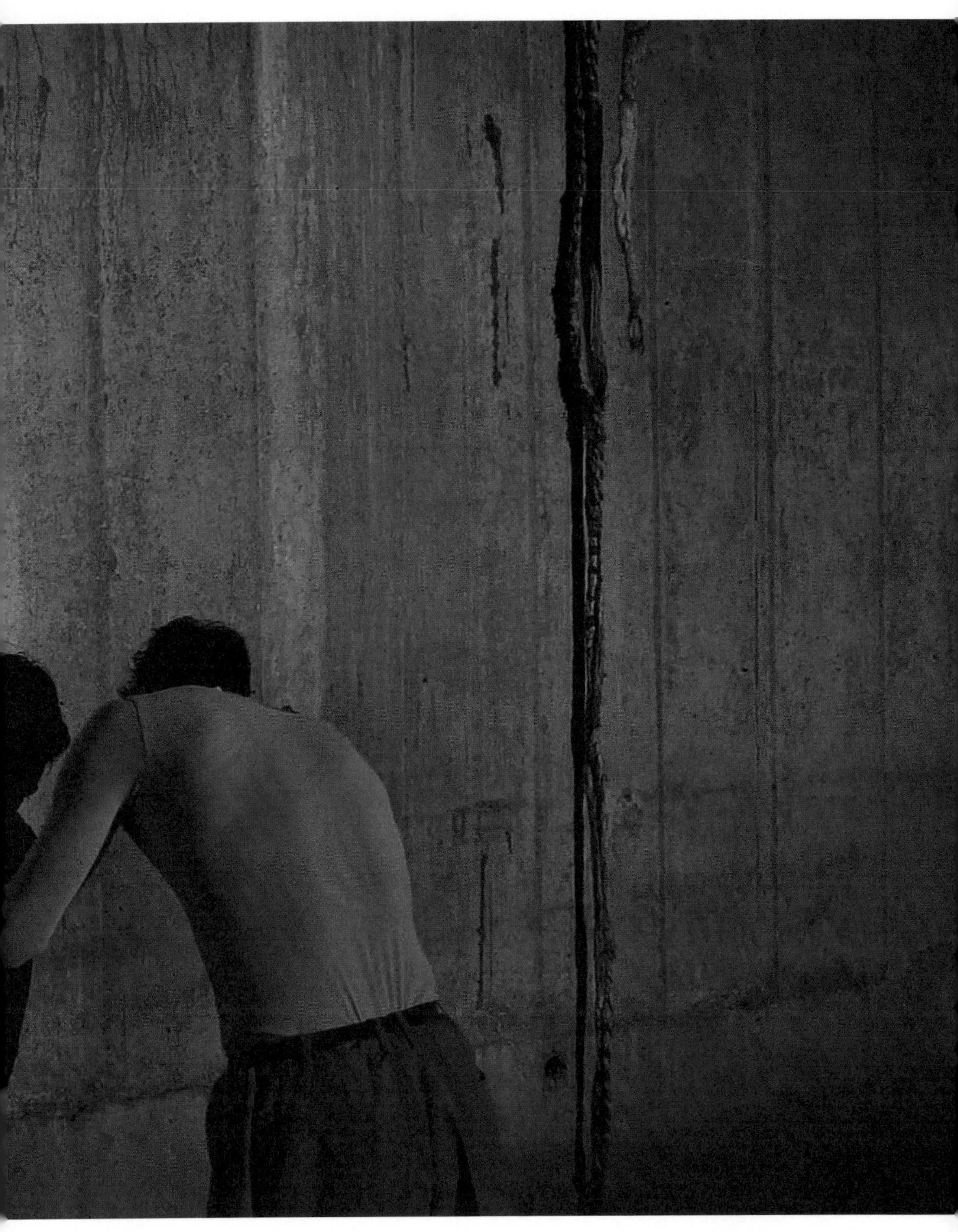

Pan Daijing, *Tissues,* 2022, Performanceansicht / performance view Tate Modern, London, 2019

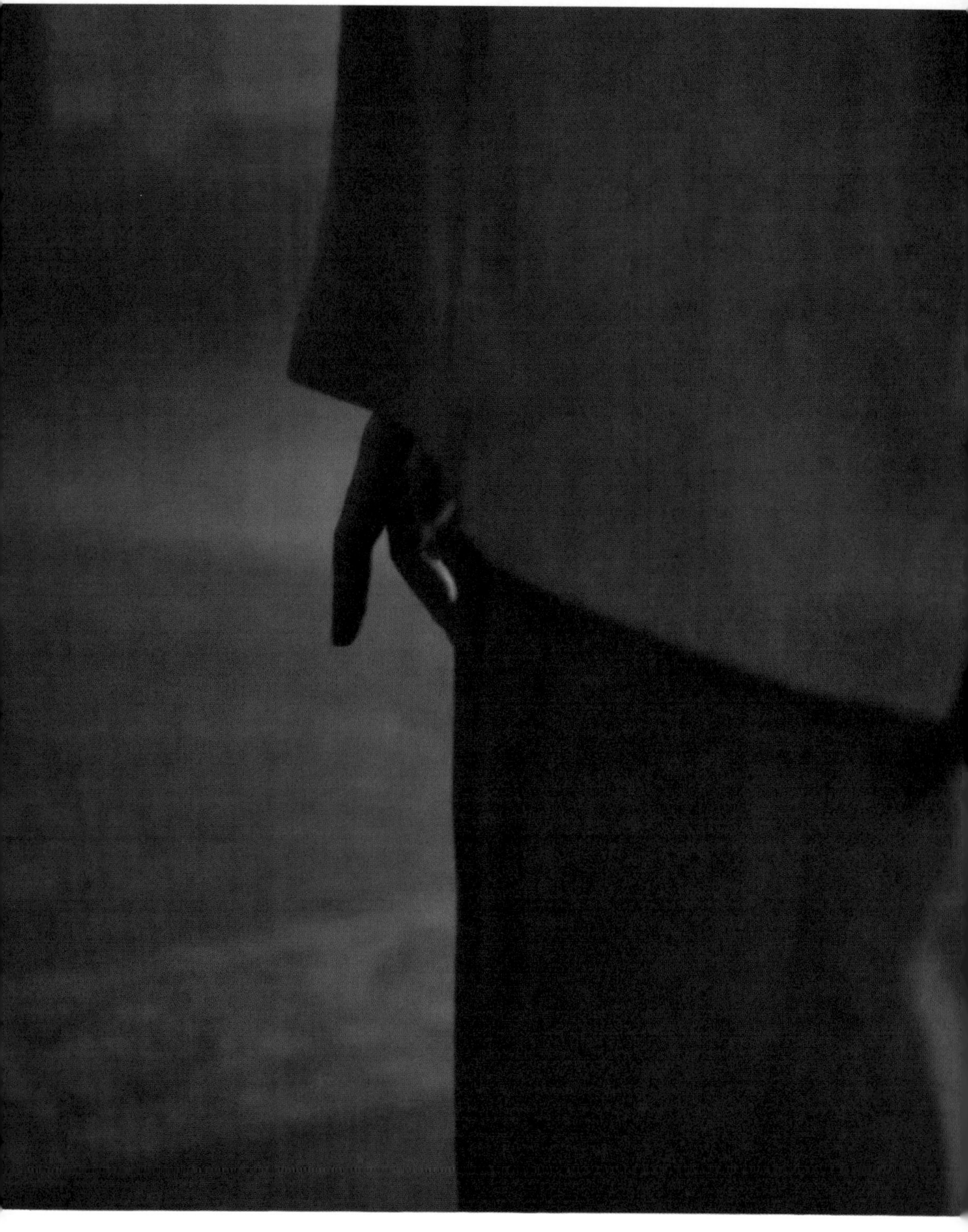

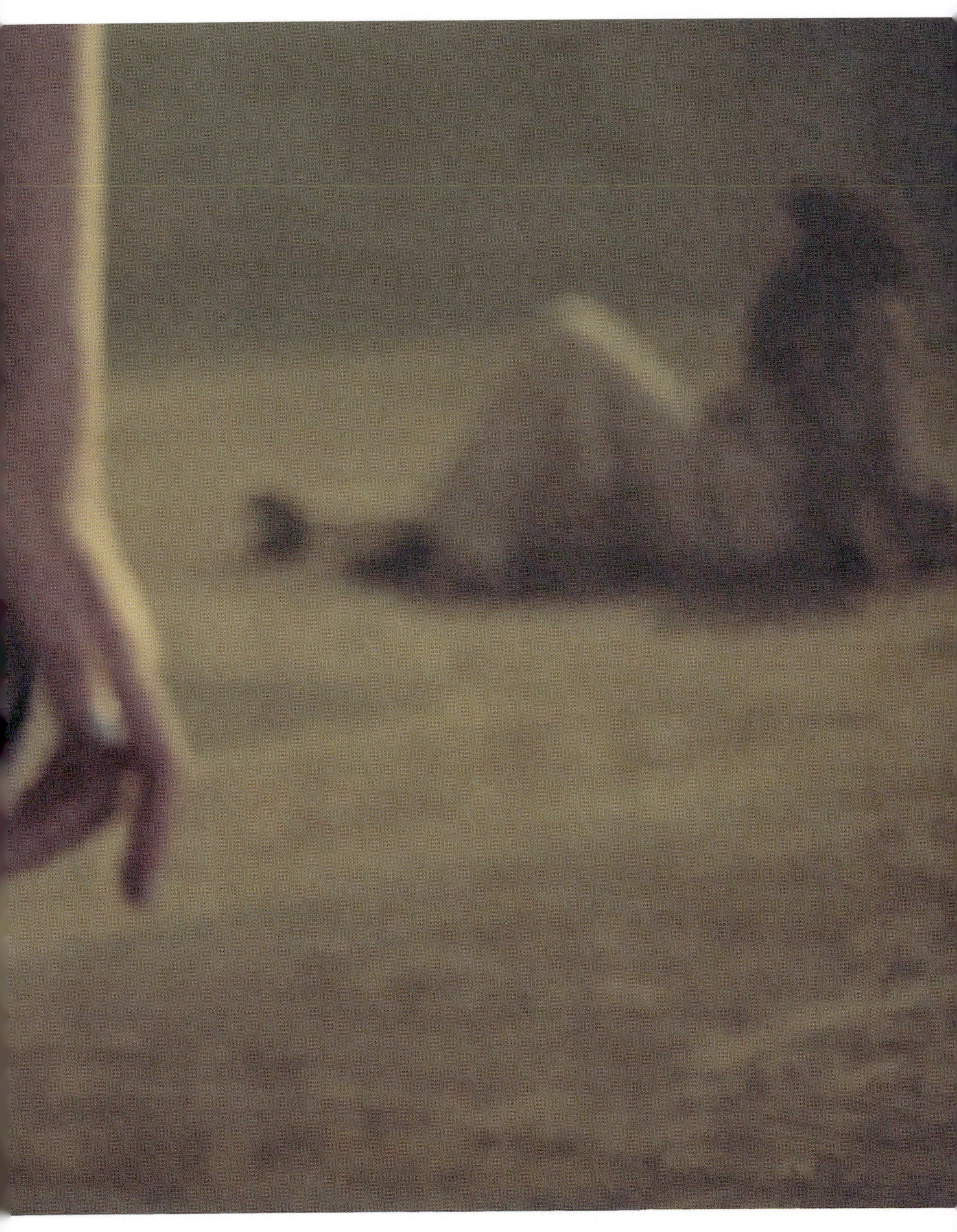

Pan Daijing, *Dead Time Blue,* 2020,
Performanceansicht / performance view
Gropius Bau, Berlin, 2020

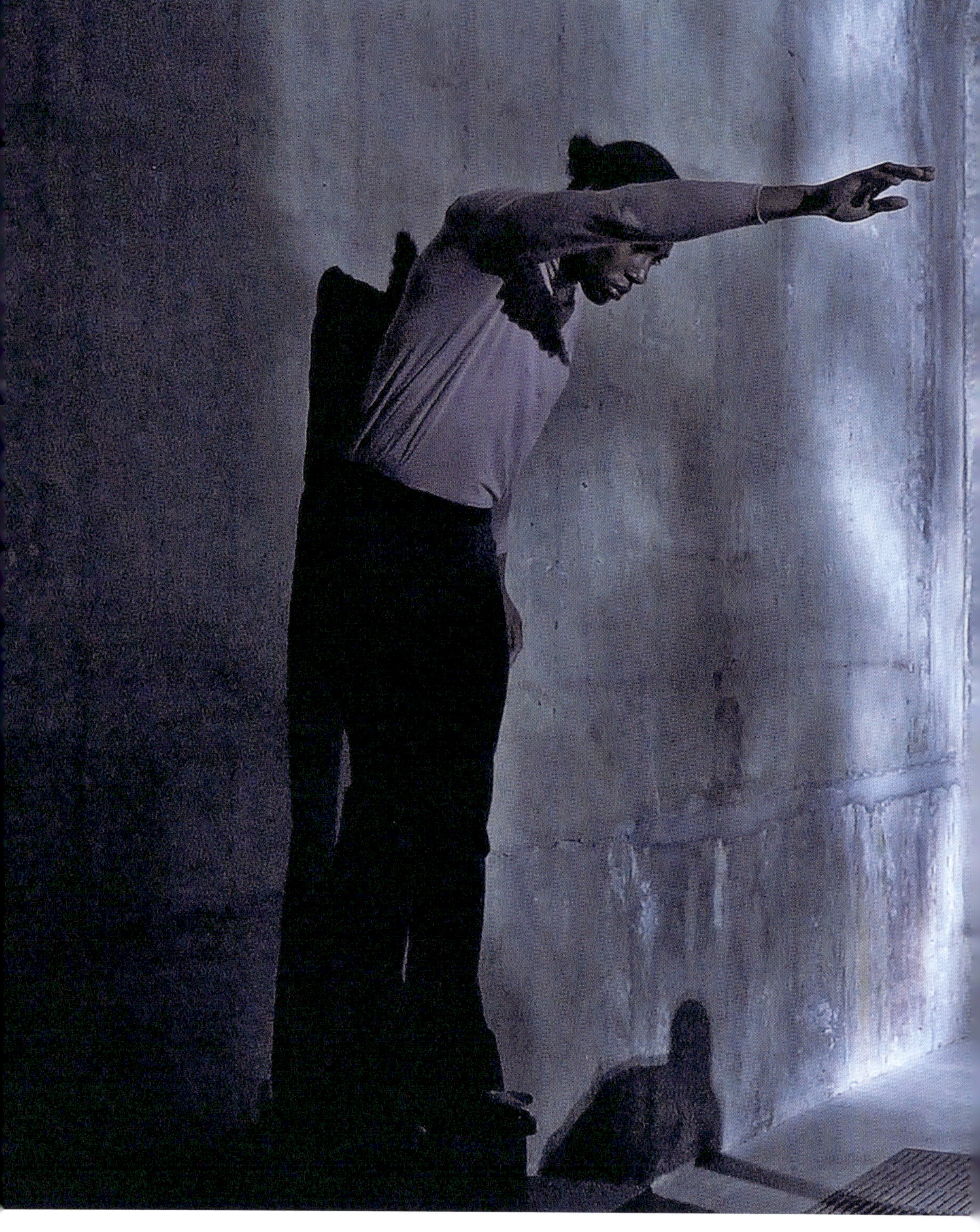

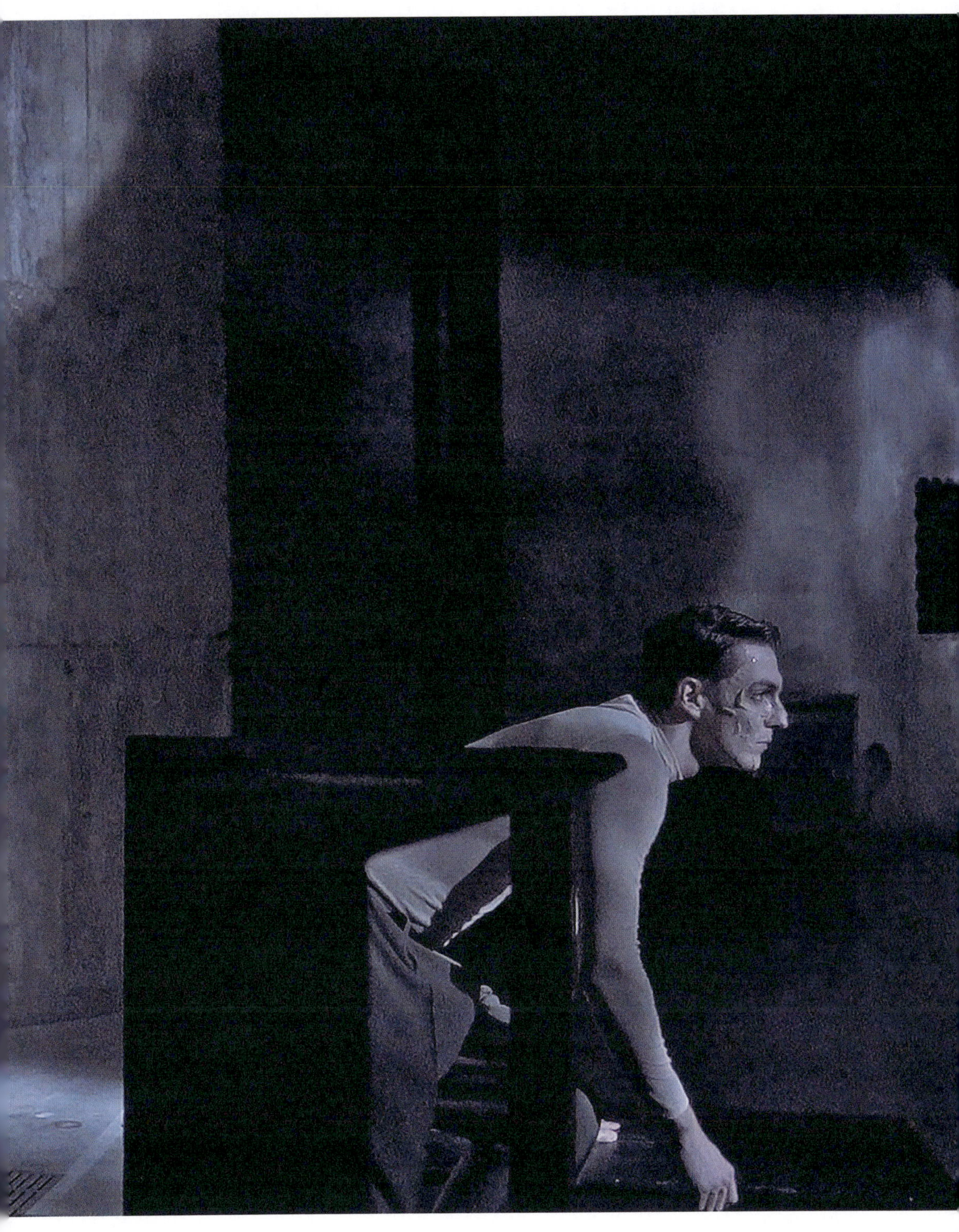

Pan Daijing, *Tissues,* 2022, Performanceansicht /
performance view Tate Modern, London, 2019

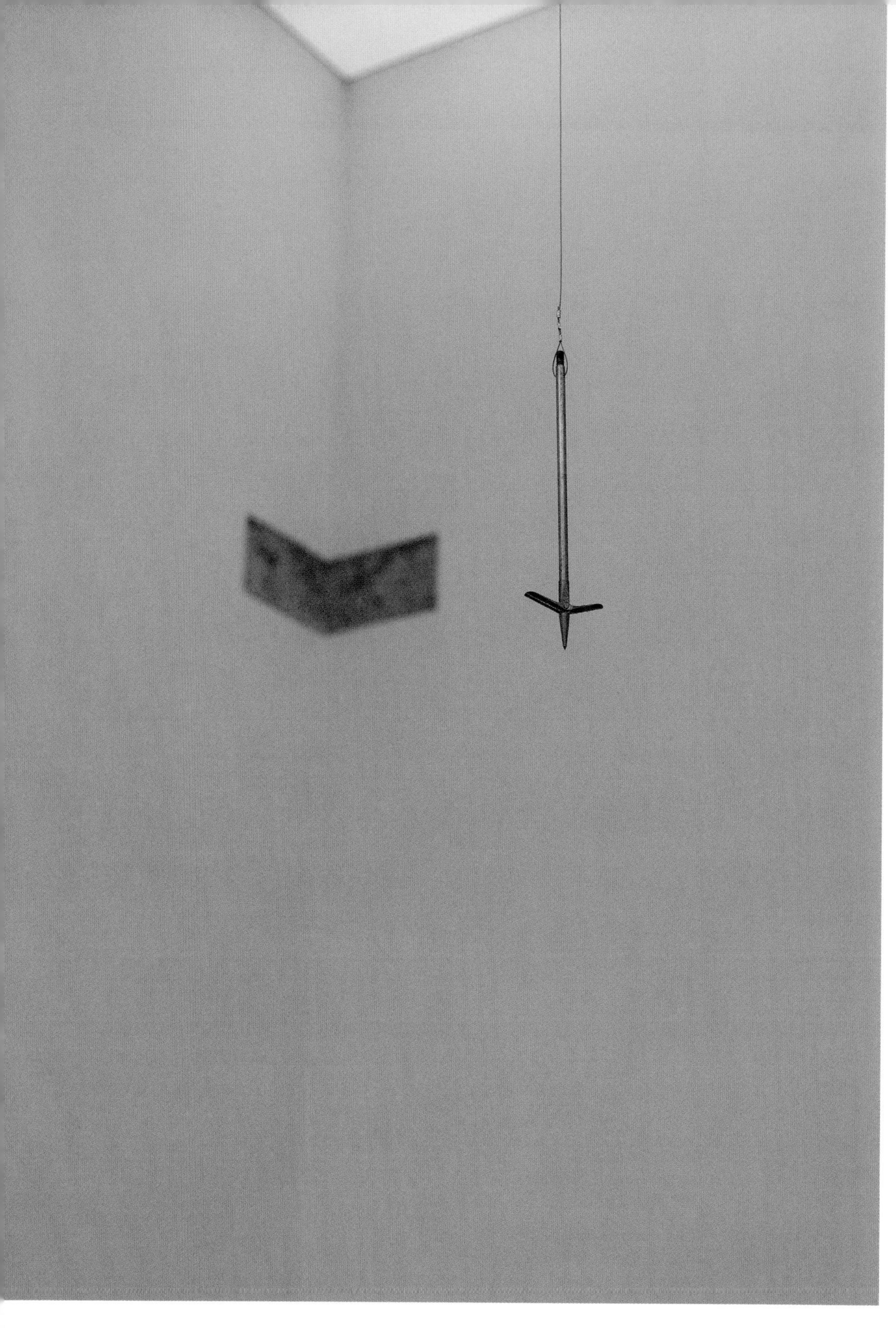

Pan Daijing, *Echo, Moss and Spill,* 2021,
**Ausstellungsansicht** / installation view
Tai Kwun, Hong Kong, 2021

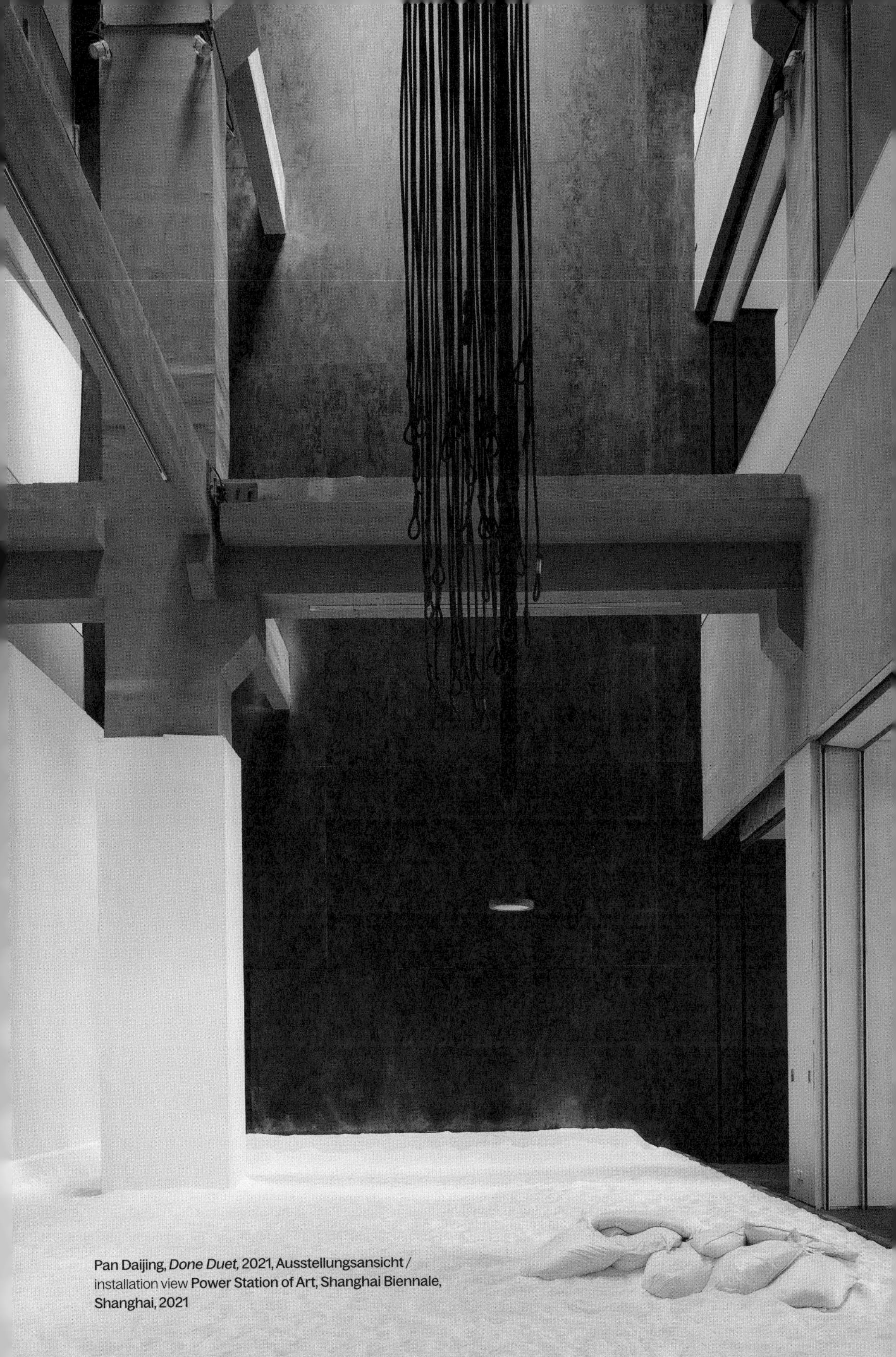

Pan Daijing, *Done Duet,* 2021, Ausstellungsansicht /
installation view Power Station of Art, Shanghai Biennale,
Shanghai, 2021

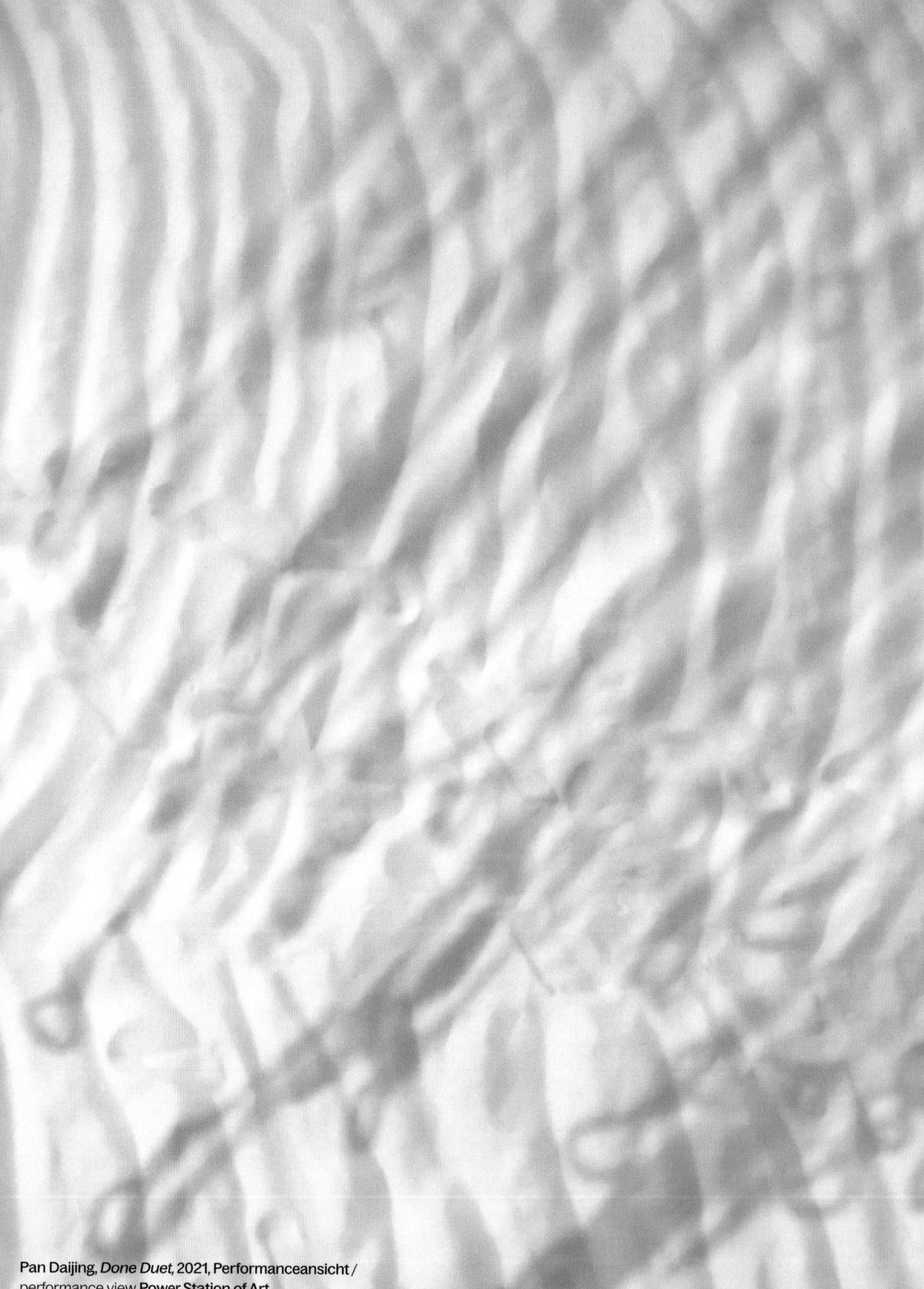

Pan Daijing, *Done Duet*, 2021, Performanceansicht /
performance view **Power Station of Art,**
**Shanghai Biennale, Shanghai, 2021**

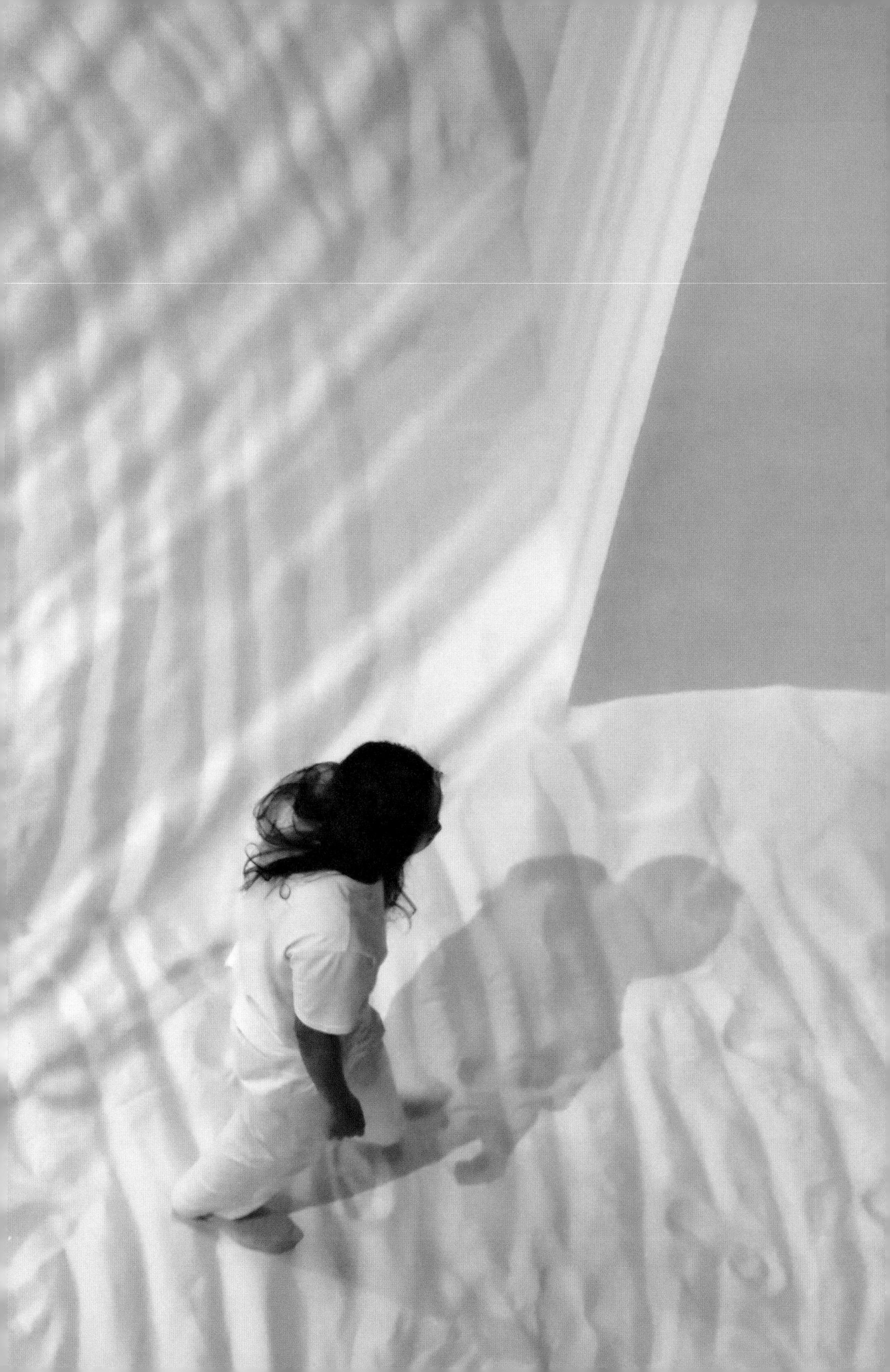

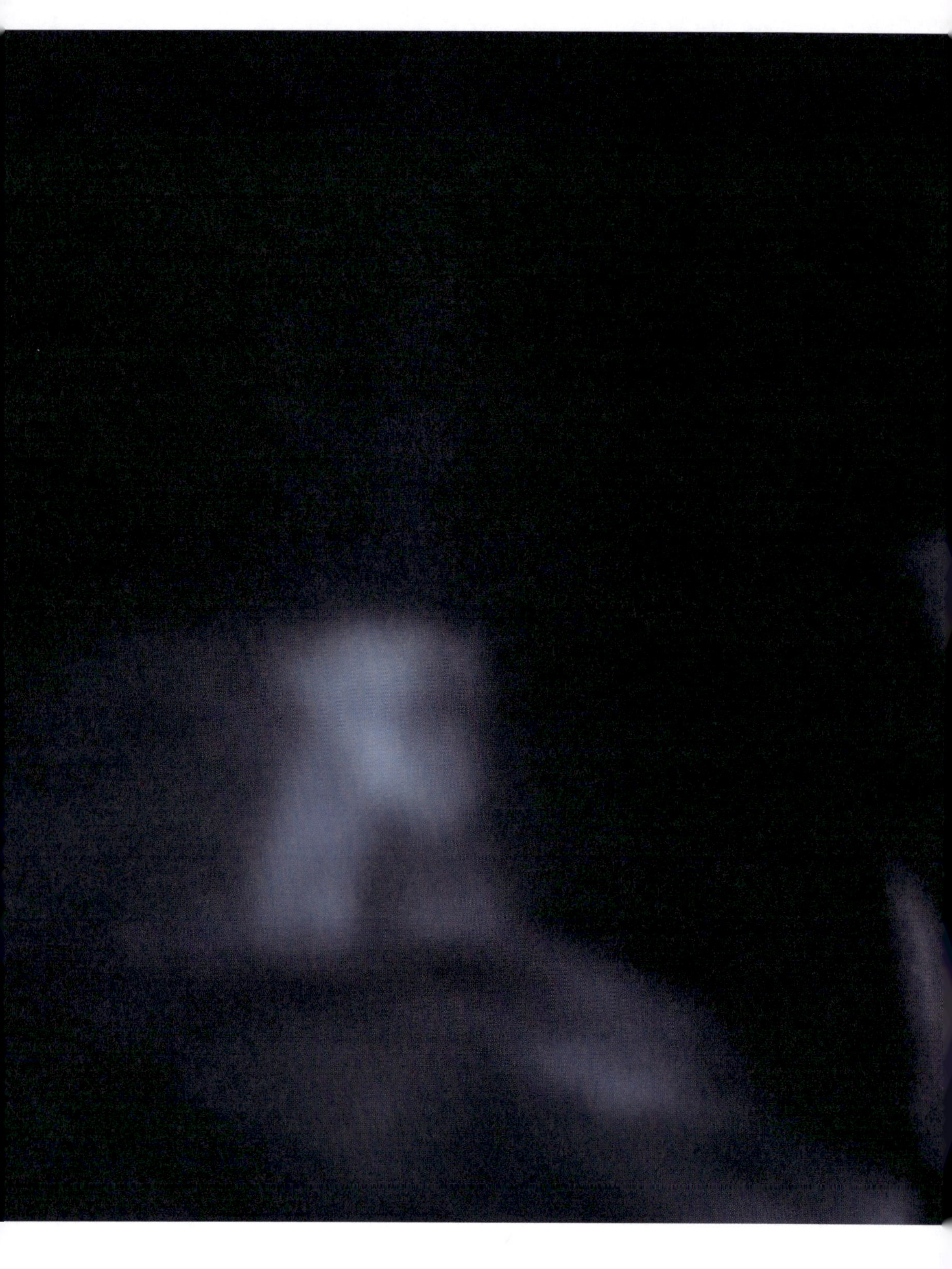

Pan Daijing, *Tissues,* 2022, Performanceansicht / performance view Tate Modern, London, 2019

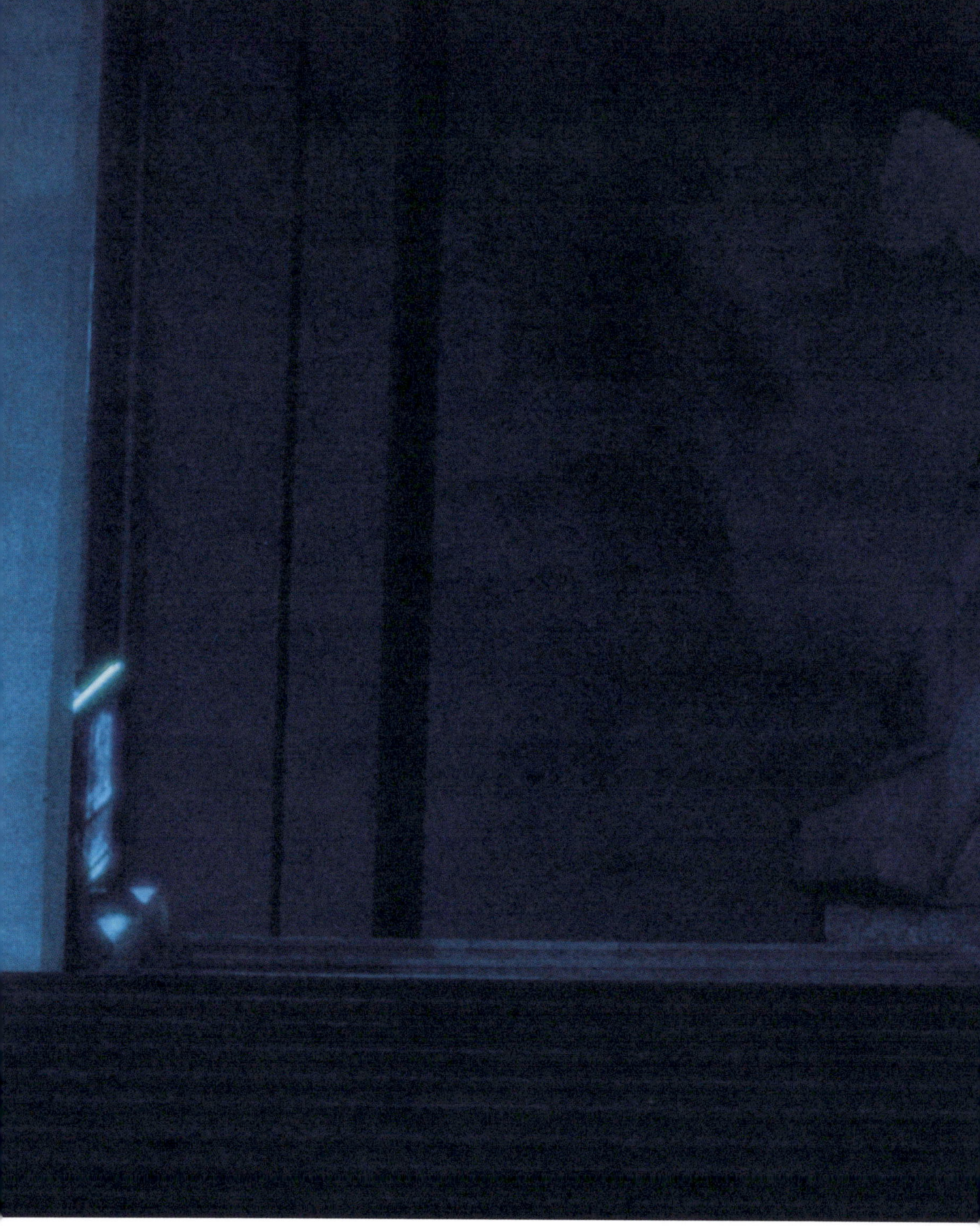

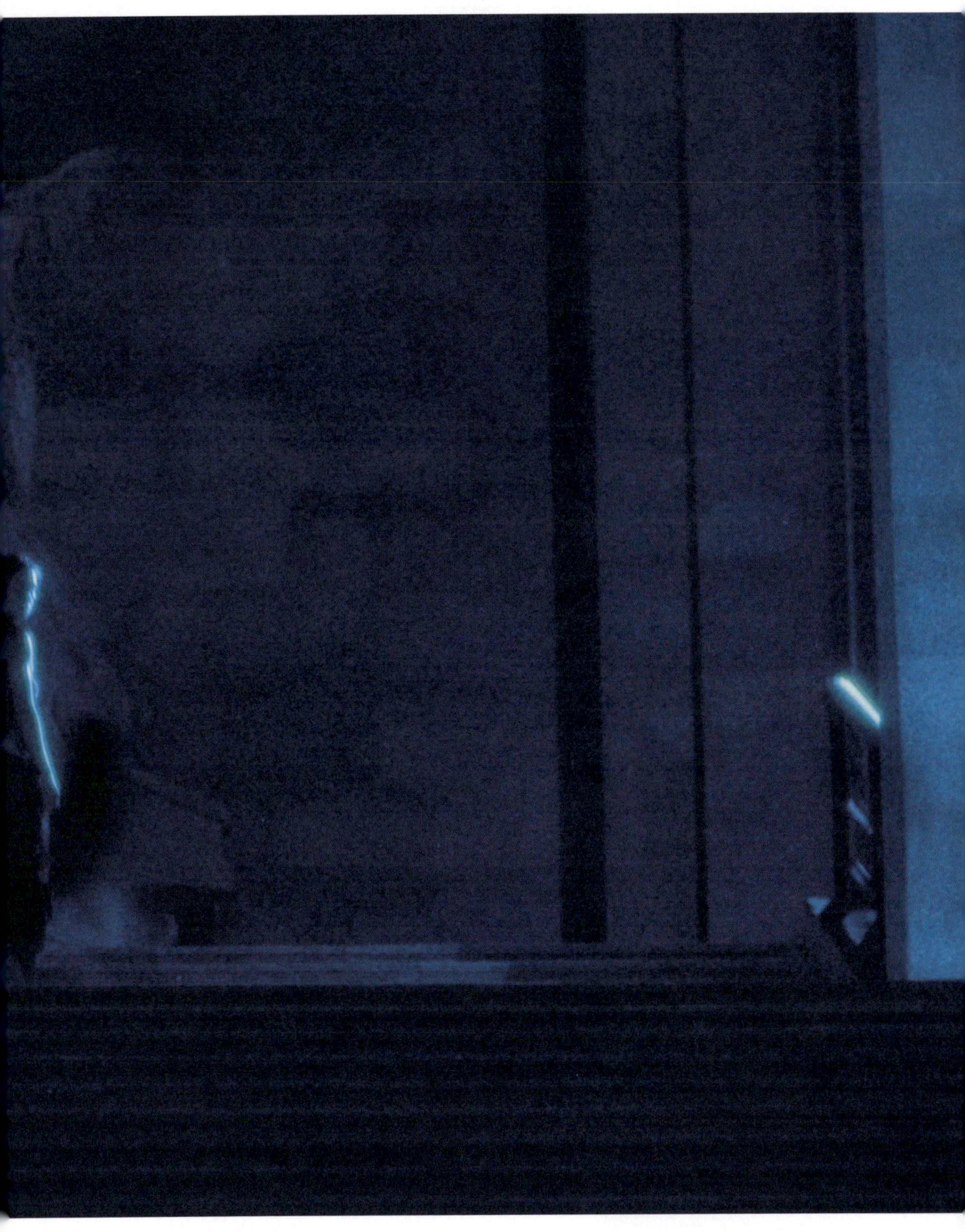

Pan Daijing, *Avalanche,* 2023, Kurzfilm / short film, in Auftrag gegeben von / commissioned by Louvre, Paris, Filmstandbild / film still

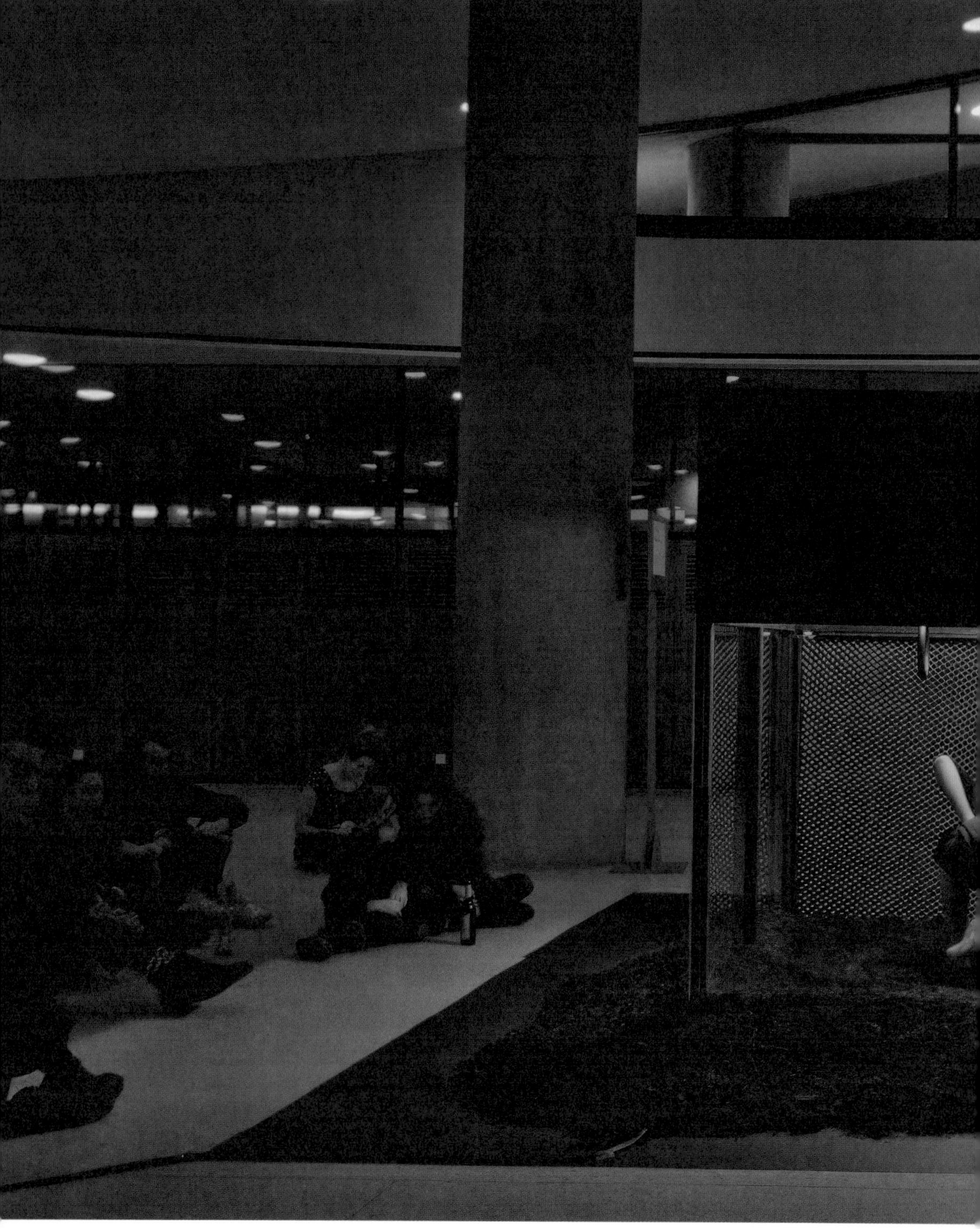

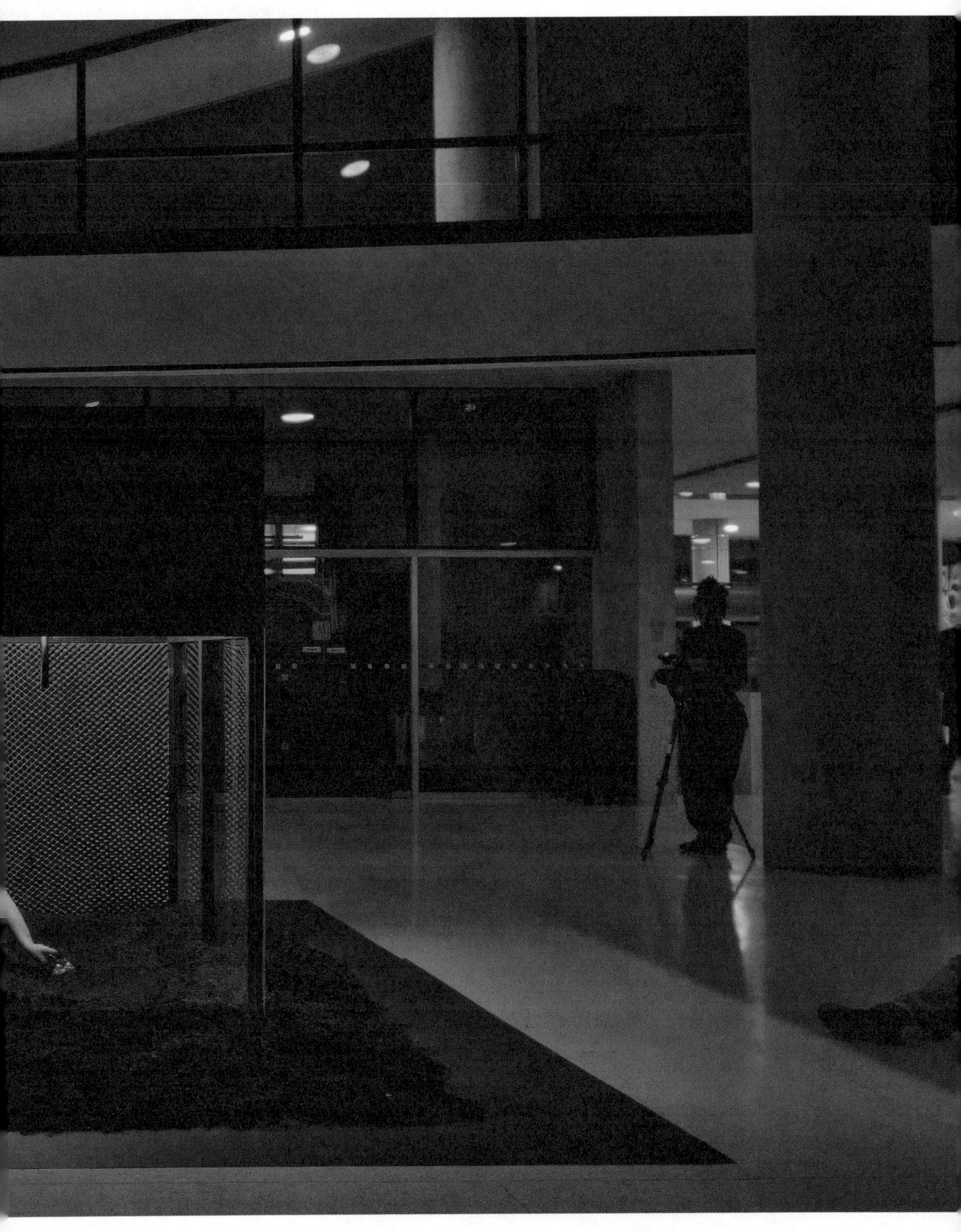

Pan Daijing, *In Service of a Song,* 2017,
**Performanceansicht** / performance view
HKW, Berlin, 2017

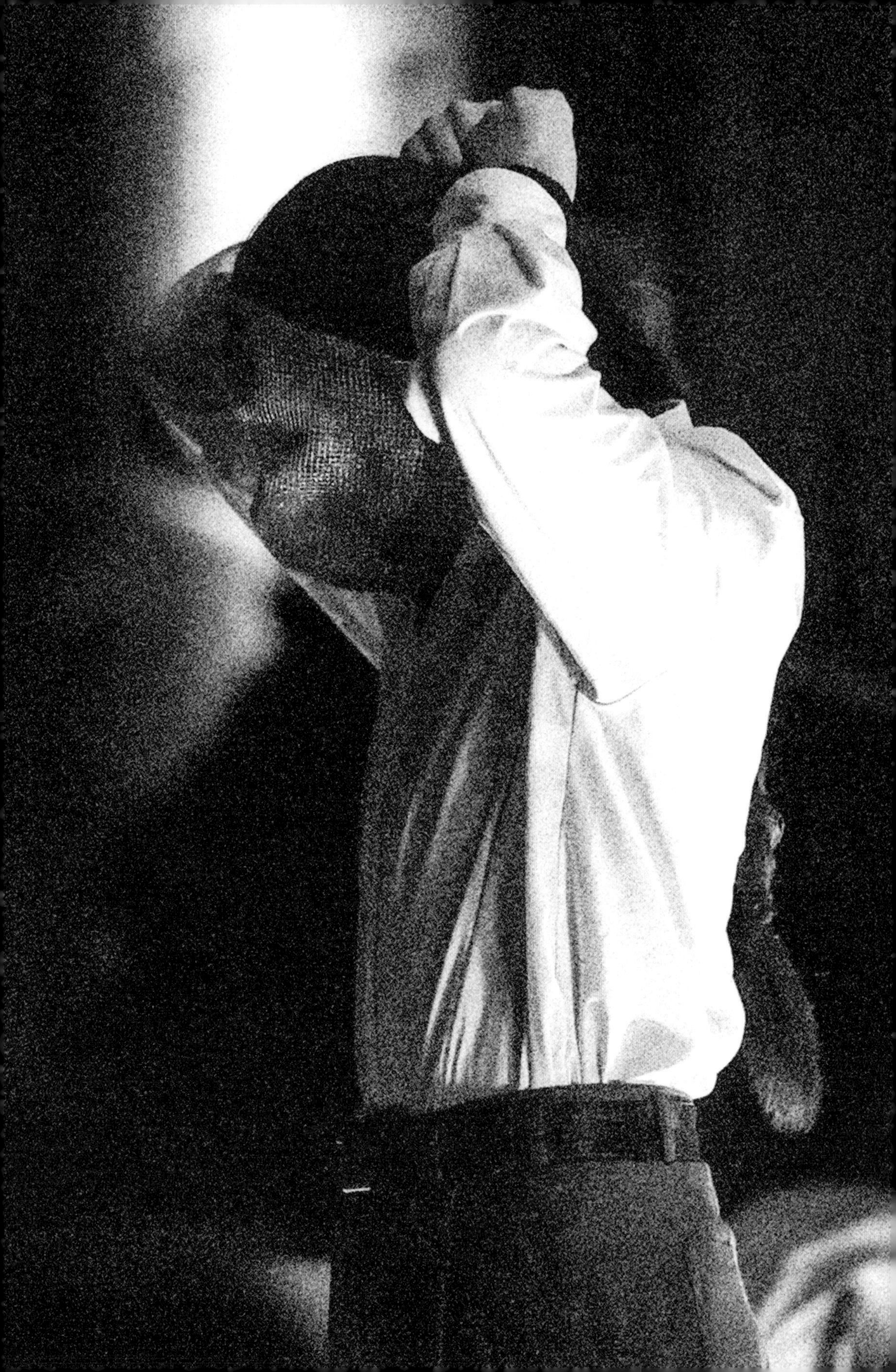

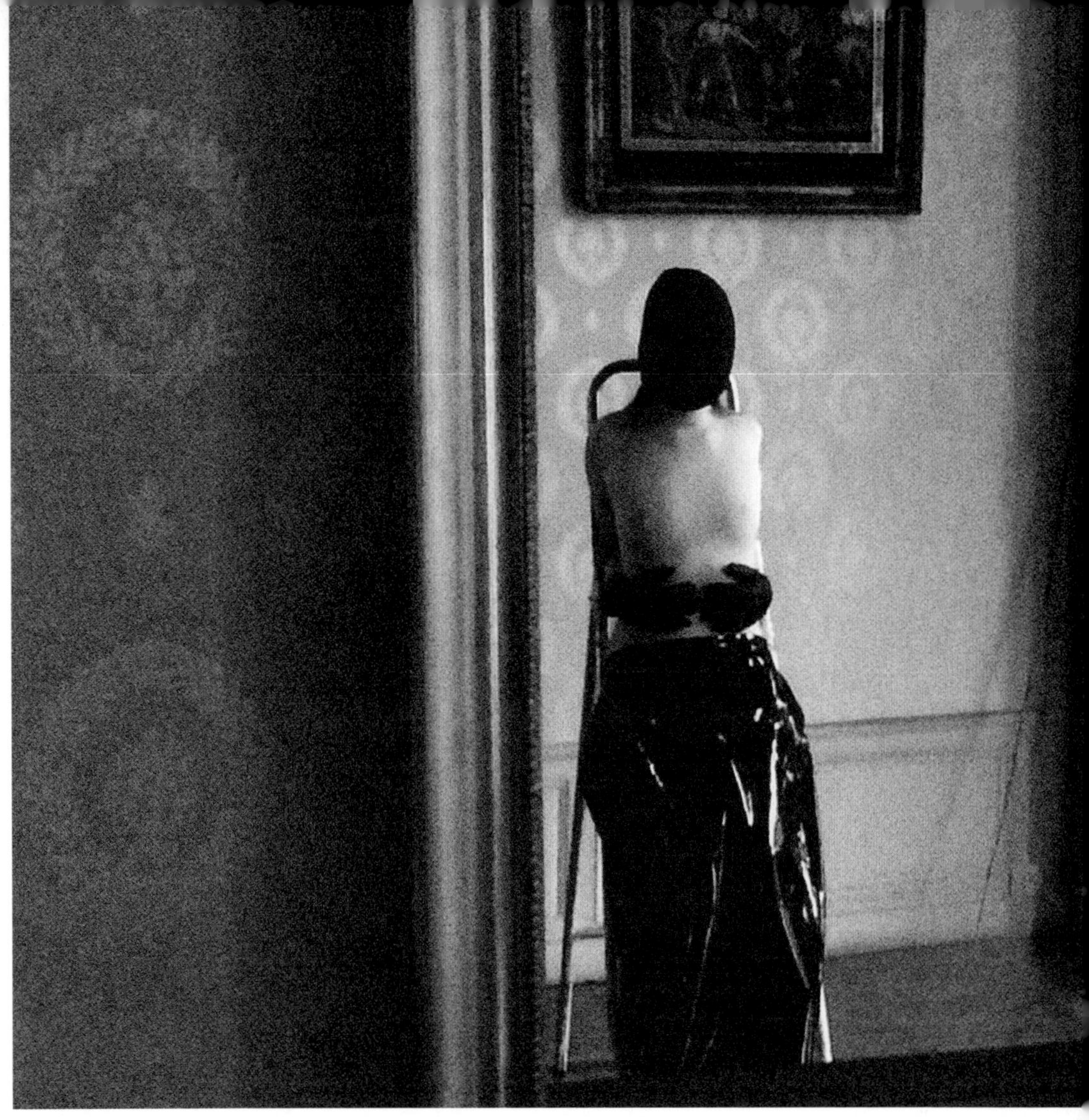

Pan Daijing, *Untitled Series (Curtain Triology)*, seit / since 2014,
Solo-Bühnenperformance an mehreren Orten weltweit /
solo stage performances in multiple locations worldwide

# Pan Daijing

Geboren / Born 1991 in Guiyang, CN
Lebt und arbeitet / Lives and works in Berlin, DE

## Ausgewählte Einzelausstellungen/
### Selected Solo Exhibitions

2024
*Mute.* Haus der Kunst, München / Munich, DE;
Katalog / catalog

2023
*Until Due Time, Everything Is Else.*
Grazer Kunstverein, Graz, AT; Katalog / catalog

2021
*Echo, Moss and Spill.* Tai Kwun Contemporary,
Hongkong / Hong Kong, HK; Katalog / catalog

2019
*Tissues.* Tate Modern, London, GB;
Schallplatte / vinyl record; Katalog / catalog

2018
*In Service of a Song.* Eden Eden, Berlin, DE

## Ausgewählte Gruppen-ausstellungen/
### Selected Group Exhibitions

2024
*Preis der Nationalgalerie 2024: Pan Daijing,
Dan Lie, Hanne Lippard, James Richards.*
Hamburger Bahnhof – Nationalgalerie der
Gegenwart, Berlin, DE; Katalog / catalog

2023
*Soft and Weak Like Water.* Gwangju Biennale,
Hall Bridge, Jungwoe Park, Gwangju, KR;
Katalog / catalog
*Regards de Louvre.* Musée du Louvre, Paris,
FR

2022
*Ghost 2565: Live Without Dead Time.*
Bangkok Dock, Bangkok, TH
*Mars Returns.* Mykolas Zilinskas Art Gallery,
Kaunas, und / and CAC, Vilnius, LT

2021
*Shanghai Biennale.* Power Station of Art,
Shanghai, CN; **Katalog** / catalog
*METABOLIC RIFT.* Berlin Atonal, Kraftwerk,
Berlin, DE
*RECONNECTING.* Surplus Space, Wuhan, CN

2018
*Biennale de l'Image en Mouvement.*
Centre d'Art Contemporain Genève, Genf /
Geneva, CH; **Katalog** / catalog

# Ausgewählte Performances /
## Selected Performances

2021
*Half a Name.* Zeiss-Großplanetarium, Berlin,
DE und / and National Pantheon, Lissabon /
Lisbon, PT

2020
*Dead Time Blue.* Martin Gropius Bau,
Berlin, DE

2019
*The Absent Hour.* Tate Modern, London, GB

2017
*In Service of a Song.* Haus der Kulturen der
Welt, Berlin, DE
*Fist Piece.* Kraftwerk, Berlin, DE (weitere Stationen u.a. / i.a. traveled to: Barbican Centre,
London, GB; Elbphilharmonie, Hamburg, DE;
Caixa Forum, Barcelona, ES)

# Ausgewählte Musik-performances /
## Selected Music Performances

2023
*Jazz Is Dead Festival.* Bunker, Turin, IT
Galeria Zé Dos Bois, Lisbon, PR
ICA, London, GB
*PAN 15.* Bourse de Commerce, Paris, FR
Knockdown Center, New York, NY, US
Cakeshop, Seoul, KR

2022
*X100.* Kraftwerk, Berlin, DE
*Lunchmeat Festival.* National Gallery,
**Prag** / Prague, CZ
*EXPOP.* Dampzentrale, Bern, CH

2021
*FAQ Festival.* 's-Hertogenbosch, NL
*Avant Art Festival.* Komuna, Warschau /
Warsaw, PL
*Rewire.* Den Haag / The Hague, NL

2019
*DOUBLE BILL.* King's Place, London, GB
*Ritournelle.* Münchner Kammerspiele,
München / Munich, DE
*Fan Naves.* Matadero, Madrid, ES
*Sideways Festival.* Helsinki, FI
Vooruit, Gent / Ghent, BE

2018
*Dekmantel.* Amsterdam, NL
*The Speaker.* Staatsbibliothek / National
Library Stockholm, Stockholm, SE
*Open Frame: ROOM40.* Carriageworks,
Sydney, AU
*Dark Mofo Festival.* Tasmania, AU
Bad Bonn, Düdingen, CH
*Local 8 World.* WWWβ, Tokio / Tokyo, JP
*Borderline Festival.* Onassis Stegi, Athen /
Athens, GR
*Red Bull Music Festival.* Beykoz Kudura
Fabric, Istanbul, TR

*Derniera at Fuga.* Bratislava, SV
*Concrete Lates, Boiler Room.* Queen Elizabeth Hall, London, GB
*Bozar Electronic Series.* Bozar Museum, Brüssel / Brussels, BE

2017
*Unsound.* Małopolski Ogród Sztuki, Krakau / Krakow, PL
*The Speaker.* St. Elisabethkirche, Berlin, DE
*Sónar Festival.* Barcelona, ES
*Pleine Conscience.* Palais de Tokyo, Paris, FR
*Sónar Reykjavík.* Harpa, Reykjavík, IS
*London Contemporary Music Festival.* London, GB
*Red Bull Music Academy Festival.* Casa das Caldeiras, São Paulo, BR
*Hyperreality Festival.* Wiener Festwochen, Wien / Vienna, AT
*CTM.* HAU 2, Berlin, DE

2016
*ARMA17.* Moskau / Moscow, RU
Goethe-Institut Amsterdam, Amsterdam, NL
Rockbund Art Museum, Shanghai, CN
*Berlin Atonal.* Kraftwerk, Berlin, DE

2015
Berghain, Berlin, DE
Rockbund Art Museum, Shanghai, CN

2022
Onlinevortrag / Online lecture, Städelschule, Frankfurt a. M., DE

2021
Vortrag / Lecture, **Kolloquium MA Komposition /** MA Composition Colloquium, **University of California, Berkeley, CA, US**

2020
Vortrag / Lecture, *Womxn in Motion,* Master Symposium, Fachhochschule Nordwestschweiz, Basel, CH

2018
Praxis Stipendium / Scholarship, **Villa Massimo, Rom** / Rome, **IT**
Vortrag / Lecture, **Red Bull Music Academy, Funkhaus, Berlin, DE**

2017
Gastkomponistin / Guest composer, **EMS, Stockholm, SE**

2016
Artist-in-Residence, Red Bull Music Academy, Montreal, CA
Diskussion / Discussion, *Belligerent Eyes / 5K Confinement,* Fondazione Prada, Venedig / Venice, IT

# Auszeichnungen, Stipendien, Vorträge / Awards, Fellowships, Lectures

2024
Artist-in-Residence, Villa Aurora, Los Angeles, CA, US
Artist-in-Residence, EMPAC, New York, NY, US
Preis der Nationalgalerie, Nationalgalerie, Staatliche Museen zu Berlin, Berlin, DE

# Ausgewählte Bücher / Selected Books

Hans Ulrich Obrist & Cao Dan (Hg. / eds.), *do it – China 2021,* Peking / Beijing: CITIC Sight Press, 2021.
Shumon Basar, Douglas Coupland & Hans Ulrich Obrist, *The Extreme Self,* Köln / Cologne: Walther König, 2021.

# **Diskografie** /
# Discography

**Studioalben** / Studio Albums
Tissues (PAN, 2022)
Jade (PAN, 2021)
Lack (PAN, 2017)

**EPs**
A Page To A Corner (iDEAL Recordings, 2018)
A Satin Sight (Bedouin Records, 2017)
Sex & Disease (Noisekölln Tapes, 2015)

**Kompilationen** / Compilations
In Death's Dream Kingdom
(Houndstooth, 2018)
Mono No Aware (PAN, 2017)
Vectors 3 (Power Vacuum, 2017)
Berlin Atonal Force Majeure (Berlin Atonal
Recordings/Wire Magazine, 2017)

# Dan
# Lie

# Liebes-geschichten /
## love stories

Wong Binghao (Bing)

Im kristallin schimmernden Kern von Dan Lies Praxis begegnet uns eine Kunst, die zugleich Erde und Duft, Leben und Tod, Vergangenheit und Zukunft, Frieden und Verlangen ist. Angesichts dieser kontextuellen Widersprüchlichkeit könnte ein gewisses Maß Trägheit angebracht sein, um unseren Seelenfrieden wieder herzustellen. Wäre es uns doch vergönnt, die Zeit nur für einen Moment anzuhalten! Vielleicht würden sich die Verkrampfung unserer Herzen und die emotionale Zwickmühle dann von ganz allein lösen. Wenn die Kunstproduktion (wie auch das Schreiben) allgemein als zukunftsorientierter Akt der Dokumentation und Verfestigung verstanden wird, als Übung zur Pflege von Praktiken, die von dem Wunsch nach Dauerhaftigkeit geleitet sind, wie vermag die von Künstler*innen (oder Schriftsteller*innen) intendierte Ambivalenz dem unbarmherzigen Druck des Artikulierens und Sammelns standzuhalten?

Lies Kunst gründet sich auf die Wechselfälle der Zeit; die verborgenen Kapitel ihrer Geschichte, ihre unkalkulierbaren Aussichten für die Zukunft und ihr so beharrliches wie schmerzliches Verstreichen, das uns doch kein bisschen klüger macht. Dan Lie allerdings erweist sich als höchst anspruchsvoll, hoffnungsfroh gar, in deren fortgesetzten Bemühungen. Dey durchstöbert die Vergangenheit auf der Suche nach belastbaren Relikten, typischerweise Tongefäßen oder Urnen, aus

The antimony of Dan Lie's practice is that it is both soil and scent, life and death, past and future, peace and longing. In the face of these contextual aporias, some inertia can provide comforting reassurance. If only we could stop time for just one moment! Our knotted hearts and emotional quagmires might resolve themselves.

If artmaking (like writing) is commonly understood as a futural act of documentation and stabilization, an exercise in the preservation of practices and the prospecting of their longevity, how can an artist's (or a writer's) intended ambivalences stand up to the avaricious pressures of articulation and accumulation?

Lie's art hinges on the vagaries of time: its clandestine histories, its unpredictable futures, and its patient and painful passing to which we

denen neues Leben erwachsen kann, fermentierende Mikroorganismenkulturen wie Bakterien oder Hefe. Für *36 Months of Loss*, Dan Lies jüngster Ausstellung im Art Sonje Center, Seoul, wurden die Gefäße auf ausgefallene Art gebunden und in weißes Sambé-Grabtuch gehüllt, um an Schnüren befestigt von der Decke herabzuhängen, als sei es Lies dringlicher Wunsch, durch ein zusätzliches Abschotten der ohnehin hermetisch verschlossenen Behältnisse den Prozess der Fermentierung und Verwesung und demzufolge die vitale Entwicklung dieser unsichtbaren, quicklebendigen Organismen um ein weiteres zu stimulieren und zu beschleunigen. Gleichsam eine magische Formel, die Stärke verleihen und Schutz gewähren soll: Wie sehr die drei Jahre der Trauer, seit Lie durch Covid-19 den Vater verlor, die Ausstellung im Art Sonje Center geprägt haben, ist eine Erkenntnis, die umso fragiler und schmerzlich intensiver erscheint. Offenbar hat Lie das unerbittliche Fortschreiten der Zeit akzeptiert und lehnt sich nichtsdestoweniger dagegen auf.

Die wundervoll strukturierten Arbeiten, ihre einfühlsam verborgenen Elemente sind nicht nur aus Zeit gemacht, sondern auch um der Zeit halber entstanden. Die organischen Elemente in Lies Installationen – imposante, symmetrisch angeordnete Blumenarrangements (für die hauptsächlich weiße Chrysanthemen, die Blume der Trauer, verwendet wurden) und lange, schmutzbefleckte, kurkumagelb gefärbte Stoffbahnen aus Jute (von Lie „Glieder" genannt), die Austernpilz-Myzelien enthalten und die Ausstellungsräume in separate Zonen unterteilen, verrotten mit der Zeit immer geruchsintensiver und penetranter. Das Überwuchernde oder wild Orchestrierte in Lies Arbeit ist keineswegs auf unbekümmerten Überschwang zurückzuführen; Lie ist sich der Tatsache wohl bewusst, dass „zu viel von einer Art Leben den Tod herbeiführt", wie Juno Salazar Parreñas überzeugend versichert.[1] Der kaum wahrnehmbare und gänzlich unkalkulierbare Faktor Zeit ist die verborgene Kraft in diesen groß angelegten Installationen, von Lie liebevoll deren „lebende und sterbende" Arbeiten genannt.

are none the wiser. But the artist is exigent, even hopeful, in their durational efforts. They search the past for robust relics—typically ceramic jars and urns—that can nurture new life: sluicing cultures of microorganisms like bacteria and yeast. For *36 Months of Loss,* their extant exhibition at Art Sonje Center, Seoul, these vessels were kinkily bound and suspended with twine and white funereal sambé cloth, as if Lie wished that making the already-sealed receptacles even more hermetic would invigorate and accelerate the fermentation, rotting, and hence 'living' processes of these invisible entities. Lie's spell for strength and protection lends greater nuance and poignance to the revelation that the three years of grief since the loss of their father to Covid-19 have buttressed the foundation of their exhibition at Art Sonje. Lie has ostensibly accepted time's inexorability while simultaneously defying it.

Prodigiously structured and delicately hidden, Lie's works are not just made of time, but made because of it. The organic elements in Lie's installations—grand, symmetrical arrangements of floral wreathes (largely confected with white chrysanthemums, a flower of grief) and long turmeric- and mud-stained jute fabrics that house oyster mushroom mycelia and bisect exhibition spaces (what Lie calls "members")—rot odorously and obstreperously with time. The overgrowth or wild orchestra that is Lie's work is not insouciant, for "too much of one kind of life causes death," as Juno Salazar Parreñas asseverates.[1] A liminal and unpredictable time is the secret ingredient in these large-scale installations that Lie affectionately calls their "living and dying" works.

Time, like the living partners of Lie's work, cannot be controlled. Time changes what their artworks communicate to viewers now and in the future by the simple, banal fact that it moves on and proceeds, with or without us. Inflections of seasonality and meteorological vicissitudes are especially palpable in the experience of Lie's installations. Cold, dry climates might slow the inevitable decomposition process, but a humid environment like Singapore—where Lie presented a new installation for the 2022 edition of the national biennale—will wheedle the

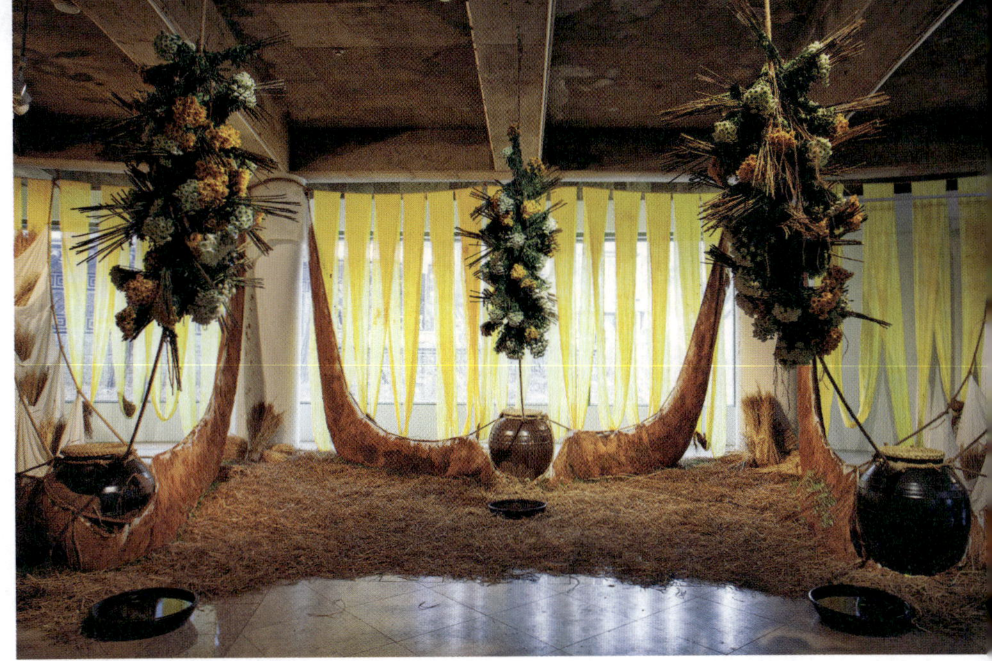

Ausstellungsansicht / installation view *Dan Lie. 36 Months of Loss*, Art Sonje Center, Seoul, 2024

Ähnlich den lebenden Organismen in Lies Arbeit ist auch die Zeit ein Element, das sich nicht kontrollieren lässt. Sie verändert auch das, was Lies Arbeiten den Betrachtenden jetzt und in zukünftiger Zeit vermitteln, einfach aufgrund der banalen Tatsache, dass sie stetig vorrückt und unbeirrbar verstreicht, ob wir nun einverstanden sind oder nicht. Jahreszeitliche Veränderungen und meteorologische Wechselhaftigkeit sind besonders spürbare Einflüsse in der Wahrnehmung von Lies Installationen. Ein kaltes, trockenes Milieu kann den unvermeidlichen Verwesungsprozess verlangsamen; eine Umgebung mit hoher Luftfeuchtigkeit hingegen wie Singapur – 2022 präsentierte Lie eine neue Installation auf der dortigen Biennale – bietet den mikroskopisch kleinen Bestandteilen der Installation einen idealen Nährboden. Dementsprechend wird im gesamten Ausstellungsraum ein beißender Odor freigesetzt, der nicht nur jede räumliche Grenze überwindet, sondern auch alle institutionellen Anstrengungen zunichte macht, das sensorische Erlebnis irgendwie in Schach zu halten oder einzudämmen (beispielsweise durch das Tragen von Masken oder gezieltes Regeln der Temperatur). Lies Kunst ist im Fluss befindliche Zeit und Raum. Ihre Verbreitung, ihr Volumen ist nicht zu begrenzen. Wenn unsere Sinne sie demnach in einem

installation's microscopic constituents, dissipating their pungency through the exhibition space and thus making redundant spatial boundaries and institutional efforts to control or stymie sensorial experiences (for example, mask usage and temperature regulations). Lie's art is the flow of time and space. It cannot be contained within trajectory or volume, and so perceiving it in a synchronic moment or space can only offer a whit of its possibility. Frustrating for greedy arrivistes, but tantalizingly calming for the initiated and the ascetic.

In April 2024, Lie officiated a new policy for their practice: artworks, primarily ones that are less perishable, that are not acquired within five years of their debut will return to their studio to be either refashioned into other works or ethically discarded. Halcyon fabrics that hammock stacks of hay in Seoul might be sealed and suspended higher in mid-air for another exhibition in São Paulo, carrying what appears to be

1   Vgl. Juno Salazar Parreñas, *Decolonizing Extinction: The Work of Care in Orangutan Rehabilitation,* Durham: Duke University Press, 2018, S. 91.

1   Juno Salazar Parreñas, *Decolonizing Extinction: The Work of Care in Orangutan Rehabilitation,* Durham: Duke University Press, 2018, p. 91.

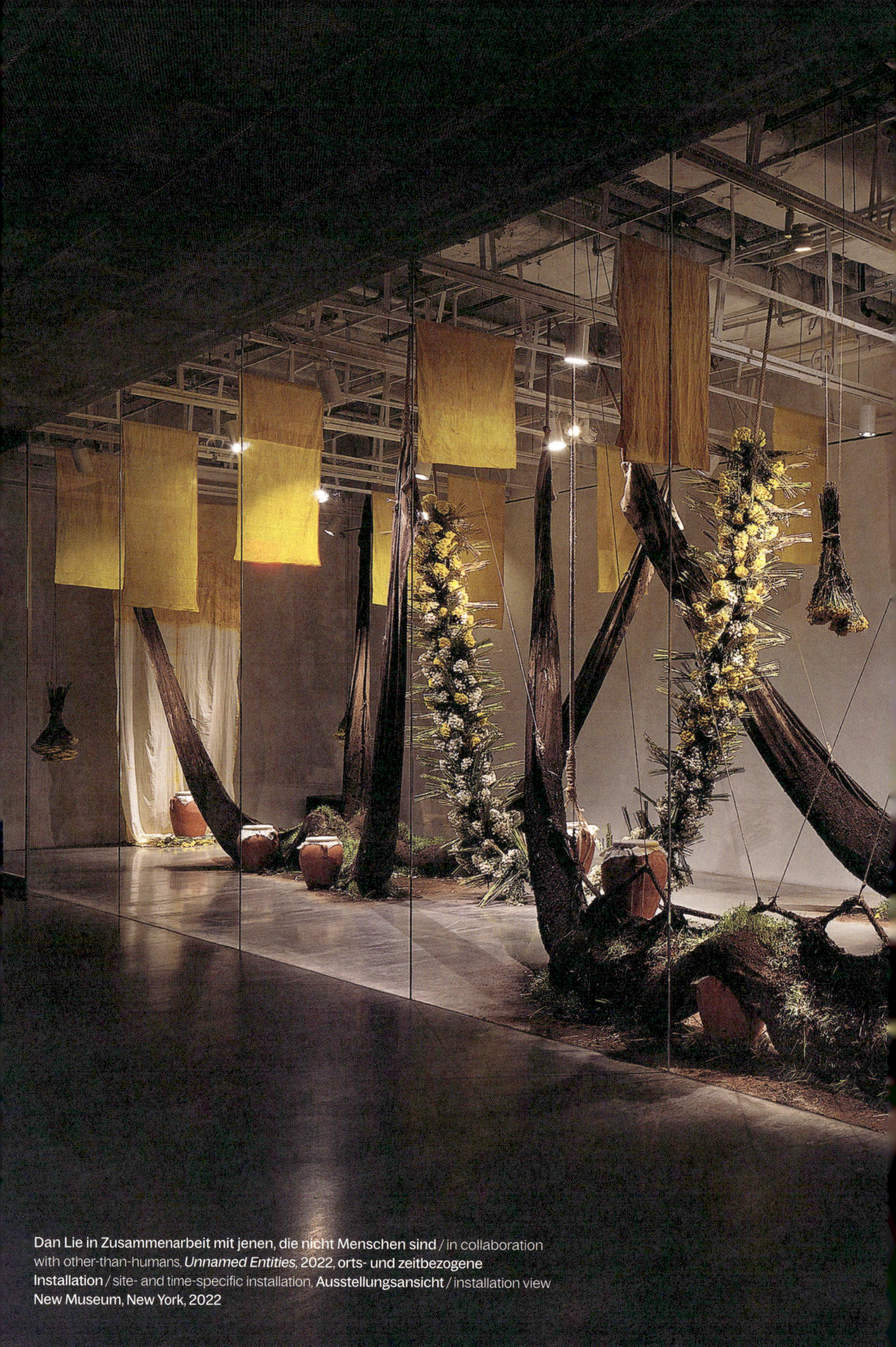

Dan Lie in Zusammenarbeit mit jenen, die nicht Menschen sind / in collaboration with other-than-humans, *Unnamed Entities*, 2022, orts- und zeitbezogene Installation / site- and time-specific installation, Ausstellungsansicht / installation view New Museum, New York, 2022

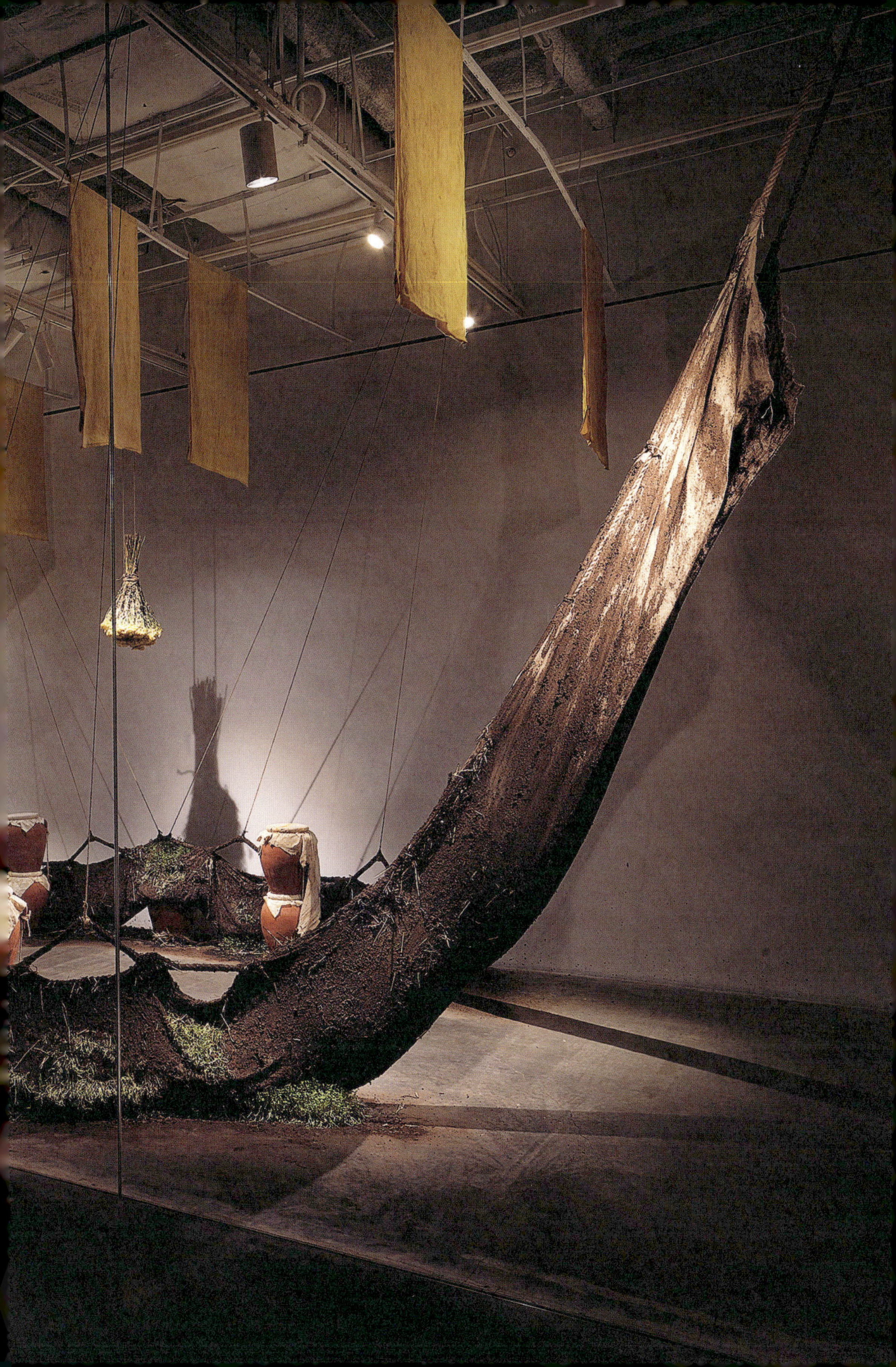

spezifischen Moment oder Raum synchron erfassen, kann uns dies zwangsläufig nur mit einem winzigen Bruchteil ihres eigentlichen Potenzials bekannt machen. Für unersättliche Emporkömmlinge mag die Erfahrung durchaus frustrierend sein, auf Eingeweihte und Asket*innen hingegen hat sie eine aufreizend besänftigende Wirkung.

Im April 2024 führte Lie für die eigene Praxis eine Regel ein: Deren Kunstwerke und dabei primär solche von weniger begrenzter Haltbarkeit, die nicht innerhalb von fünf Jahren nach ihrem öffentlichen Erstauftritt käuflich erworben wurden, kehren ins Atelier zurück, wo sie entweder zu neuen Arbeiten umgestaltet oder auf ethisch vertretbare Weise entsorgt werden. Halcyon-Gewebe, das in Seoul einer Reihe von Heuballen als Hängematte diente, kann somit in einer anderen Ausstellung in São Paulo erneut auftauchen, dieses Mal in Form einer verschlossenen Hülle und höher in der Luft hängend, wo der Stoff einen unheimlichen, sarkophagähnlichen Brocken in sich birgt – bei dem es sich tatsächlich jedoch um zwei Kilo harmlosen Lavendels handelt, einer Pflanze, der bekanntlich eine heilende Wirkung nachgesagt wird. Genau wie die Arbeiten „lebt und stirbt" auch Lies Philosophie. Obwohl dey praktische und kritische Gründe für diese Vorgehensweise geltend macht (begrenzte Lagermöglichkeiten und umweltfreundliches Handeln), sehe ich darin vielmehr einen mit Wehmut erteilten Erlass, eine bittersüße Erinnerung an das finale Lebewohl (ein Schicksal, das die Arbeiten ebenso unvermeidlich ereilen wird wie auch uns). Lies Werk ist eine Kunst, die vergänglich und demzufolge zyklisch und veränderlich ist. Es ist eine Liebe, die loslässt.

Das Wissen um den unabwendbaren Verlust lässt Lie keineswegs in einen Kreislauf aus Angst und Verzweiflung abrutschen. In deren Welt bringen sogar Verwesung und Tod neues Leben hervor. Lie zufolge ist „der Tod nicht das Ende, vielmehr Expansion".[2] Die farblichen Abstufungen, das Flimmern der amorphen Formen von verwesendem Obst und Gemüse in einer Serie von Zeichnungen (2020–2021) stellen beispielhaft dar, dass der Verlust des

a foreboding sarcophagal lump: two kilograms of innocuous and healing lavender.

## Lie's philosophy lives and dies, just like their work.

Although they speak about the accountability of this edict in practical and critical terms (a lack of storage space, environmental politics), I think of it as a wistful imperative, a bittersweet acknowledgement of their works' (and our) eventual passing. Lie's is an art of mortality that is both cyclical and changing. It is a love that lets go.

Knowledge of this loss does not immure Lie to a cell of fear and desolation. In Lie's world, there is growth even in decay and death. "Death: not an end, but an expansion," in their words.[2] The gradations of color and the amorphous, vibrating shapes of rotting fruits and vegetables in their suite of drawings (2020–2021) analogize that the loss of life in this realm is not mummifying. It is a live, mercurial process that cannot be controlled; a context that is free. Love lives on. "I am always learning," Marlowe Granados optimistically muses, despite the penury, emotional despair, and emptiness that come with the never ending "fieldwork" of love.[3] In the same way, viewers are fortified and mystified by Lie's enduring art in the face of loss.

One way that I see Lie resisting a practiced dispiritedness is through their diasporic networks, most notable in *Toko Buku Liong* (2020), their digital, editorial, and research project about their Chinese-Javanese Indonesian grandparents' bookstore. If, as Patrick Flores contends about the centrality of ethnographic writing in the formation of the art histories of Southeast Asia, there is a "fretfulness over context" in the "explication of [peripheral] artworlds," without which "the specimen is stripped of its artistic *rondure* as if context invests it with agency, the wherewithal to stand alone as art, to validate its life before it is admitted into the artworld,"[4] Lie's work refuses the impossible choice between home and exile, purity and difference. In their poetic texts, Lie writes of other times and places. The serendipity and intuition of their research discoveries (for example, of a silver pendant

Lebens in diesen Sphären nicht zwangsläufig zur Mumifizierung führt. Es ist vielmehr ein lebendiger, ein wechselhafter Prozess, der sich unserer Kontrolle entzieht. Es ist ein Habitat, in dem sich das Leben frei entfaltet, die Liebe weiterlebt. „Ich lerne immer dazu", wie Marlowe Granados in ungebrochen optimistischer Haltung äußert, bei all dem Elend, der emotionalen Verzweiflung und Leere, die sich im Zuge der nie endenden „Feldforschung" in Sachen Liebe zweifelsohne einstellen werden.[3] Nichts anderes empfinden wir bei der Betrachtung von Lies Kunst, die selbst im Moment des bevorstehenden Verlustes fortbesteht; wir finden uns bereichert und zugleich vor ein Mysterium gestellt.

Einer der Gründe dafür, wie Lie es vermeidet, in permanente Mutlosigkeit zu verfallen, sind deren diasporische Netzwerke, wie etwa in *Toko Buku Liong* (2020) anschaulich wird. Im Zentrum dieses digitalen Archiv- und Forschungsprojektes steht die Buchhandlung von Lies chinesisch-javanisch-indonesischen Großeltern. Den Blick auf die besondere Bedeutung ethnographischer Texte für die Aufarbeitung der Kunstgeschichte(n) Südostasiens gerichtet, weist Patrick Flores darauf hin, dass „große Sorge in Bezug auf den Kontext" bei der „Darstellung von [peripheren] Kunstwelten" besteht, ohne den „das Exemplar seiner künstlerischen *rondure* entledigt wird, da es gerade der Kontext ist, der es mit der nötigen Handlungsmacht ausstattet, dem Überlebensnotwenigen, um als Kunst bestehen zu können, von dem es die Bestätigung seiner Existenzberechtigung bekommt, bevor es in die Kunstwelt entlassen wird".[4] Lies Werk indessen verwehrt sich der unmöglich zu treffenden Wahl zwischen Heimat und Exil, Reinheit und Unterschiedlichkeit. In poetischen Texten beschwört Lie vielmehr andere Zeiten und Orte herauf. Durch glückliche Umstände und ein intuitives Gespür für die Bedeutung besonderer Funde, die während der Recherche entdeckt wurden (während Lie das marode Heim deren verstorbener indonesischer Großeltern in São Paulo ausräumte, tauchte beispielsweise ein silberner Anhänger mit einem Symbol auf, das, wie sich

while clearing out their deceased Indonesian grandparents' dilapidated home in São Paulo that they learned thirteen years later bore the symbol of the Hindu goddess of death[5]) bemuse the ipso facto exculpatory politicization of the postcolonial, which, for Flores, is as implicated in the "vexing requirement of context" as the orientalist.[6]

For Anna Lowenhaupt Tsing, an individual's story—not unlike those that Lie tells through their art—is compelling because of "the story's ability to expand and unbalance dominant ideas of the contours in which familiar subjects are made."[7] Lie's artistic narratives about their family, spirituality, and death are stark and situated, and searingly so, denuding us of any pretentions without losing its circumlocutionary and poetic sensibility about our collective dumbness in the face of life. As a writer, I always attempt to broker some kind of peace, to write in a way that "curiosity is not overwhelmed by coherence," to "pile up stories that do not fit with each other easily," as Tsing describes.[8]

---

2 Vgl. Dan Lie, „Death as Expansion" in: Daniela Leykam & Christoph Tannert (Hg.), *Scales of Decay,* Ausst.-Kat. Künstlerhaus Bethanien, Berlin (Berlin: Kettler, 2021), S. 8–11, hier S. 9.
3 Vgl. Marlowe Granados, *Happy Hour,* London / Brooklyn: Verso Books, 2020, S. 53.
4 Vgl. Patrick Flores, „Field Notes from Artworlds: Interest and Impasse" in: *Third Text* 25:4 (2011), S. 383–394, hier S. 387.

---

2 Dan Lie, "Death as Expansion" in: Daniela Leykam & Christoph Tannert (eds.), *Scales of Decay,* exh. cat. Künstlerhaus Bethanien, Berlin (Berlin: Kettler, 2021), pp. 8–11; p. 9.
3 Marlowe Granados, *Happy Hour,* London / Brooklyn: Verso Books, 2020, p. 53.
4 Patrick Flores, "Field Notes from Artworlds: Interest and Impasse" in: *Third Text* 25:4 (2011), pp. 383–394; p. 387.
5 Dan Lie, "The Rangda cycle" in: Leykam & Tannert (eds.), *Scales of Decay,* pp. 12–27; pp. 12–13.
6 Flores, "Field Notes," p. 387.
7 Anna Lowenhaupt Tsing, *In the Realm of the Diamond Queen: Marginality in an Out-of-the-Way Place,* Princeton: Princeton University Press, 1993, pp. 231–232.
8 Ibid., pp. 32–33.

dreizehn Jahre später herausstellen sollte, auf die hinduistische Göttin des Todes verweist)[5] wird Lie zum Störenfried: Dey bringt die faktisch gerechtfertigte Politisierung des Postkolonialen aus dem Gleichgewicht, die für Flores an der „lästigen Notwendigkeit zur Vermittlung des Kontexts" nicht weniger beteiligt als die Orientalistik ist.[6]

Auf Anna Lowenhaupt Tsing üben die Geschichten individueller Personen wie die in Lies Kunst eine besondere Faszination aus, denn „Geschichten haben die Macht, einen Menschen, den wir kennen, in einem allgemeineren Kontext zu zeigen, sodass wir uns veranlasst sehen, die festgefahrenen Vorstellungen, die wir über die bestimmte Person entwickelt haben, zu hinterfragen".[7] Lies mit künstlerischen Mitteln erzählte Geschichten über die eigene Familie, über Spirituelles und den Tod sind direkt und ortsspezifisch, und zwar auf gnadenlose Weise; sie entlarven jedes von uns an den Tag gelegte überhebliche Gebaren, ohne ihre diffuse, poetische Sensibilität, was unsere kollektive Dummheit in Fragen des Lebens anbelangt, je zu verlieren. Als schriftstellerisch engagierte Person versuche ich stets, eine Art Frieden auszuhandeln, auf eine Weise zu schreiben, dass „die Neugier nicht der Kohärenz zum Opfer fällt", und stattdessen „Geschichten zusammenzubringen, die nicht ohne Weiteres zueinander passend erscheinen", wie auch Tsing über ihre Praxis schreibt.[8] Doch worin liegt die grundsätzliche Bedeutung von Geschichten, insbesondere empfindsamen Liebesgeschichten über das Leben und die Kunst? Hier kann uns ein weiteres stichhaltiges Argument von Tsing dienlich sein: „Ich glaube, der Lohn stellt sich durch die Wertschätzung der Spezifität wie auch der Möglichkeit ein".[9] Das Unbehagen oder die Furcht, in Zeit und Raum (und jenseits davon) zu leben, ist ein ewiges Dilemma, das unsere Gefühlswelt bestimmt.

## But why do stories, especially indulgent love stories about our lives and art, matter?

Taking another cogent cue from Tsing: "I believe the payoff comes in an appreciation of both specificity and possibility."[9] The anxiety or fear of living in time and place (and out of it) is an eternal and indulgent dilemma.


5 Dan Lie, „The Rangda cycle" in: Leykam & Tannert (Hg.), *Scales of Decay*, S. 12–27, hier S. 12–13.

6 Flores, „Field Notes," S. 387.

7 Anna Lowenhaupt Tsing, *In the Realm of the Diamond Queen: Marginality in an Out-of-the-Way Place*, Princeton: Princeton University Press, 1993, S. 231–232.

8 Ebenda, S. 32–33.

9 Ebenda, S. 125–126.

9 Ibid., pp. 125–126.

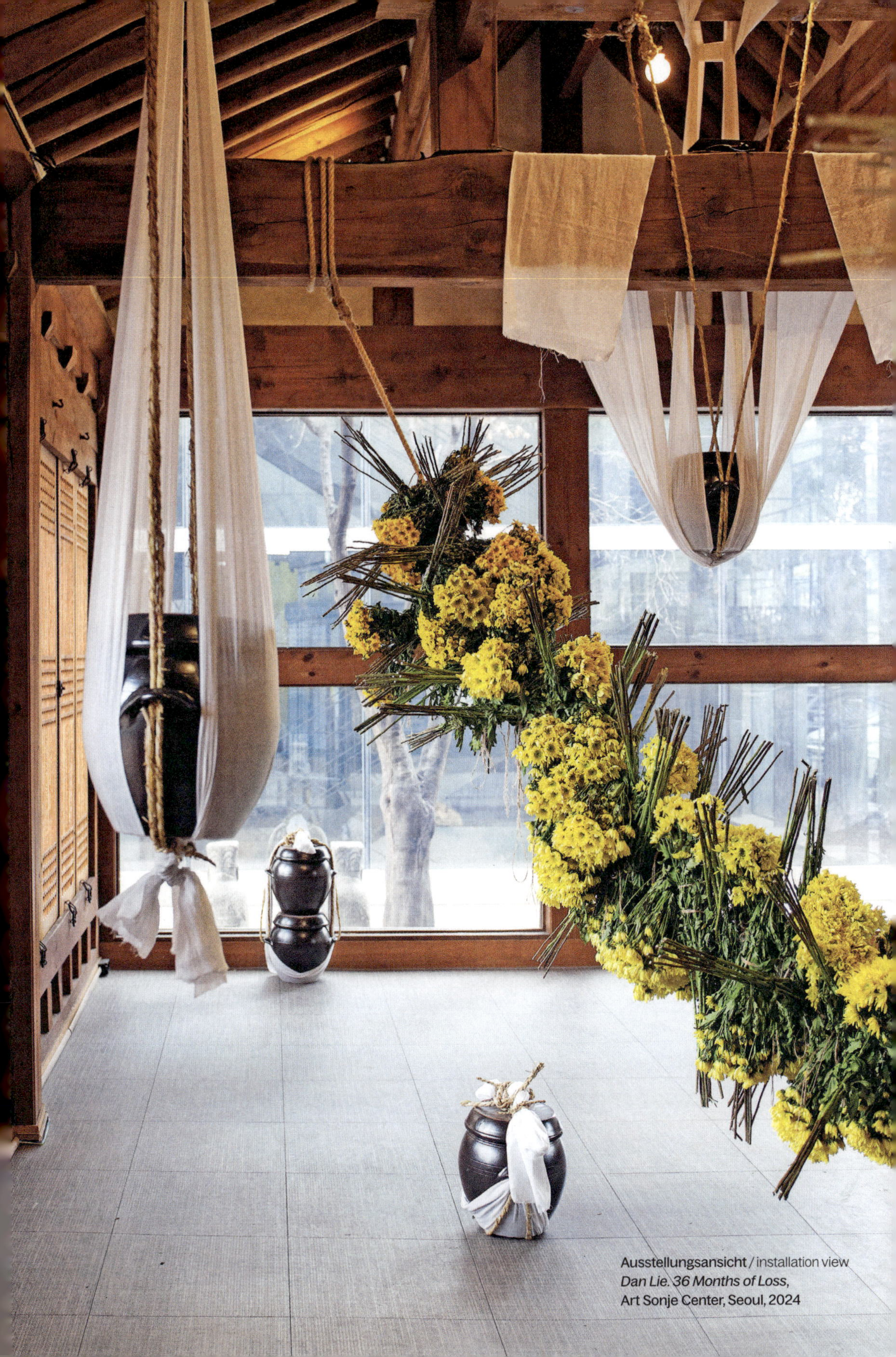

Ausstellungsansicht / installation view
Dan Lie. 36 Months of Loss,
Art Sonje Center, Seoul, 2024

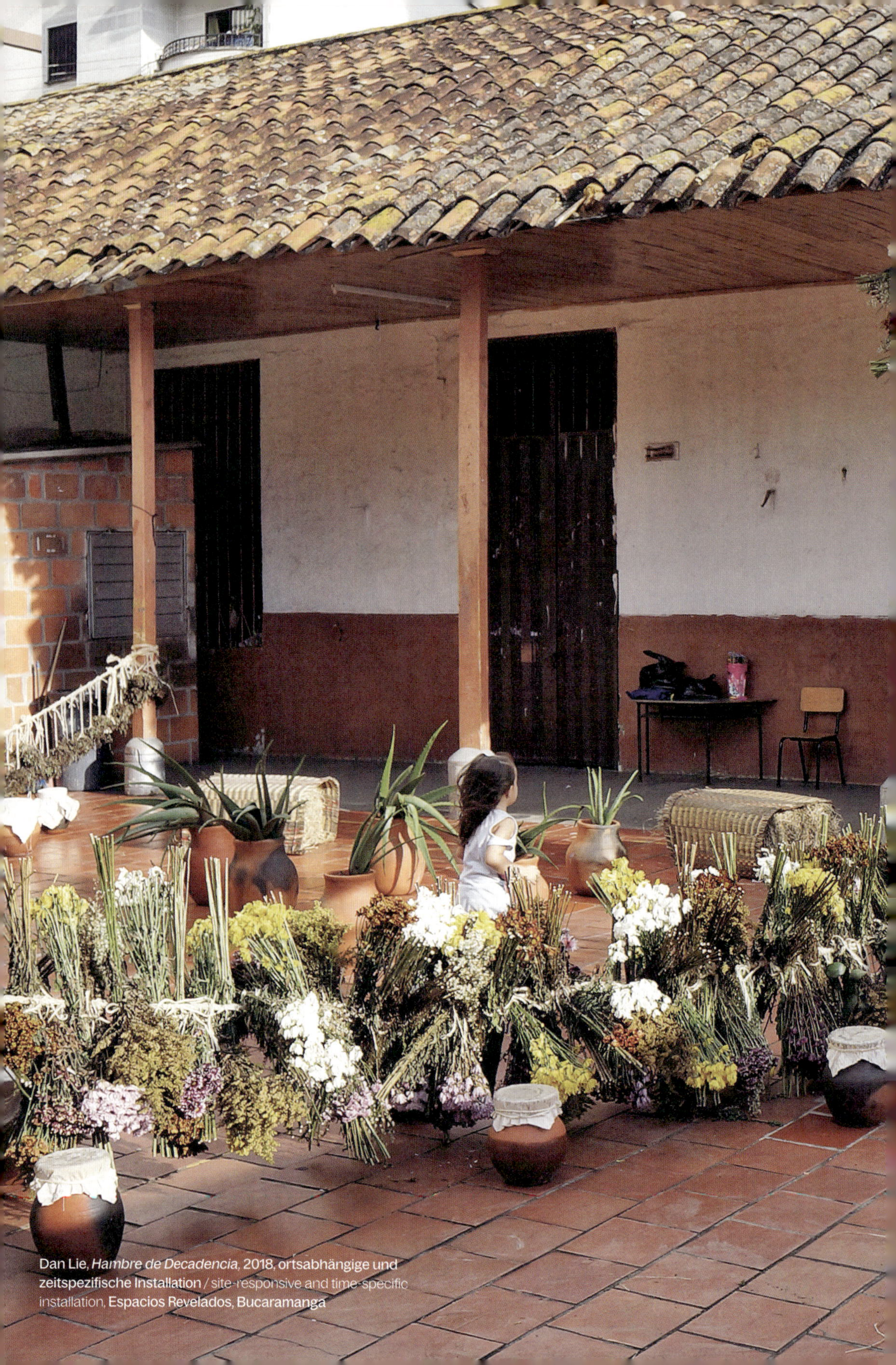

Dan Lie, *Hambre de Decadencia*, 2018, ortsabhängige und zeitspezifische Installation / site-responsive and time-specific installation, Espacios Revelados, Bucaramanga

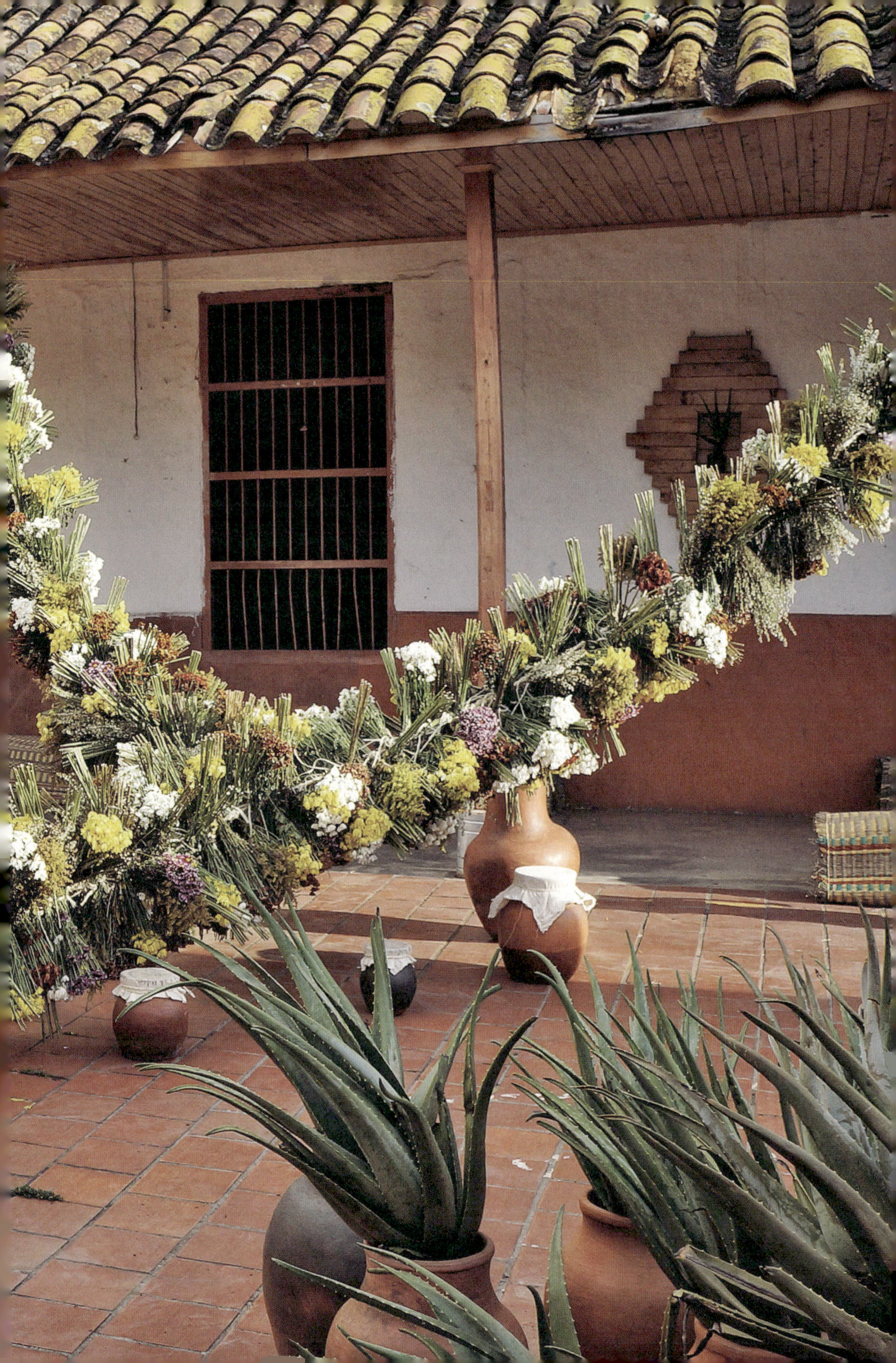

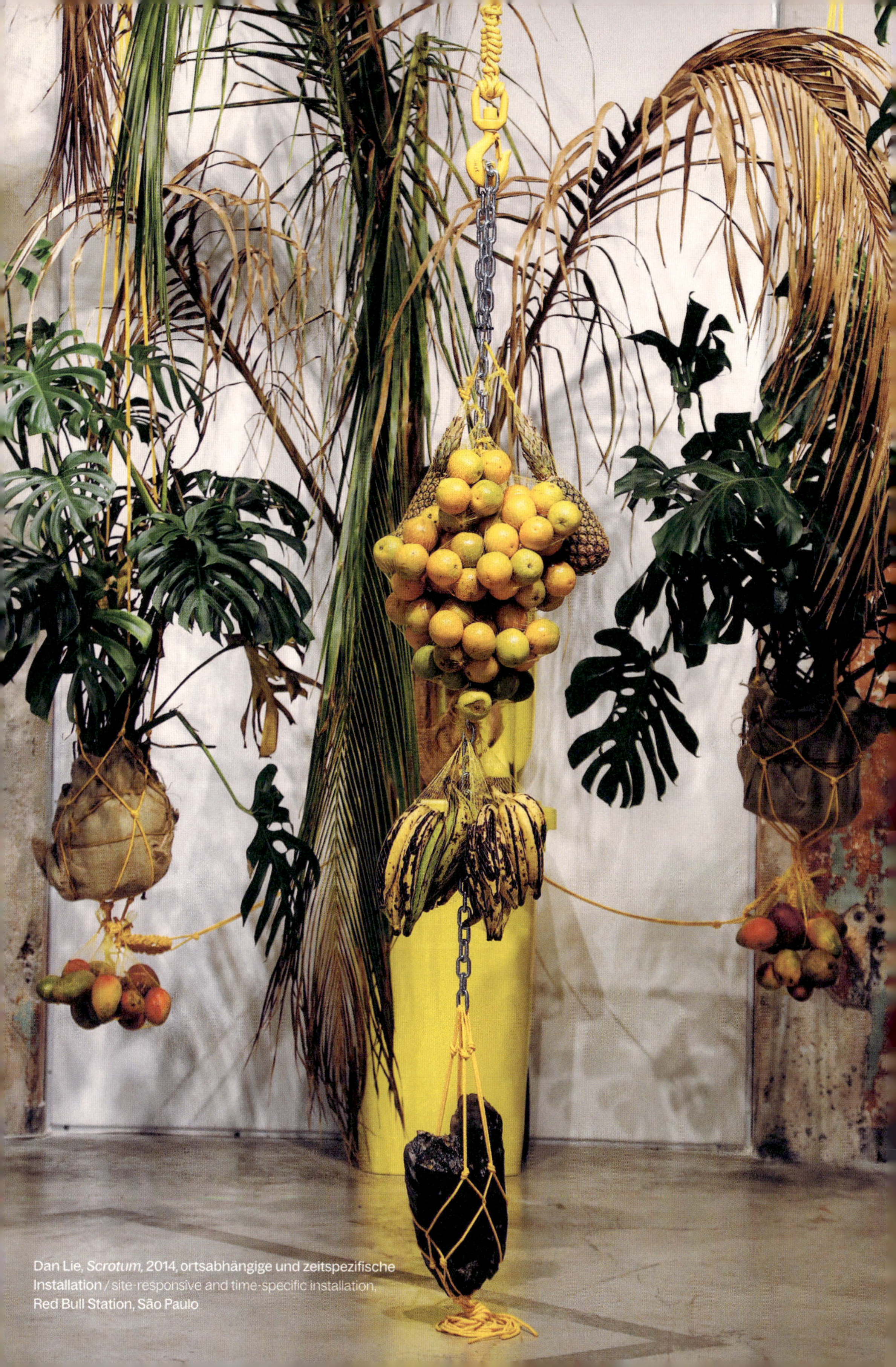

Dan Lie, *Scrotum*, 2014, ortsabhängige und zeitspezifische
Installation / site-responsive and time-specific installation,
Red Bull Station, São Paulo

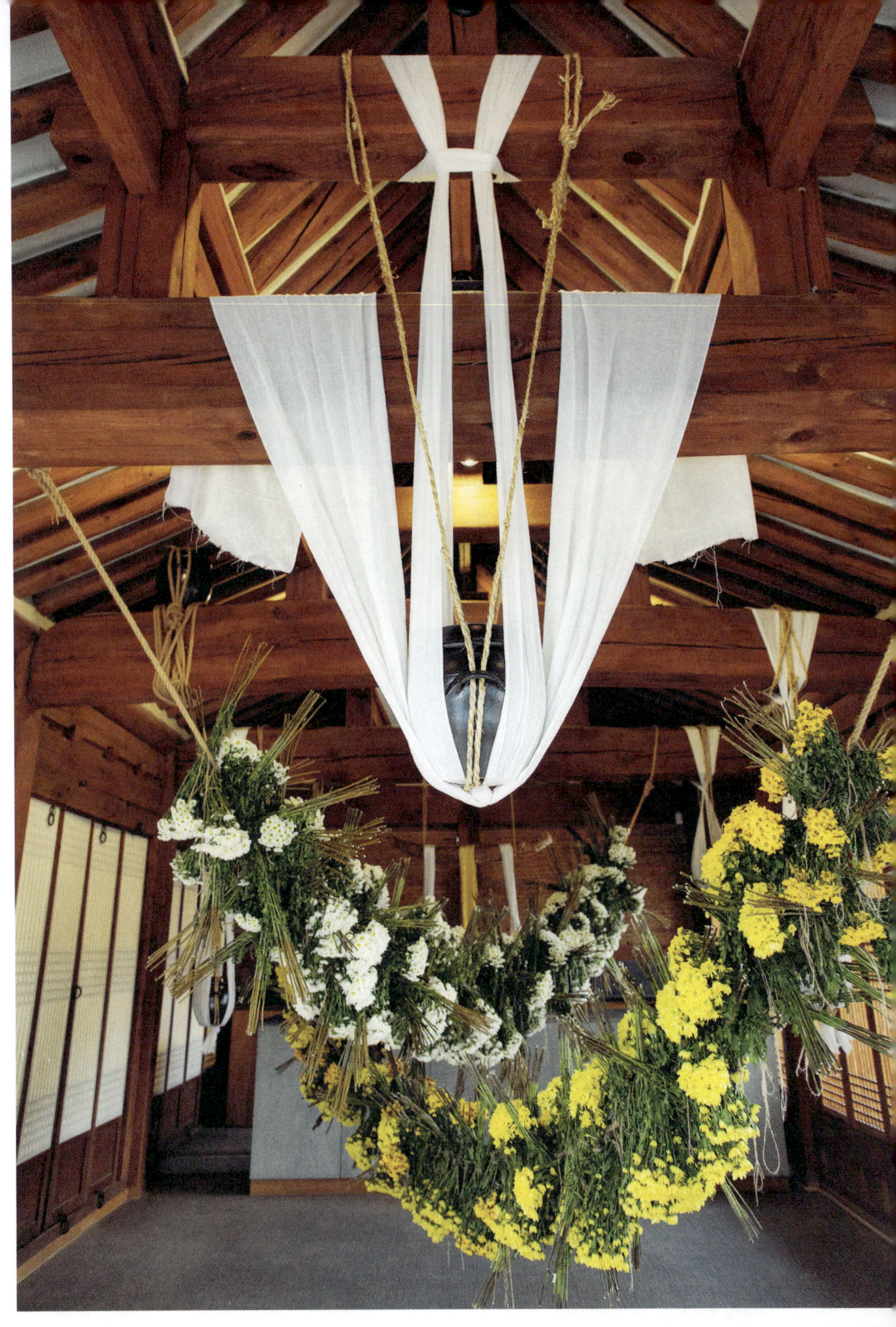

Ausstellungsansicht / installation view
*Dan Lie. 36 Months of Loss,*
Art Sonje Center, Seoul, 2024

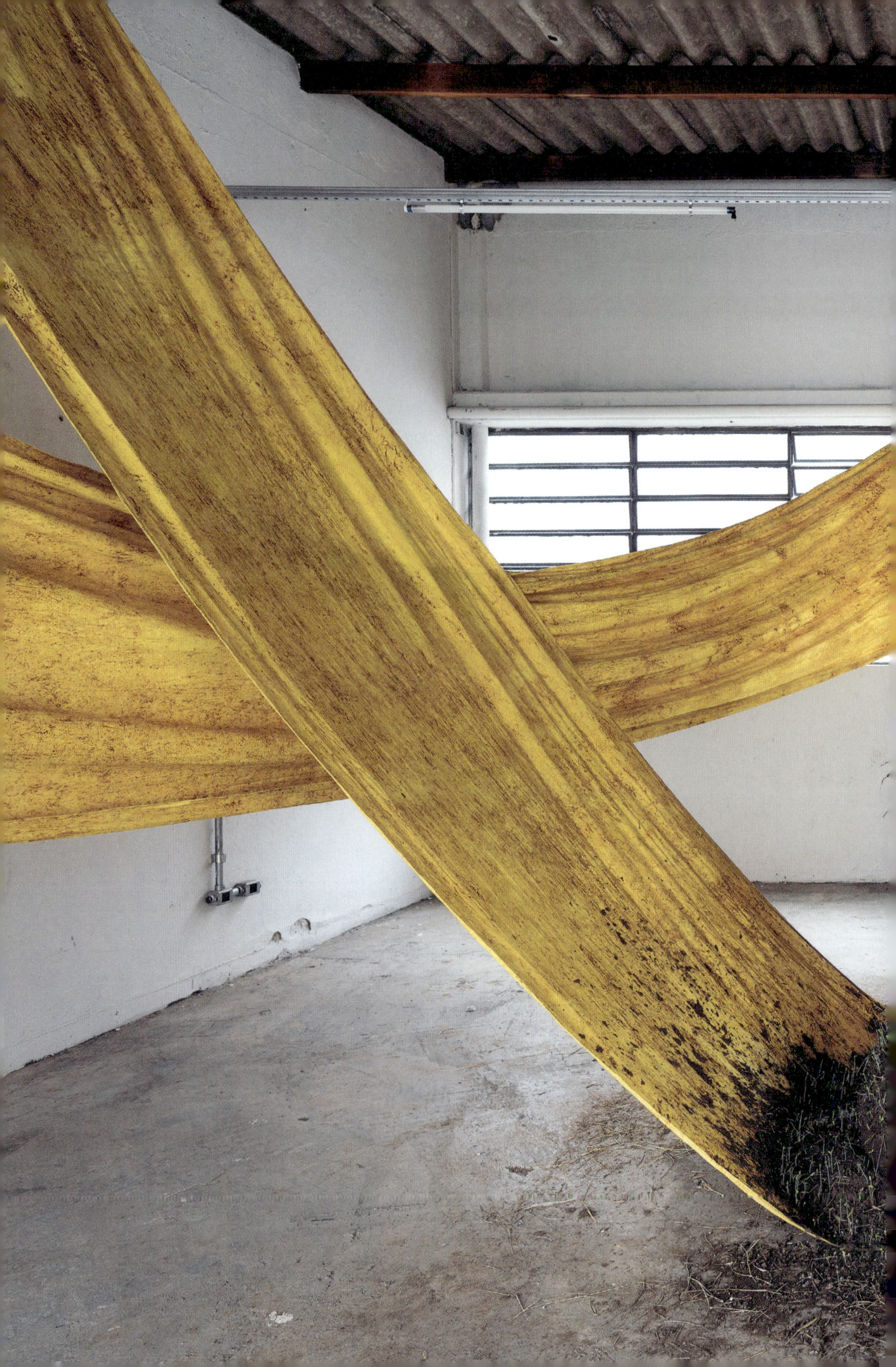

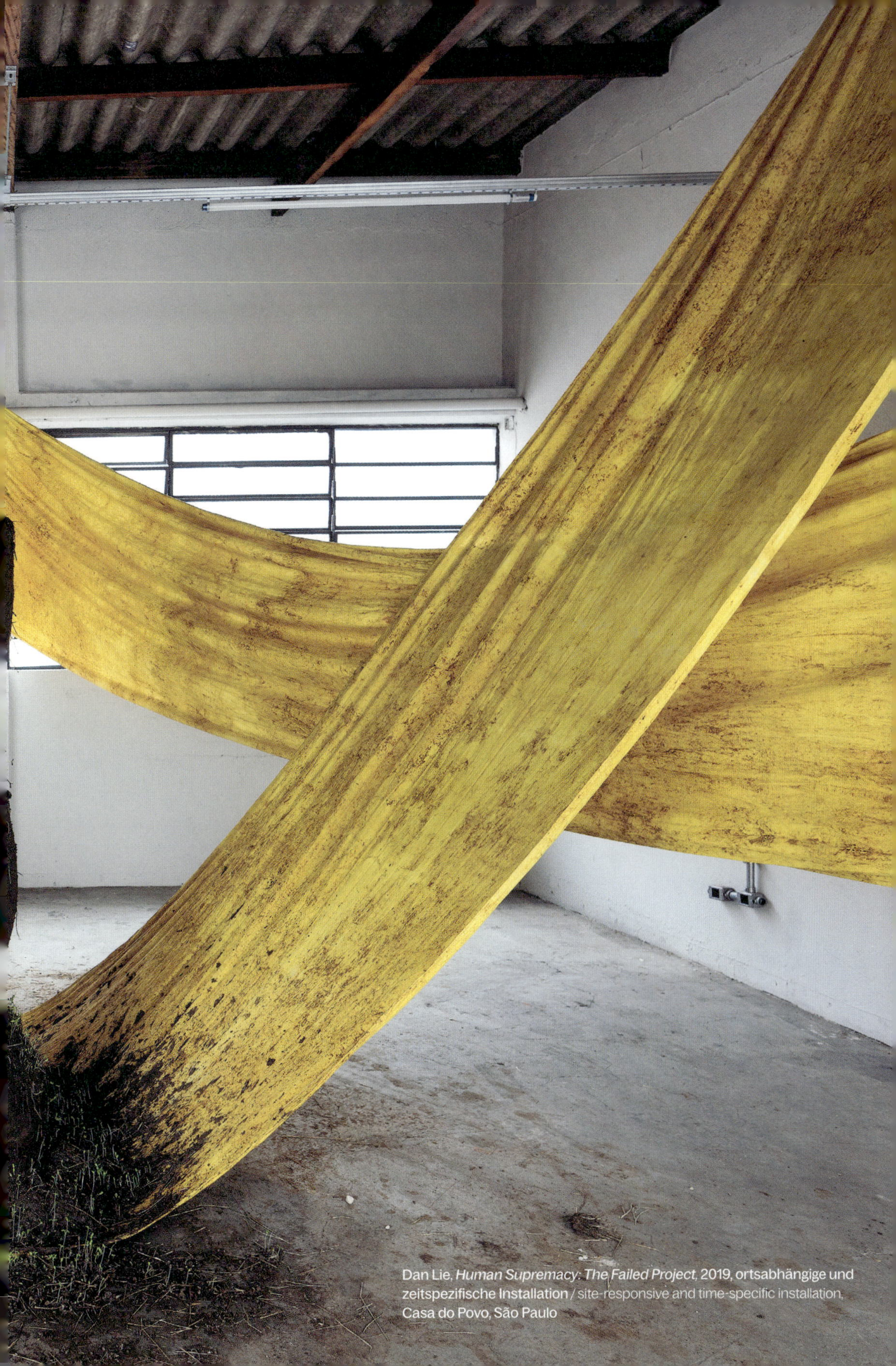

Dan Lie, *Human Supremacy: The Failed Project*, 2019, ortsabhängige und zeitspezifische Installation / site-responsive and time-specific installation, Casa do Povo, São Paulo

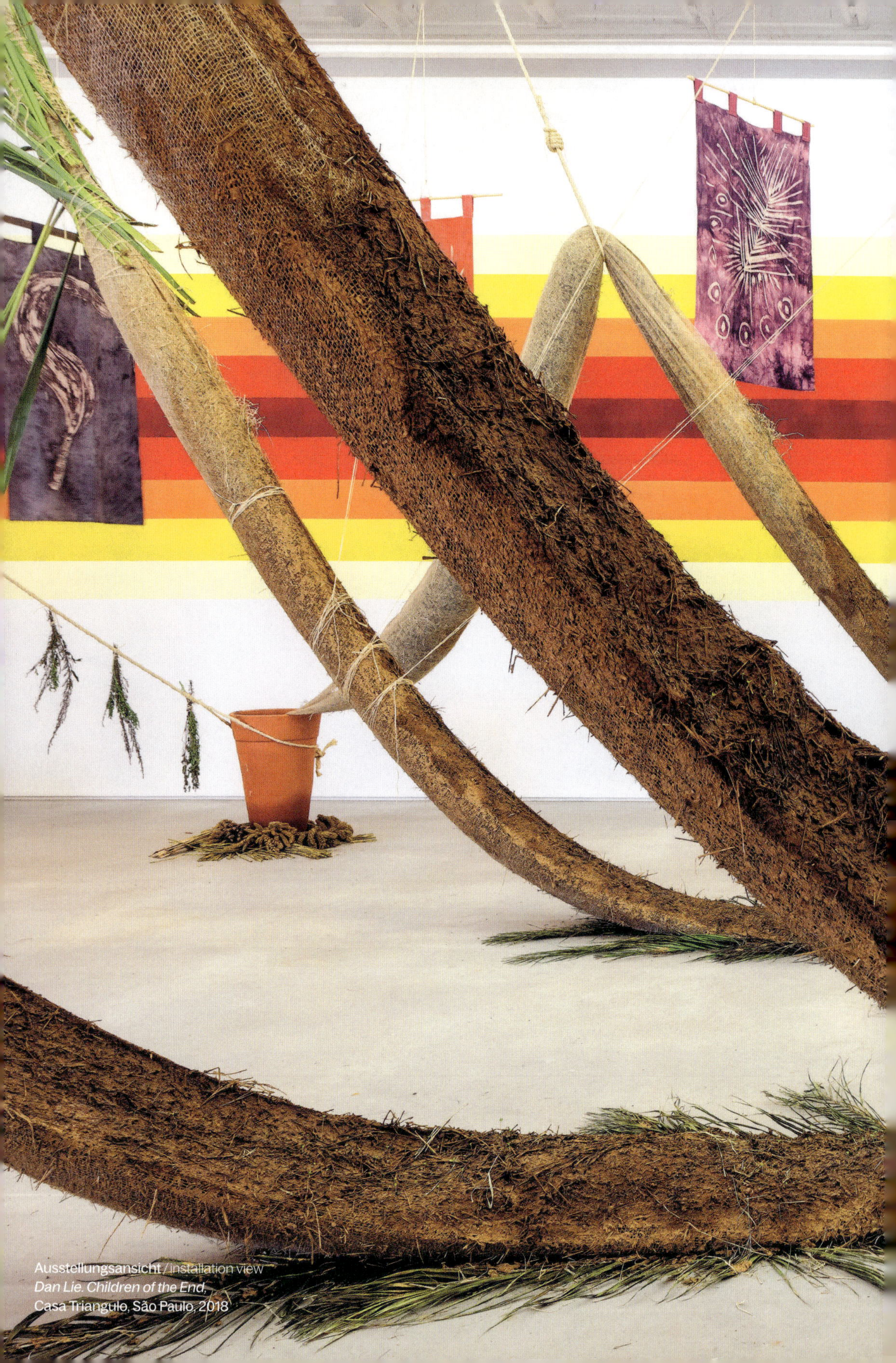

Ausstellungsansicht / installation view
Dan Lie. Children of the End,
Casa Triângulo, São Paulo, 2018

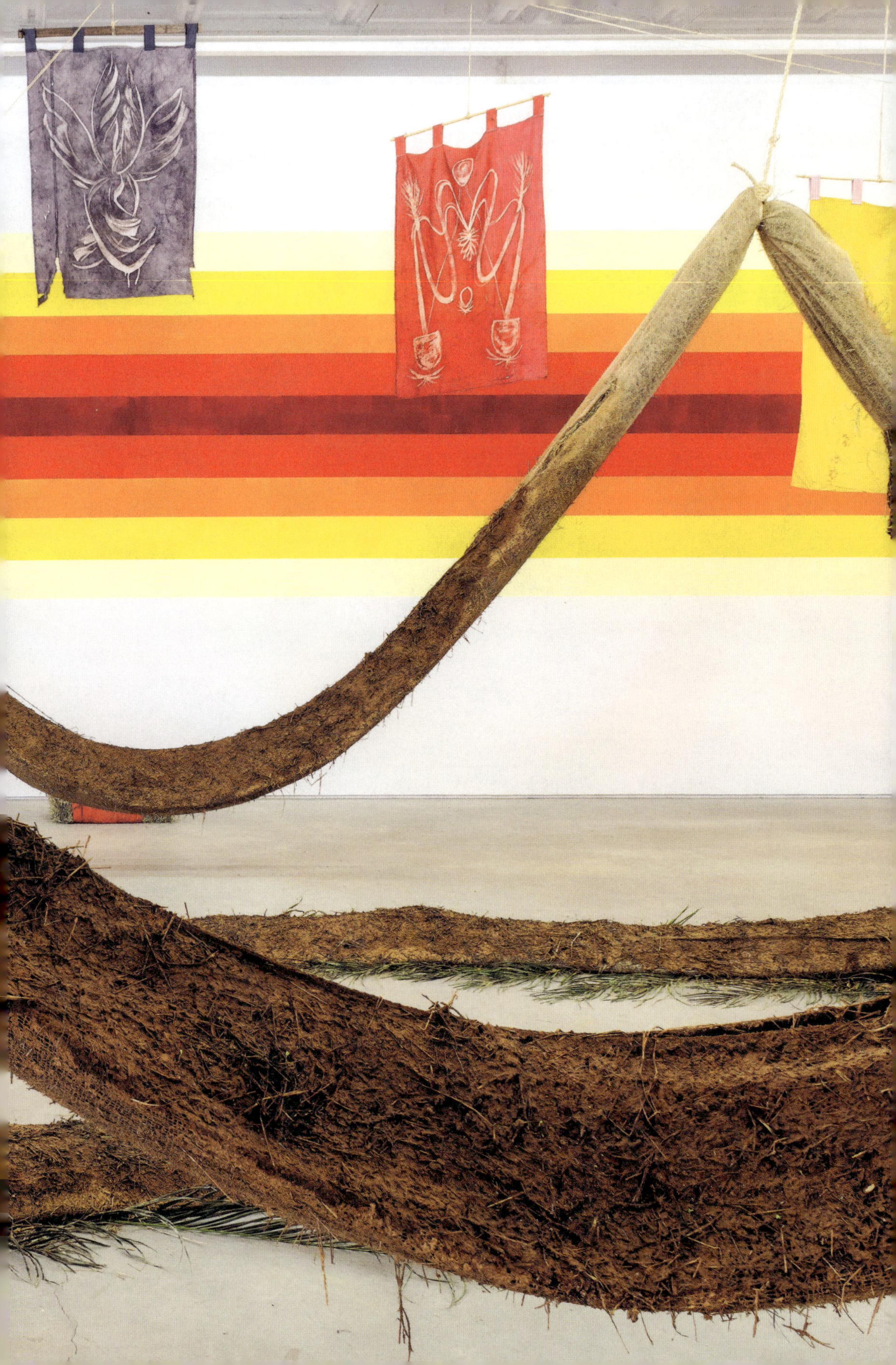

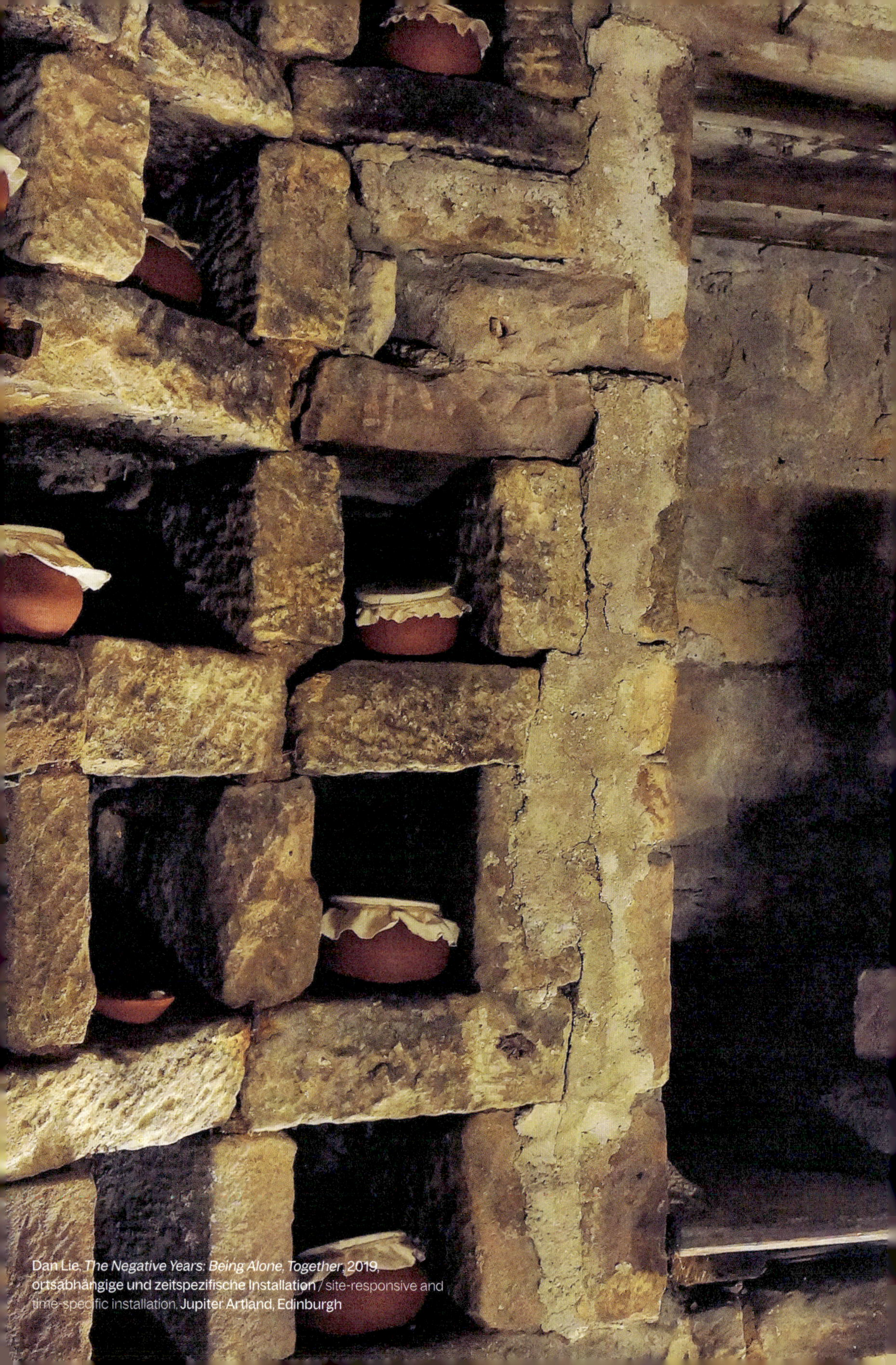

Dan Lie, *The Negative Years: Being Alone, Together*, 2019,
ortsabhängige und zeitspezifische Installation / site-responsive and
time-specific installation, Jupiter Artland, Edinburgh

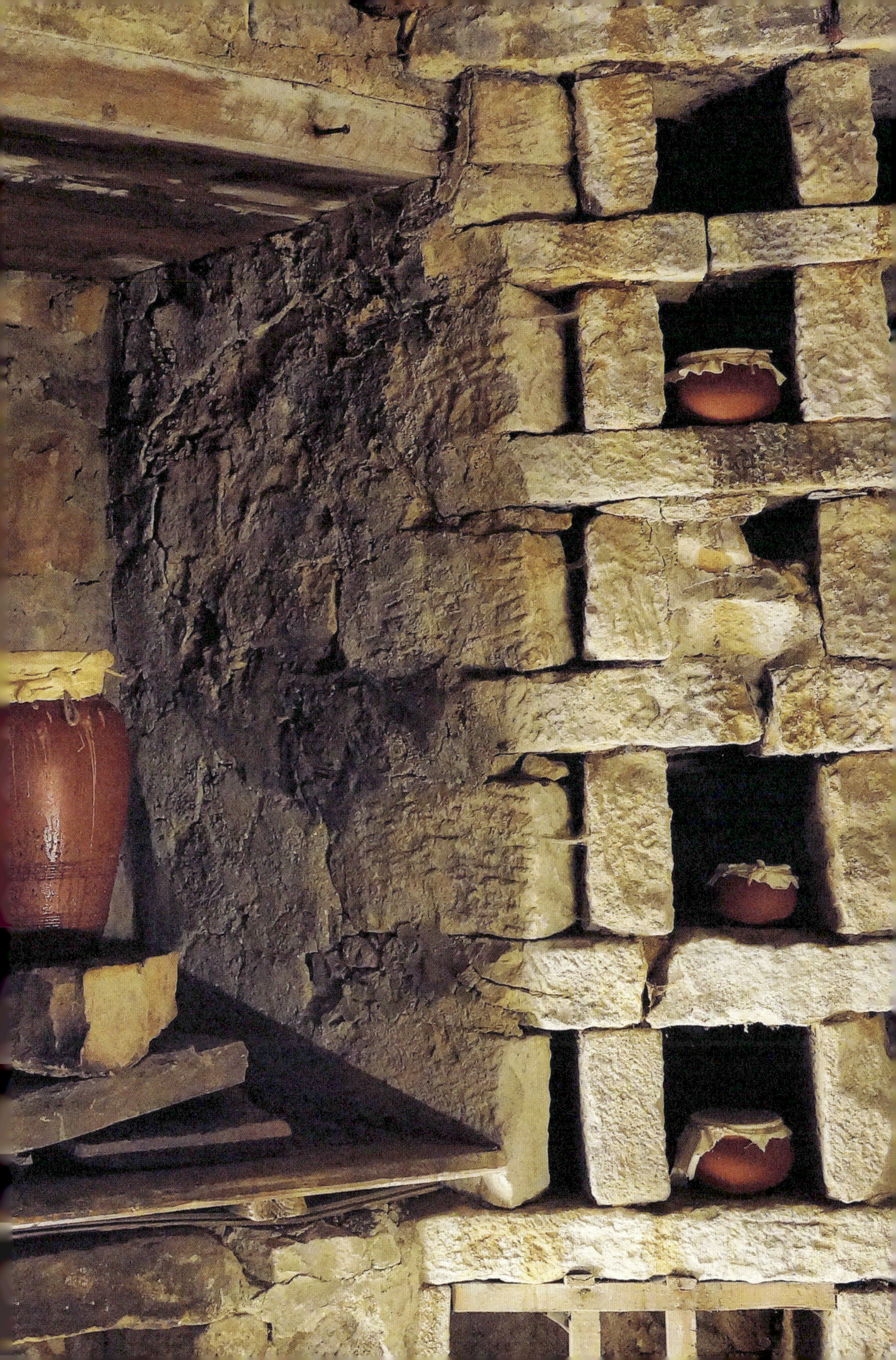

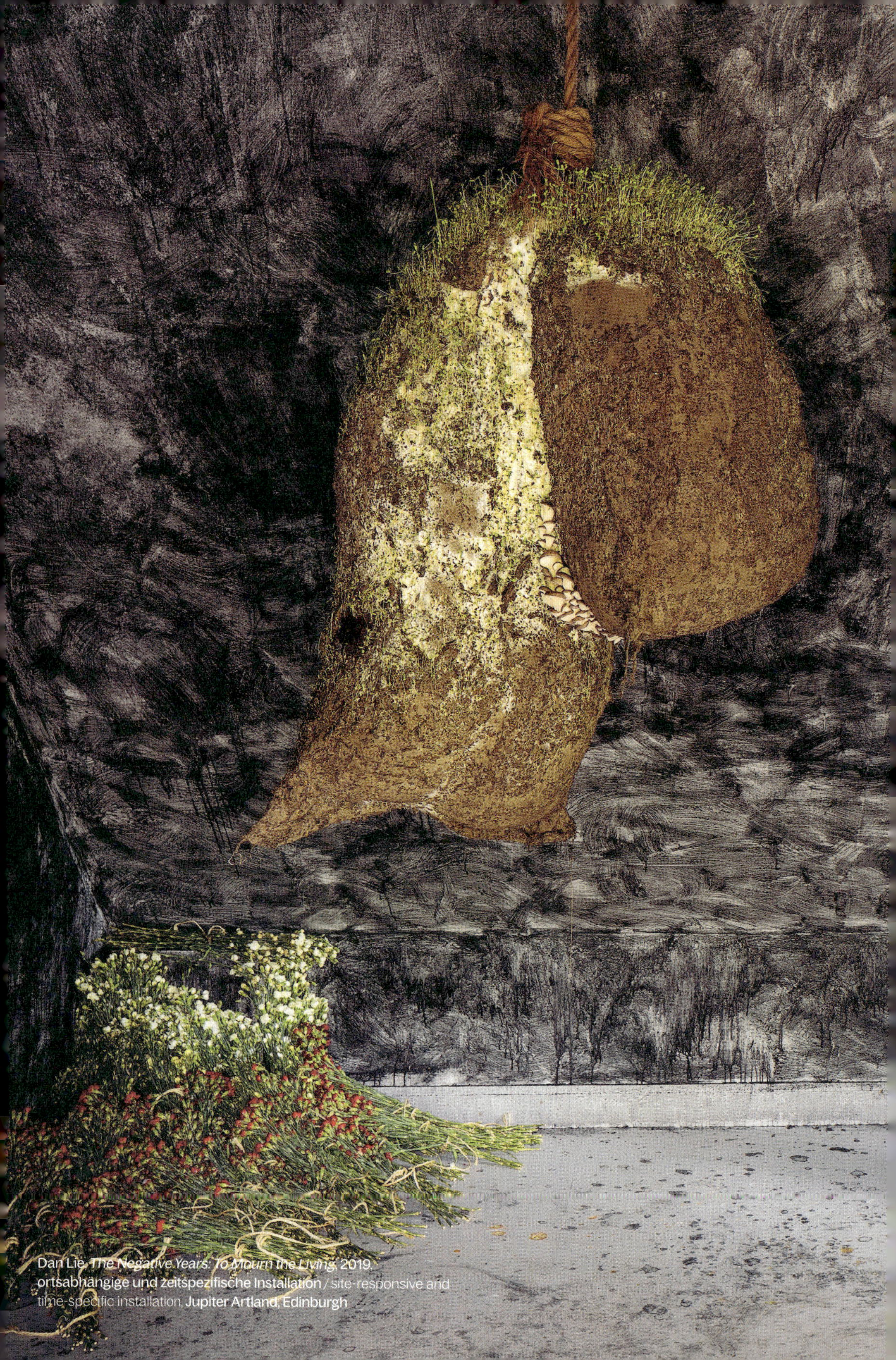

Dan Lie, *The Negative Years: To Mourn the Living*, 2019,
ortsabhängige und zeitspezifische Installation / site-responsive and
time-specific installation, Jupiter Artland, Edinburgh

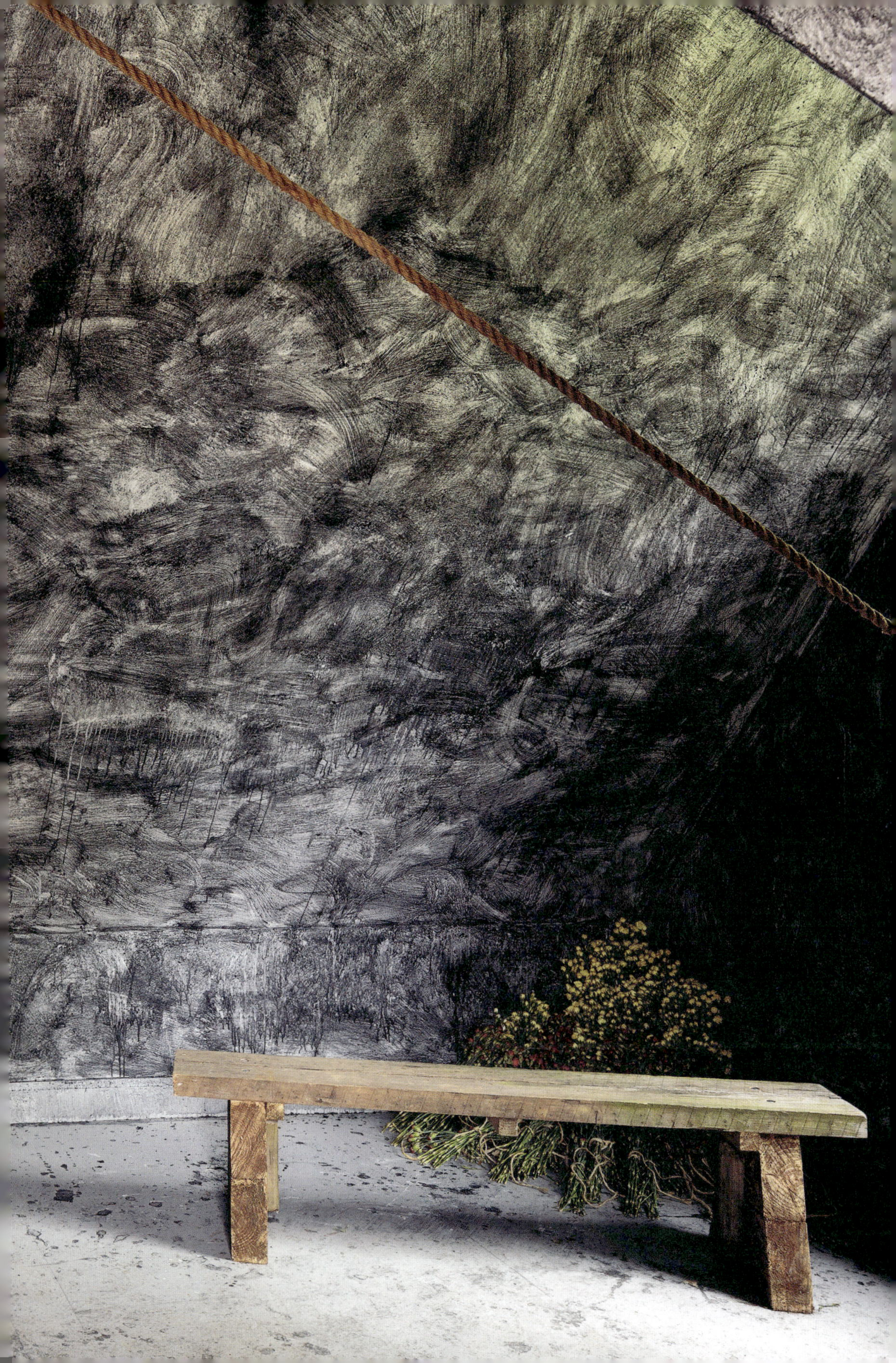

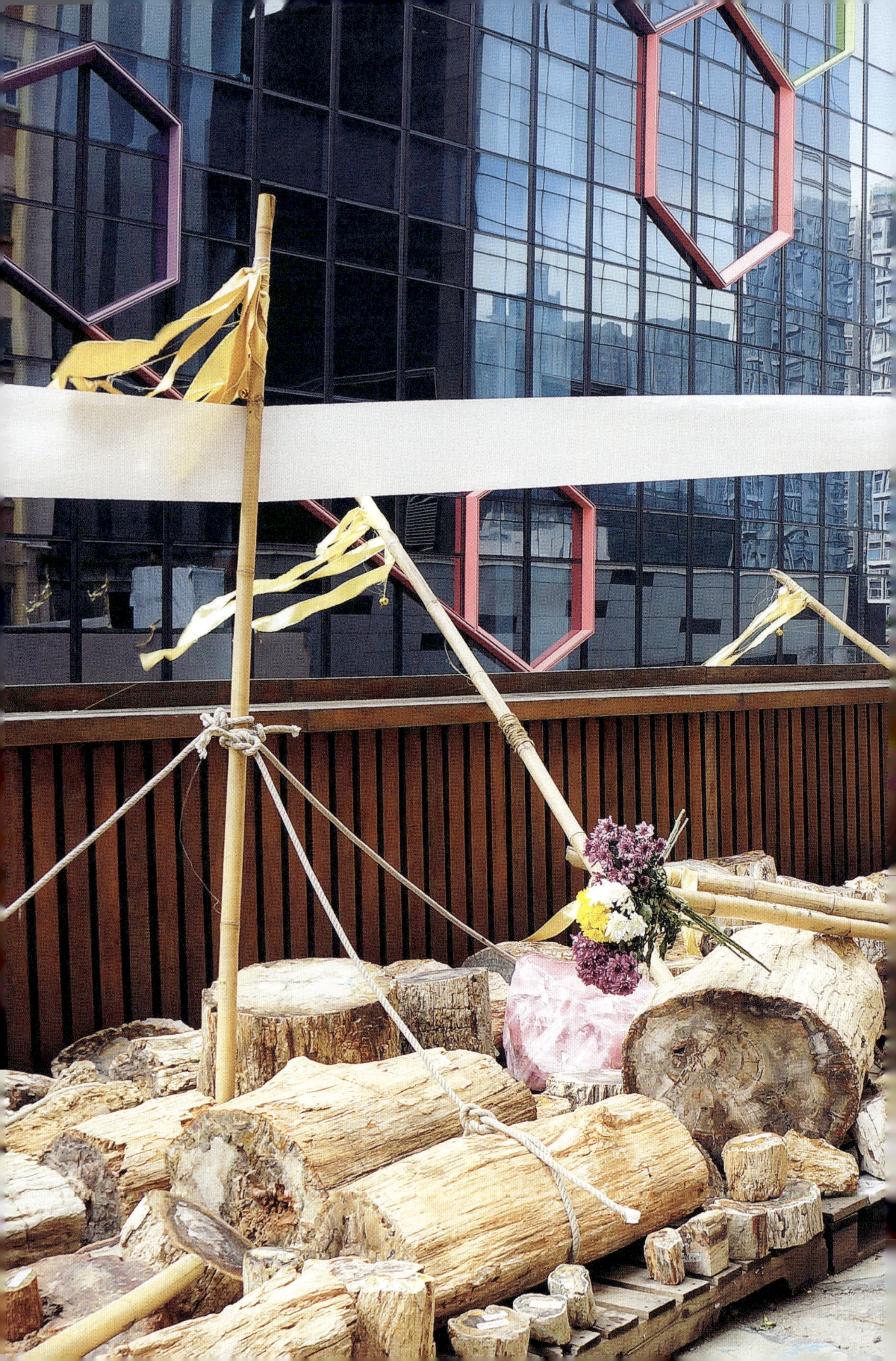

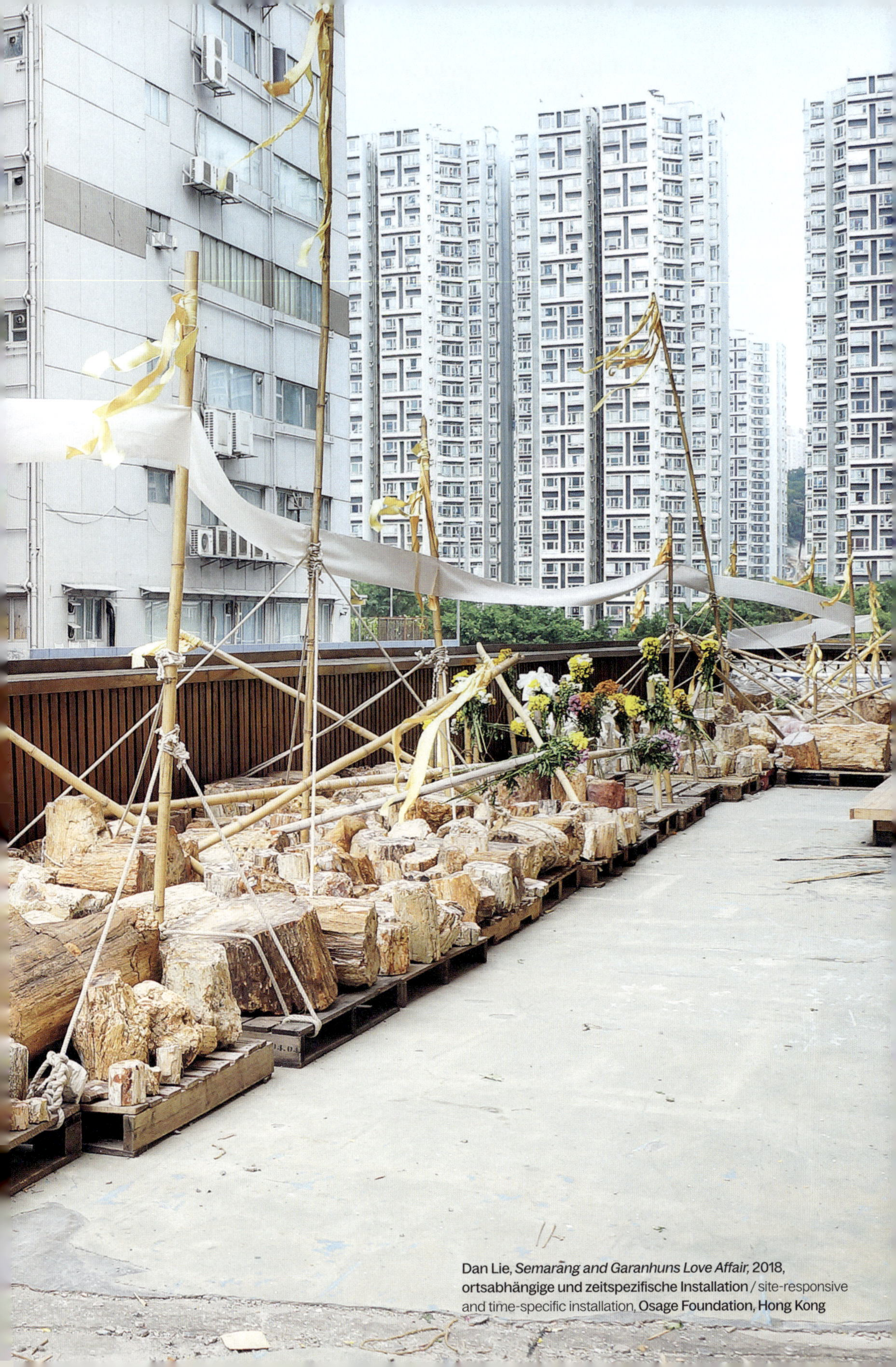

Dan Lie, *Semarang and Garanhuns Love Affair*, 2018,
ortsabhängige und zeitspezifische Installation / site-responsive
and time-specific installation, **Osage Foundation, Hong Kong**

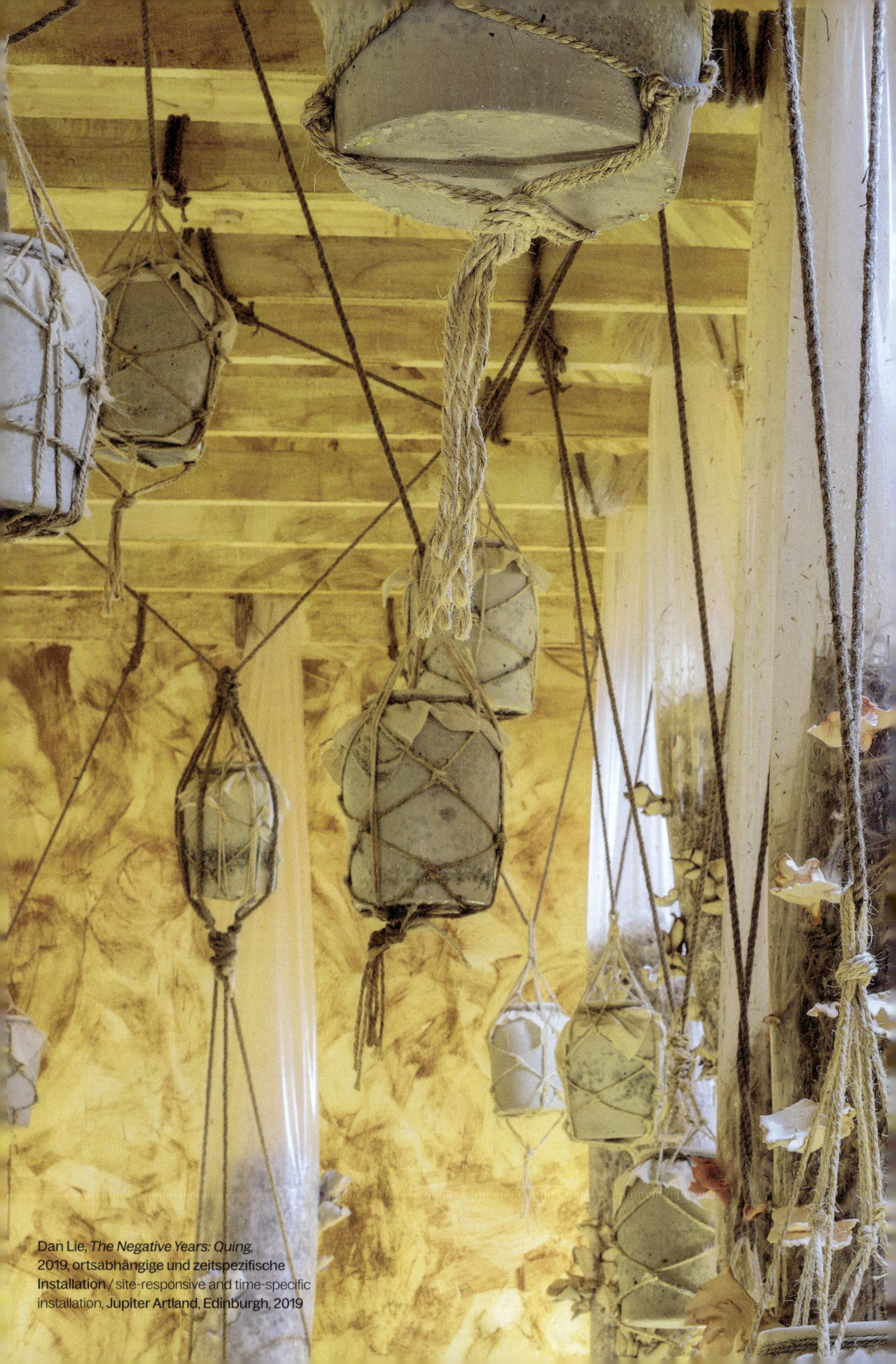

Dan Lie, *The Negative Years: Quing*, 2019, ortsabhängige und zeitspezifische **Installation** / site-responsive and time-specific installation, Jupiter Artland, Edinburgh, 2019

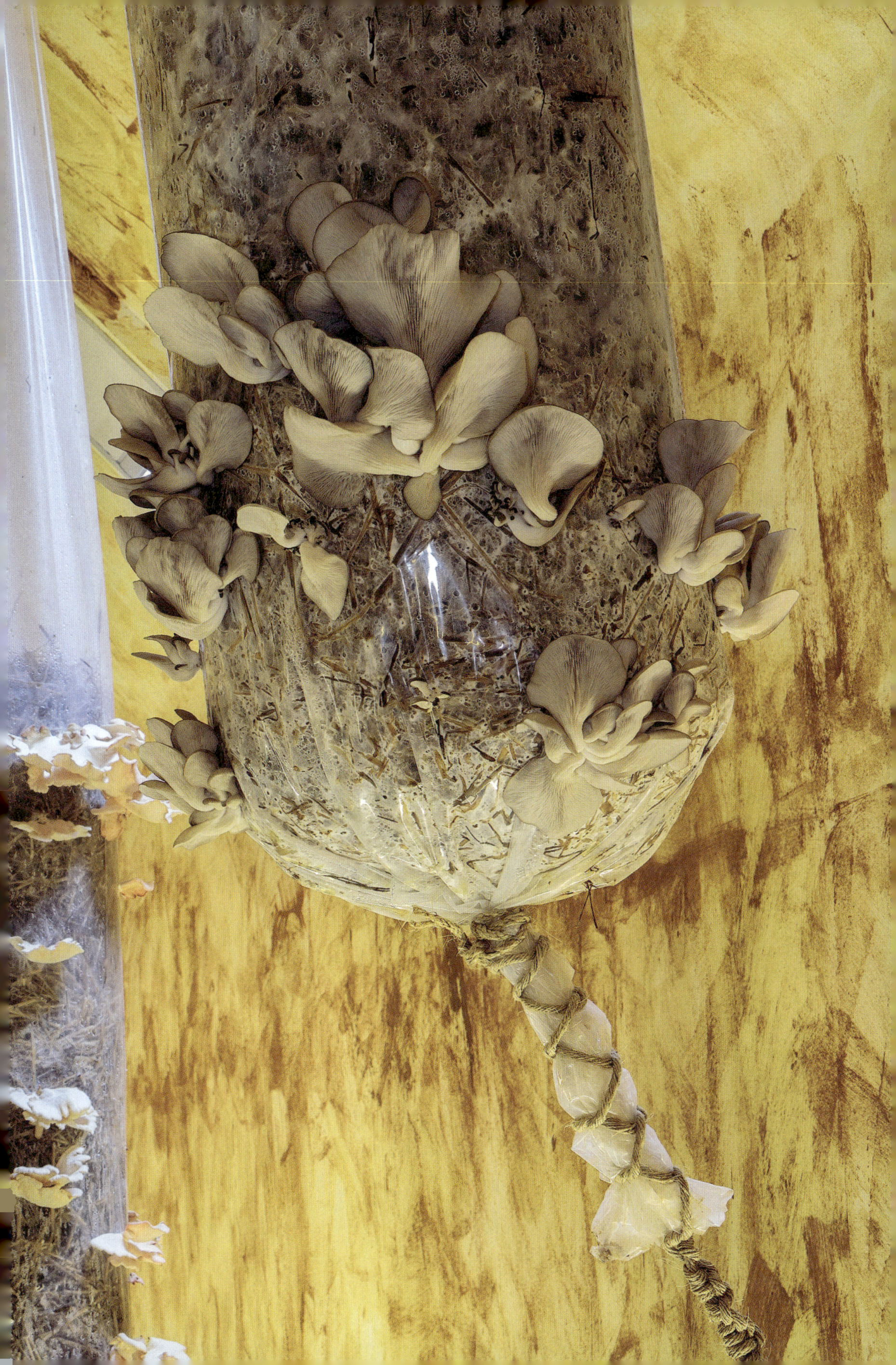

# Dan Lie

Geboren / Born **1988**
**Lebt und arbeitet** / Lives and works **in Berlin, DE**

## Ausbildung / Education

**2013**
**Lehramt Bildende Kunst** / Teaching degree in Fine Arts, **Staatliche Universität São Paulo /** São Paulo State University, **São Paulo, BR**

**2011**
**BA Bildende Kunst** / BA in Fine Arts, **Staatliche Universität São Paulo** / São Paulo State University, **São Paulo, BR**

## Ausgewählte Einzelausstellungen / Selected Solo Exhibitions

**2024**
Octagon, Pinacoteca de São Paulo, São Paulo, BR (**bevorstehend** / forthcoming)
*36 months of loss.* Art Sonje Center, Seoul, KR

**2023**
*Speaking to Ancestors Part 3. The Unloved Ones.* Zwingli-Kirche, Berlin, DE
*Dan Lie + Juliana dos Santos: Das, was nicht geerbt werden kann / Aquilo que não se herda.* Kunstverein Braunschweig, Braunschweig, DE

**2022**
*Unnamed Entities.* New Museum, New York, NY, US

**2021**
*Scales of Decay.* Künstlerhaus Bethanien, Berlin, DE; **Katalog** / catalog (**weitere Station** / traveled to: KfW-Stiftung, Villa 102, Frankfurt a. M., DE)

**2019**
*Human Supremacy: The failed project.* Casa do Povo, São Paulo, BR
*The Negative Years.* Jupiter Art Land, Edinburgh, GB

**2017**
*Death Center for the Living.* Wiener Festwochen, Wien / Vienna, AT

2016

*How low can you go?* Change-Change,
Budapest, HU
*PODRERA.* Kampnagel, Hamburg, DE

2015

*Covenant with the Future.* Centro Cultural
São Paulo, São Paulo, BR
*Meus Sentimentos.* Oficina Cultural Oswald
de Andrade, São Paulo, BR

2011

*Âmago.* Kunsthochschule der Staatlichen
Universität São Paulo/Institute of Arts at
São Paulo State University, **São Paulo, BR**

# Ausgewählte Gruppenausstellungen/ Selected Group Exhibitions

2024
*Preis der Nationalgalerie 2024: Pan Daijing,
Dan Lie, Hanne Lippard, James Richards.*
Hamburger Bahnhof – Nationalgalerie der
Gegenwart, Berlin, DE; Katalog/catalog
*Ich sehe was, was Du nicht siehst. Works from
the Bergmeier Collection.* Kunstsaele/Alien
Athena Foundation for Art, Berlin, DE

2023
*Coreografias do impossível.* Bienal de São
Paulo, São Paulo, BR
*Natasha.* Singapore Biennale, 22 Orchard
Road und/and Singapore Art Museum,
Singapore, SG

2022
*Is it morning for you yet?* Carnegie
International, Carnegie Museum of Art,
Pittsburgh, PA, US
*Geneva Biennale – Sculpture Garden.*
Parc des Eaux-Vives, Genf/Geneva, CH
*Encantadas.* Schwules Museum, Berlin, DE

2021
*METABOLIC RIFT.* Berlin Atonal, Berlin, DE
*Park Platz.* Berlinische Galerie, Berlin, DE
*Brasilidade pós Modernismo.* CCBB Belo
Horizonte, Brasília, Rio de Janeiro und/and
São Paulo, BR
*Composições para tempos insurgentes.*
Museu de Arte Moderna, Rio de Janeiro, BR

2020
*À Construção.* Solar dos Abacaxis,
Rio de Janeiro, BR

2018
*Espacios Revelados.* Bucaramanga, CO
*Valongo Festival Internacional da Imagem.*
Santos, BR
*Via Aérea.* Sesc Belenzinho, São Paulo, BR
*Bouge B Festival.* De Singel International Arts
Center, Antwerpen/Antwerp, BE
*The sun teaches us that history is not
everything.* Osage Foundation,
Hongkong/Hong Kong, HK

2017
*Equator #4.* Biennale Jogja, Yogyakarta
Nacional Museum, Yogyakarta, ID
*Frestas – Art Triennial.* Sesc Sorocaba,
Sorocaba, BR
*Welt Kompakt?* Frei_raum Q21,
MuseumsQuartier, Wien/Vienna, AT
*The third world asks for a blessing and goes
to sleep.* Despina, Rio de Janeiro, BR

2016
*All quiet, all for the best – Projeto Brasil.*
Hellerau, Dresden, DE
*CCBB Música Performance 4.* Centro Cultural
Banco do Brasil, São Paulo, BR
*Espacios Revelados.* Ca.Sa, Santiago, CL

2015
*Arte Pará.* Pará State Museum,
Belém do Pará, BR
*Abre Alas 11.* A Gentil Carioca,
Rio de Janeiro, BR

2014
*EDP Award Tomie Ohtake*. Instituto Tomie Ohtake, São Paulo, BR

2011
*] ENTRE [*. Galeria do Instituto de Artes, Staatliche Universität São Paulo / São Paulo State University, São Paulo, BR

# Digitale Projekte / Digital Projects

2021
*Rotten TV*. Unterstützt von / Supported by the British Council Digital Collaboration Fund in Partnerschaft mit / in partnership with Casa do Povo (São Paulo, BR), Cemeti Institute (Yogyakarta, ID), und / and Jupiter Artland (Edinburgh, GB), www.rotten.tv

2020
*Toko Buku Liong* (Liong Bookstore). In Zusammenarbeit mit / In collaboration with Adelina Luft und / and Cemeti Institute for Art and Society (Yogyakarta, ID), www.tokobukuliong.com

# Ausgewählte Bücher und Magazine / Selected Books and Journals

Wong Binghao, „Daniel Lie on what love means to them as told to Wong Binghao in May 2023 over Zoom" in: Min-Young Joen (Hg. / ed.), *ars viva 2024. Atiéna R. Kilfa. Daniel Lie. caner teker*, Bielefeld / Berlin: Kerber Verlag, 2023.

Clara Tang, „Daniel Lie. In Relation to Rot" in: *Art Asia Pacific* 134 (Juli / July / August 2023), https://artasiapacific.com/issue/daniel-lie-in-relation-to-rot, zuletzt abgerufen am 6. Mai 2024 / last accessed on May 6, 2024.

Dan Lie, „Rotten Energy. Spaces with Consciousness" in: Carolyn F. Strauss (Hg. / ed.), *Slow Spatial Reader. Chronicles of Radical Affection*, Amsterdam: Valiz, 2021.

Wong Binghao, Madeline Murphy Turner & Daniel Lie, „A Version of Reality: Conversation with Daniel Lie" in: *MoMA post*, 21. Juni 2021 / June 21, 2021, https://post.moma.org/a-version-of-reality-conversation-with-daniel-lie/, zuletzt abgerufen am 6. Mai 2024 / last accessed on May 6, 2024.

Daniel Lie & Juliana Dos Santo, „60 Years of Migration and 17,790 Kilometers Away" in: *Terremoto Magazine* 19 (November 2020), https://terremoto.mx/en/revista/60-anos-de-migracion-y-17-790-kilometros-de-distancia/, zuletzt abgerufen am 6. Mai 2024 / last accessed on May 6, 2024.

# Auszeichnungen und Stipendien / Awards, Fellowships, Grants

2024–2025
Berliner Förderprogramm Künstlerische Forschung / Berlin Artistic Research Programme, Berlin, DE

2024
Preis der Nationalgalerie, Nationalgalerie, Staatliche Museen zu Berlin, Berlin, DE

2023
ars viva, Kulturkreis der deutschen Wirtschaft, Berlin, DE

2020–2021
Artist-in-Residence, KfW Stiftung, Künstlerhaus Bethanien, Berlin, DE

2020–2019
Darmasiswa Stipendium / Scholarship,
Indonesia Institute of the Arts, Yogyakarta, ID

2017
Teresina Tohoku Residency, Campo,
Teresina, BR

2016
Artist-in-Residence, Espacio Nave,
Santiago, CL

2014
Artist-in-Residence, Red Bull Station,
São Paulo, BR

# Hanne Lippard

# Estelle Hoy über / on Hanne Lippard

Hanne Lippard genießt einen höchst ärgerlichen Vorteil gegenüber uns anderen, der sich nicht zuletzt in einem ausgeprägten Erfindungsreichtum zeigt. Es mangelt der Künstlerin nie an einem Sinn für *Jouissance* und *jouir*, mit dem immer persönlicheren Klang ihrer Stimme, die sich aller erdenklichen Reservoirs des Dadaesken bedient, einer intellektuellen Kunst, die sich ganz unverhohlen als Performance offenbart, wie wir es auch von anderen wagemutigen Anti-Systematisierer*innen kennen. Es ist eine schier unerträgliche Luft, die wir nicht zu teilen vermögen; ein Tasten, Anstoßen, Abschlecken, die flinken Windungen und Drehungen im heiligen Gefüge der Syntax, ihr entgegenkommender, freundlicher Sprachstil, ein jähes Sublimieren; nie können wir uns den Arbeiten vollständig hingeben. Auf solche Weise präsentiert sich der Schauplatz hemmungsloser *Jouissance.* Ein ganz besonderer, ohne Frage.

Die Nomenklatur des aktiven Genießens rollt sie im Mund herum, Ideen, die den intimsten Regionen von Geist und Körper entspringen, kleine spielerische Aphrodisiaka, sich verflüchtigende Worte mit einer schwankenden Tendenz zur Förderung der Debatte. Übungen in Konversation, die auf die Schelmerei von Teekesselworten prallen, stimmliche Performances, Soundinstallationen, allerlei Gedrucktes wie auch Skulpturen; nie ist es uns vergönnt, einem Pflichteifer zu begegnen, der ausschließlich auf ein einziges Ziel

Hanne Lippard has a disgusting advantage over us because, if nothing else, the artist is resourceful. She never lacks *jouissance* and *jouir,* a voice more and more personal, browsing through Dadaesque reservoirs, her intellectual art openly a performance, like the other bold anti-systemizers. It's an insufferable air we cannot share; touches, nudges, licks, curls of agility, and pirouettes in the sacred armature of syntax, her identifiable, affable register, snatched sublimation, we can never give ourselves entirely to the work. Herein, the unscrupulous site of *jouissance* is created. Especially, of course.

The nomenclature of active pleasure rolls in her mouth, utterances of ideas through intimate parts of her mind and body, little ludic aphrodisiacs, and liquidating words that tend toward wavering support of discourse. Koreros rubbing shoulders with the nuisance of homonyms, vocal performances, sound installations, printed matter, and sculpture, we never get the good fortune of single-minded zealousness. She was never dogged before, so why start now? The qualities of a first-rate artist cannot be defined;

gerichtet ist. Bislang hat sie sich nie verbissen gezeigt, warum also jetzt damit beginnen? Was eine erstklassige Künstlerin ausmacht, lässt sich nicht per Definition erfassen, wie der Fall Hanne Lippard beweist, man muss es erleben. Ihre Performances entziehen sich jeglicher Analyse; die Begrenztheit normativer Aussagen wird ihnen schwerlich gerecht. Sie haben eine ganz eigene Qualität, eine unverwechselbare Klangfarbe; Wikinger-Rülpser, die ihren *lady folds* entweichen, darauf aus, die widersprüchlichsten Aspekte ans Licht zu zerren. Ohne jede Verwirrtheit bietet sie uns ihre infra-sprachlichen Abhandlungen dar, aus Inhalten konstruiert, die sie den maroden Sphären des Öffentlichen entlehnt; nicht selten wendet sie sich dabei den sprachlichen Verfehlungen der Werbung zu und exponiert stracks ihre Makel. Sie bedient sich panisch der wenigen Sprache, über die wir verfügen, und findet an allem etwas auszusetzen. Meine Güte, was ist bloß ihr Problem? Zurückweisung, wie es scheint. Doch auch, dass sie ja sagt, wenn sie nein meint.

In ihren Arbeiten *Negative Curses* (2021) und *No Network* (2022) inszeniert die Künstlerin die privaten und beruflichen Zurückweisungen, die sie im Laufe eines Jahres erfuhr: in krampfartigen Ausbrüchen, im Tempo gestreckt, wie ein Walzer im Dreivierteltakt, ein verärgerter Striptease von gleichwohl volltönendem Klang. *No Network* ist ein Loop-to-Loop der Widersprüchlichkeiten in Audioform: die Weigerung, sich verfügbar zu machen, obwohl sie auf Ersuchen, die sie geneigt ist abzulehnen, mit einem entschiedenen „yes!" antwortet, ein Leben abseits der Sprache. Wie können Worte, die aus Sprache gemacht sind, jenseits von Sprache bestehen? Lippard löst die Worte von unserem unbewussten Begehren und sucht ihre Zuflucht in Spiralen sich zunehmend auflösender Loops, in Vorenthaltung, Sounds, die sich nicht bezwingen lassen, ihre Arbeit eine des allmählichen Dehnens. Die Ernsthaftigkeit des „Ja"-Sagens wird unterlaufen oder erstickt, das Wort verliert an Bedeutung, und wenngleich sie uns über ihre eigentlichen Wünsche im Unklaren lässt, steht sie doch zweifelsohne hinter dem, wonach es

such is the case with Lippard: it is merely experienced. Performances totally escape analysis, unfit for the limitations of normative predicates; they have a quality, timbre of her own, Viking hiccups, speaking out of her lady folds, aspiring to catch points of contradiction. Unconfused, she writes an infra-language treatise built off content gleaned from the poor health of our public sphere, often the fits and starts of advertising, and exposes its flaws. She'll use what little language we have, pell-mell, and has a problem with everything. Good grief, what ails her? Rejection, apparently. But also saying yes when she means no.

In her works *Negative Curses* (2021) and *No Network* (2022), the artist enacts *petit mal* convulsions over private and professional rejections she experienced over one year, elongated, waltzing ¾ time, like a disgruntled, sonorous strip tease. *No Network* is an audio loop-to-loop of dissent, refusing to be present despite uttering "Yes!" to requests she meant to decline, living outside of language.

How can words, which consist of language, be outside language? Lippard dissociates words and unconscious desire, taking refuge in spirals of disintegrating loops, withholding, sounds that do not subjugate, a gradual labor of extenuation.

The seriousness of saying "Yes!" is withdrawn or drowned; the word loses meaning, and despite the silence of her actual wishes, she is behind what she thirsts for. She just needs liquid courage to say what she means.

Sipping German ale, Lippard produced *Flesh* (2017) at the KW Institute of Contemporary Art in the Berlin badlands, installing a spiral milk-pine staircase smack in the gallery's center. At this stage, there's a philological revolt; Lippard's voice questions us in audible dissolution, from one speaker to the next, drip-feeding ontological questions that make us panic. She's very

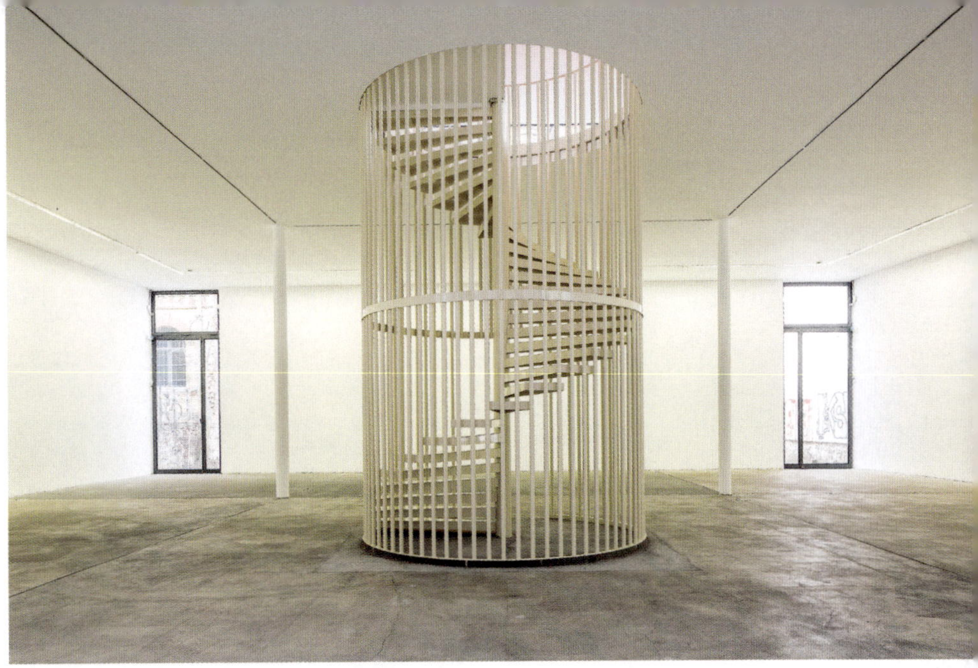

Hanne Lippard, *Flesh*, 2017, Vierkanal-Soundinstallation / four-channel sound installation, beschichtete Stahltreppe, Podest, Teppich, Licht / coated steel staircase, platform, carpet, light, 11:37 Min., Ausstellungsansicht / installation view *Flesh*, KW Institute for Contemporary Art, Berlin, 2017

sie dürstet. Sie bedarf nur etwas flüssiger Courage um zu sagen, was sie meint.

In den Badlands von Berlin, ihren Durst mit deutschem Bier stillend, produzierte Lippard *Flesh* (2017) für das KW Institute of Contemporary Art, wo sie eine Spindeltreppe aus butterfarbenem Kiefernholz geradewegs ins Zentrum des Ausstellungsraums platzierte. An dieser Stelle finden wir uns mit einer philologischen Revolte konfrontiert; Lippards Stimme stellt uns auf die Probe, von einem Lautsprecher zum anderen in hörbarem Verfall, per Tropfinfusion verköstigt sie uns mit Fragen ontologischer Art, die uns prompt in Panik versetzen. Sie ist in höchstem Maße verantwortungslos. „Wie siehst du dich selbst in zehn Jahren?" „Aus welchem Grund gibt es menschliche Wesen?" Wie kann sie es wagen? Die Arbeit führt uns spiralförmig in die Höhe, bevor die unvermeidliche Abwärtsspirale beginnt. Lippard leistet sich Abstecher in die Metaphysik, als sei diese ein zwangloses Nebengeschäft und es gälte, die diskursive Sicherheit zu unterwandern, die im Allgemeinen mit Texten einhergeht, derweil uns die Stimme kaum je eine Garantie zu geben vermag. Wenn es um die für uns ‚heiligsten' fleischlichen Wunden geht, die Kreuzigung gar, entscheidet sie

irresponsible. "How do you see yourself in ten years?" "What is the reason for a human being?" How dare she!

## The work makes us spiral up before we spiral down.

Lippard elopes into metaphysics like it's a casual side hustle against the discursive security into which each text is written, insofar as the voices will never totally assure us.

She's opting for obscurantism concerning the most 'holy' fleshly excoriations, crucifixion even, born out of an apparent distrust of intersubjective means of communicating via language—an inability of its signifying role to move the viewer in the right direction. Understanding our future selves is a common endeavor, but through shared weakness and a ceiling falling in on us—literally and figuratively—the inner disharmony we once laughed off must stand and answer to life's controversy and antagonisms. Lullabies of unearthly 'clang associations' and Lacanian scansion call down to us from the top of the staircase: aspiring pickpockets / the syntax of dick pics / lost earrings, and lost graces. Speaking in tongues, so to speak.

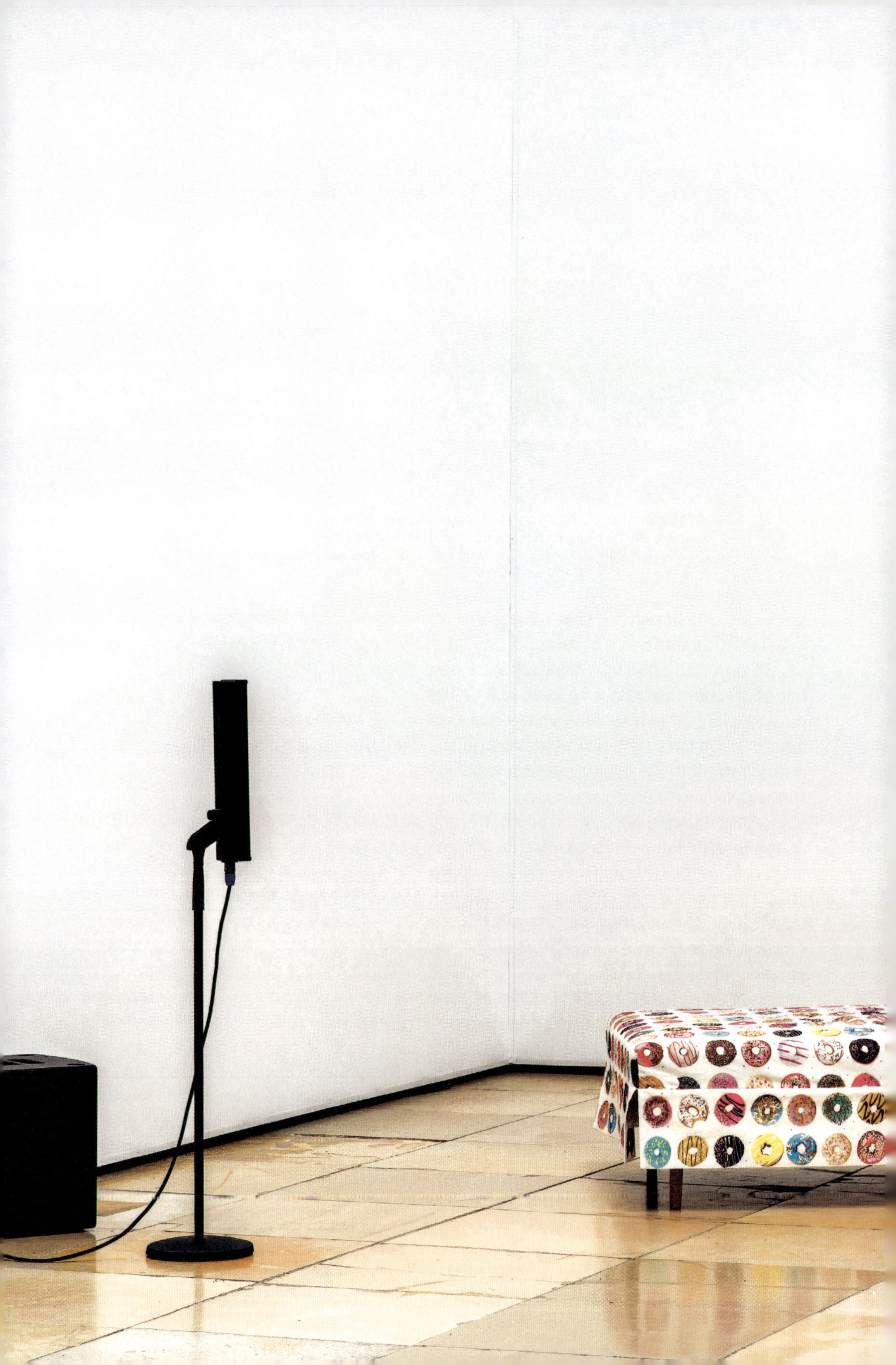

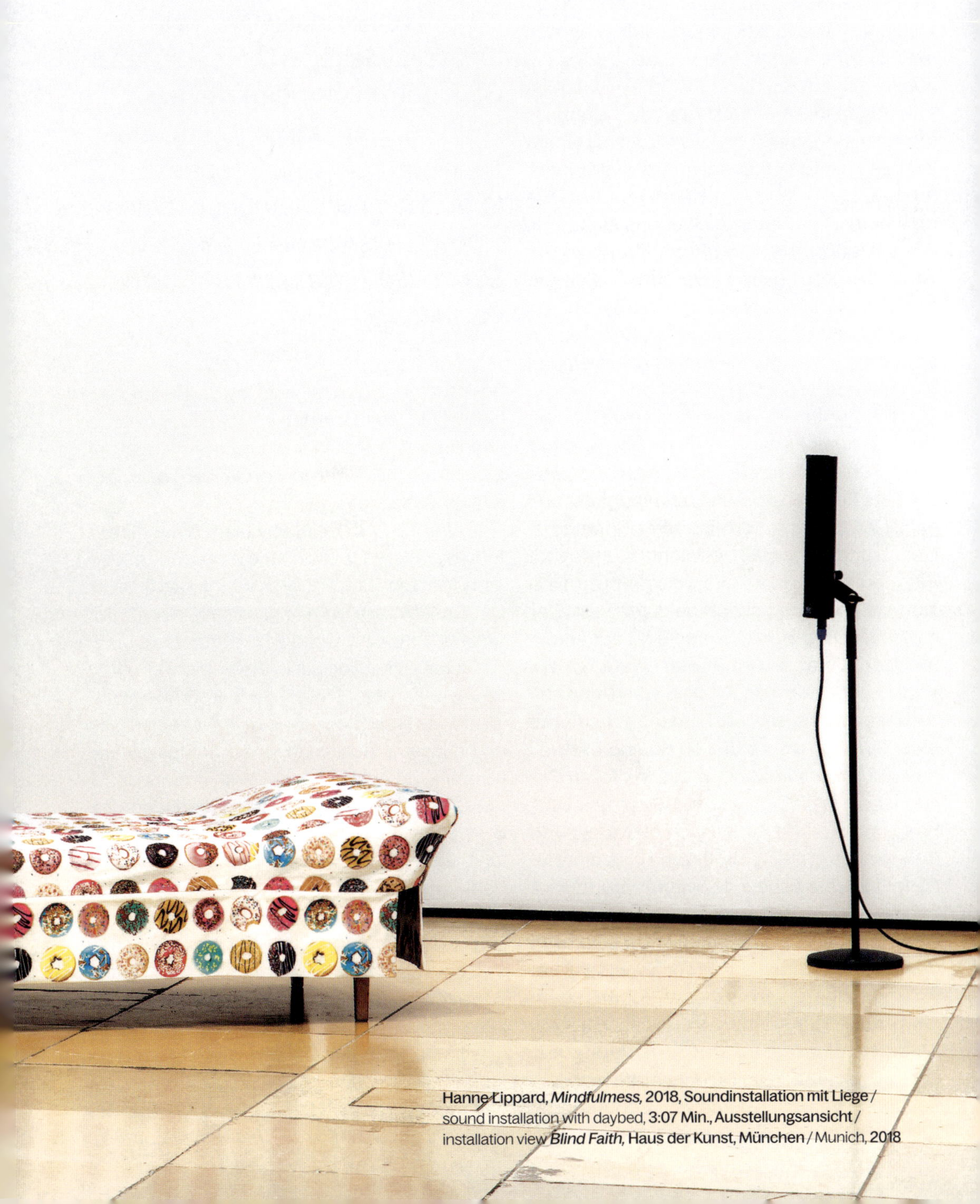

Hanne Lippard, *Mindfulmess,* 2018, Soundinstallation mit Liege /
sound installation with daybed, 3:07 Min., Ausstellungsansicht /
installation view *Blind Faith,* Haus der Kunst, München / Munich, 2018

sich für Obskurantismus, wohl einem augenscheinlichen Misstrauen gegenüber der intersubjektiven Kommunikation mit sprachlichen Mitteln geschuldet – das Unvermögen der Sprache in ihrer Funktion als Signifikant, die Betrachtenden verlässlich in die richtige Richtung zu weisen. Unser zukünftiges Selbst verstehen zu wollen ist ein häufiges Anliegen, doch angesichts einer wohlbekannten menschlichen Schwäche, von der Decke, die auf uns einstürzt – buchstäblich wie auch im übertragenen Sinn – ganz zu schweigen, muss der innere Missklang, den wir früher mit einem Lachen abzutun pflegten, nun zur Verantwortung gezogen werden und für die kontroverse und feindselige Natur des Lebens einstehen. Wiegenlieder, aus schaurigen Klangassoziationen gewebt, neben Lacan'schem Skandieren: hochstrebende Langfinger, die Syntax von Dick Pics, verloren gegangene Ohrringe und der verloren gegangene Anstand. In fremden Zungen reden, sozusagen.

Die Haut der äußeren Extremitäten und verkohlendes Fleisch erheben sich aus tödlicher Schläfrigkeit wie Lady Lazarus anlässlich ihrer Einzelausstellung *Le langage est une peau* (2021) im Frac Lorraine, Metz. Sprache ist, laut Lippard, eine Haut, gewichtlos untragbar, matt, pulsierend, unzuverlässig und unliebsam schuppig. Ein geschmeidiges Fest. Dermatologisch gesehen finden sich auf einem einzigen Quadratzentimeter Haut ganze sechshunderttausend Zellen, was exakt der Zahl entspricht, wie oft Lippard *Fragmente einer Sprache der Liebe* von Roland Barthes gelesen/(miss)verstanden hat. In diesen Dingen ist sie gründlich. Während sie uns Barthes' Lotion (merkt ihr, was ich hier tue?) und Anonymität großflächig in die Haut einreibt, hängt sie eine feine, pflaumenburgunderfarbene Hülle aus Stoff zugleich als Kreis von der Decke, als sei es eine weibliche *Débutante*, die hier vorgeführt werden soll. Einerseits verwendet Lippard zartes, hauchdünnes, ‚feminines' Material, andererseits jedoch weist der Stoffkreis eine demonstrative Öffnung auf: Die Haut ist aufgeplatzt. Oder wurde hier eine Schandtat verübt? Sprachliche Schandtaten entwickeln eine eigene Dynamik in der Online-

Acral skin and burning flesh rise from deathly somnolence like Lady Lazarus for her solo exhibition *Le langage est une peau* (2021) at Frac Lorraine, Metz.

Language is a skin, according to Lippard, weightlessly insupportable, dull, pulsing, and infuriatingly flakey. A moveable feast. On a dermatological level, a single square inch of skin has 19 million cells, which happens to be the exact number of times Lippard mis/read *A Lover's Discourse: Fragments* by Roland Barthes.

She's thorough like that. Rubbing Barthes's lotion (see what I did there) and anonymity all over us, she drapes a fine, plum-burgundy sheath of fabric from the ceiling in a circle, like a parading female débutante.

On one hand, Lippard uses sheer, flimsy 'feminine' material, but on the other, the circular fabric remains powerfully open; the skin is burst. Or, should we say, sin? Language as sin lives with vitality in the online world, where the female body is put through its paces in the fertile shadow of anonymity: objectified, mirrored, ripped, distorted, and made obsolete. Digital anonymity is an orgiastic practice Lippard is acutely aware of, employing video, sound, and installation to de-objectify by being inside the shrouded process, shedding patriarchal skins that are a fatal (and false) identity. Lippard invites the voices of *débutantes* to form the 'inner circle'—by which I mean everyone, but also mainly women—and shape feminist emancipation, getting under the skin of every patriarchal integument on Twitter, Wikipedia, Tinder (formally known as Ex) et al. We're back to what ails her. Swipe left.

Is Lippard in love with being misunderstood? Yes, since she is waiting. What a lovely misunderstanding! An entire oeuvre trembles with volute desire, present since her beige

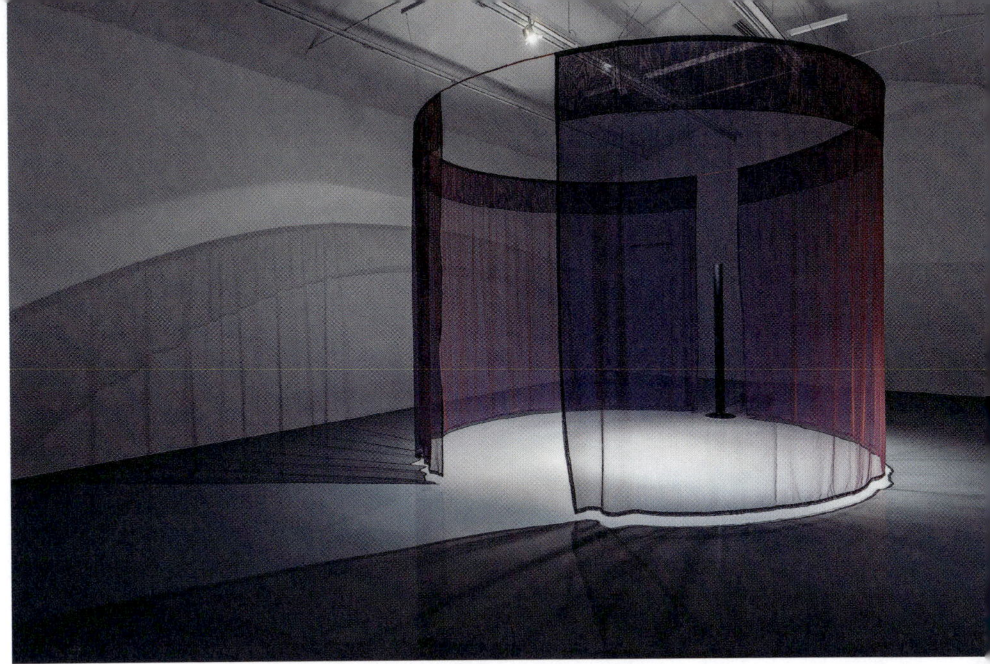

Hanne Lippard, *Passive/Active*, 2021, Einkanal-Soundinstallation mit digitalem Audio / one-channel digital audio sound installation, 8:54 Min., Ausstellungsansicht / installation view *Le langage est une peau*, Frac Lorraine, Metz, 2021

Welt, wo der weibliche Körper unter dem fruchtbaren Deckmantel der Anonymität in die Mangel genommen wird: zum Objekt gemacht, reproduziert, ramponiert, verzerrt dargestellt und für überholt erklärt. Digitale Anonymität ist eine orgiastische Praxis, derer sich Lippard nur allzu bewusst ist, wenn sie Video, Sound und Installationen zum Einsatz bringt. Sie ist entschlossen, der Degradierung zum Objekt entgegenzuwirken, indem sie ins Innere der verborgenen Prozesse eindringt und die patriarchalischen Häute abwirft, die sie als fatale (und falsche) Identitäten identifiziert. Lippard lädt die Stimmen der *Débutantes* ein, sich zu einem ‚inneren Kreis' zu formieren – womit ich im Prinzip alle Menschen, hauptsächlich aber Frauen meine –, um die feministische Emanzipation zu gestalten und zu diesem Zweck einer jeden patriarchalisch gefärbten Haut auf Twitter, Wikipedia, Tinder (in informierten Kreisen auch als Ex bekannt) etc. heftig unter ebendiese zu fahren. Womit wir wieder bei der Frage wären, was ihr Problem ist. Nach links wischen.

Fährt Lippard darauf ab, missverstanden zu werden? Sicherlich, denn offenbar wartet sie drauf. Welch ein köstliches Missverständnis! Ein ganzes Oeuvre erschaudert vor spiralför-

beginnings—by beige, I don't mean slang for dull or run-of-the-mill; I really mean *Beige* (2010), her graduating film work for the Gerrit Rietveld Academy in Amsterdam. One minute of probation into the anemic color, its wishy-washy pallor, and all the ways Lippard judged and labeled customers who ordered extra-large-ish lattes at megachain Starbucks(ish). But as Lippard says, anything with an 'ish' ending lacks integrity. In this case, she'd be right. Hanne Lippard turns words in her mouth, sucking out the marrow, every single word with its 19 million iterations. Semiotic sensibilities, epidermic epidemics, and beige 'meh' ales acknowledging that all socio-ideological analyses agree on the deceptive nature of language, which deprives them of a certain pertinence. And it's at this very interstice that Lippard smacks her lips.

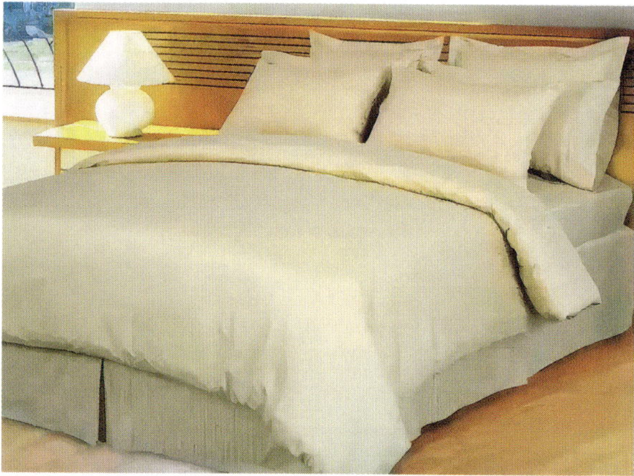

Hanne Lippard, *Beige,* 2010, Video, Farbe, Ton / color, sound, 6:05 Min.,
Videostandbild / video still

miger Lust, erkennbar seit ihren beigen Anfän-
gen – wobei beige nicht als Slang für dumpf
oder langweilig gemeint ist; es bezieht sich
tatsächlich auf Lippards Film *Beige* (2010), ihre
Abschlussarbeit an der Gerrit Rietveld Academy in Amsterdam. Der anämischen Farbe
in einem einminütigen Testdurchlauf ausge-
setzt, ihrer verwaschenen Blässe und all den
Weisen, wie Lippard Personen, die bei einer
Starbucks'schen Megakette einen extragro-
ßen Latte bestellen, bewertet und etikettiert.
Doch wie Lippard sagt, mangelt es allem, was
mit dem Anhang ‚schen‘ versehen ist, an Inte-
grität. In diesem Fall hat sie wohl recht. Hanne
Lippard wälzt Worte in ihrem Mund herum.
Sie saugt ihnen das Mark aus, jedem einzel-
nen Wort in seinen sechshunderttausend
Wiederholungen. Semiotische Sensibilitäten,
Epidemien der Epidermis, und beiges ‚gähn‘
Bier als Bestätigung, dass alle sozio-ideologi-
schen Analysen bezüglich der trügerischen
Natur der Sprache übereinstimmen, wodurch
sie indessen augenblicklich ihre Relevanz verlieren. Und an eben der Stelle, als sich dieser
Bruch offenbart, schmatzt Lippard genüsslich
mit den Lippen.

# NO NETWORK

**KNOWN NETWORKS WILL BE JOINED AUTOMATICALLY. IF NO KNOWN NETWORKS ARE AVAILABLE, NO KNOWN NETWORKS WILL BE JOINED BUT YOU WILL BE NOTIFIED OF AVAILABLE NETWORKS KNOWN TO THE SYSTEM. THE SYSTEM WILL CONNECT YOU TO THESE NETWORKS AUTOMATICALLY. YOU WILL BE JOINED AUTOMATICALLY INDEPENDENTLY OF YOUR EXISTING CONNECTION. IF NO KNOWN SYSTEMS RECOGNISE ANY AVAILABLE NETWORKS, YOU WILL NOT BE CONNECTED. YOU WILL THEN BE DISCONNECTED FROM ANY KNOWN NETWORKS UNTIL A KNOWN NETWORK IS FOUND. UNDER SUCH DIM CIRCUMSTANCES ONE CAN ONLY HOPE TO BE DISCOVERED IN THE DARKNESS. BUT ONLY IF THE LIGHT IS AUTOMATICALLY LIT. AS OF NOW, THERE IS NO SWITCH.**

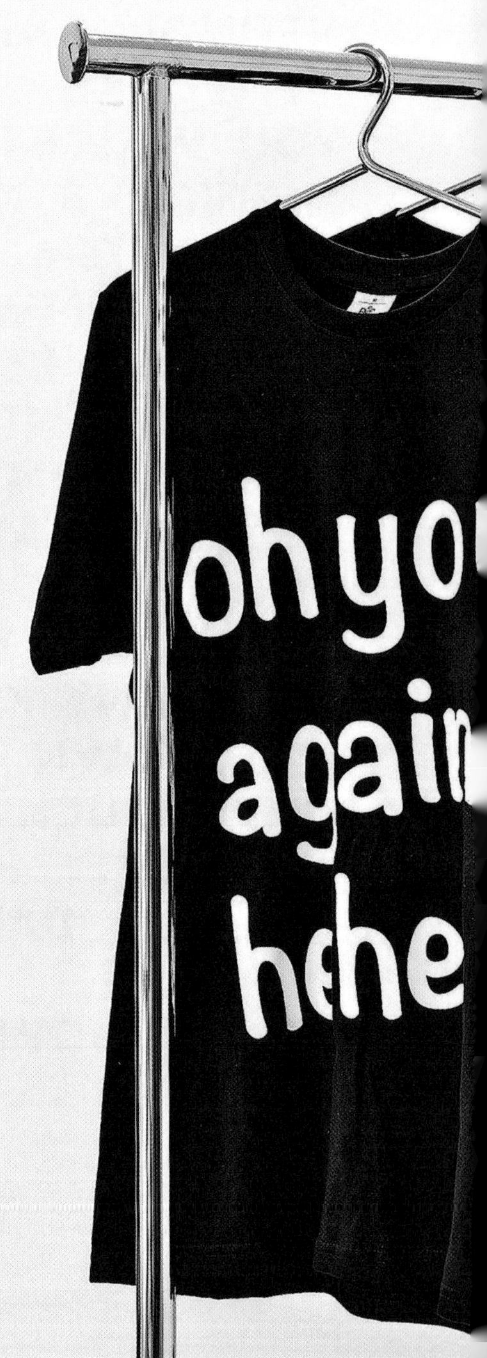


Ausstellungsansicht / installation view
*Hanne Lippard. Le langage est une peau,*
Frac Lorraine, Metz, 2021

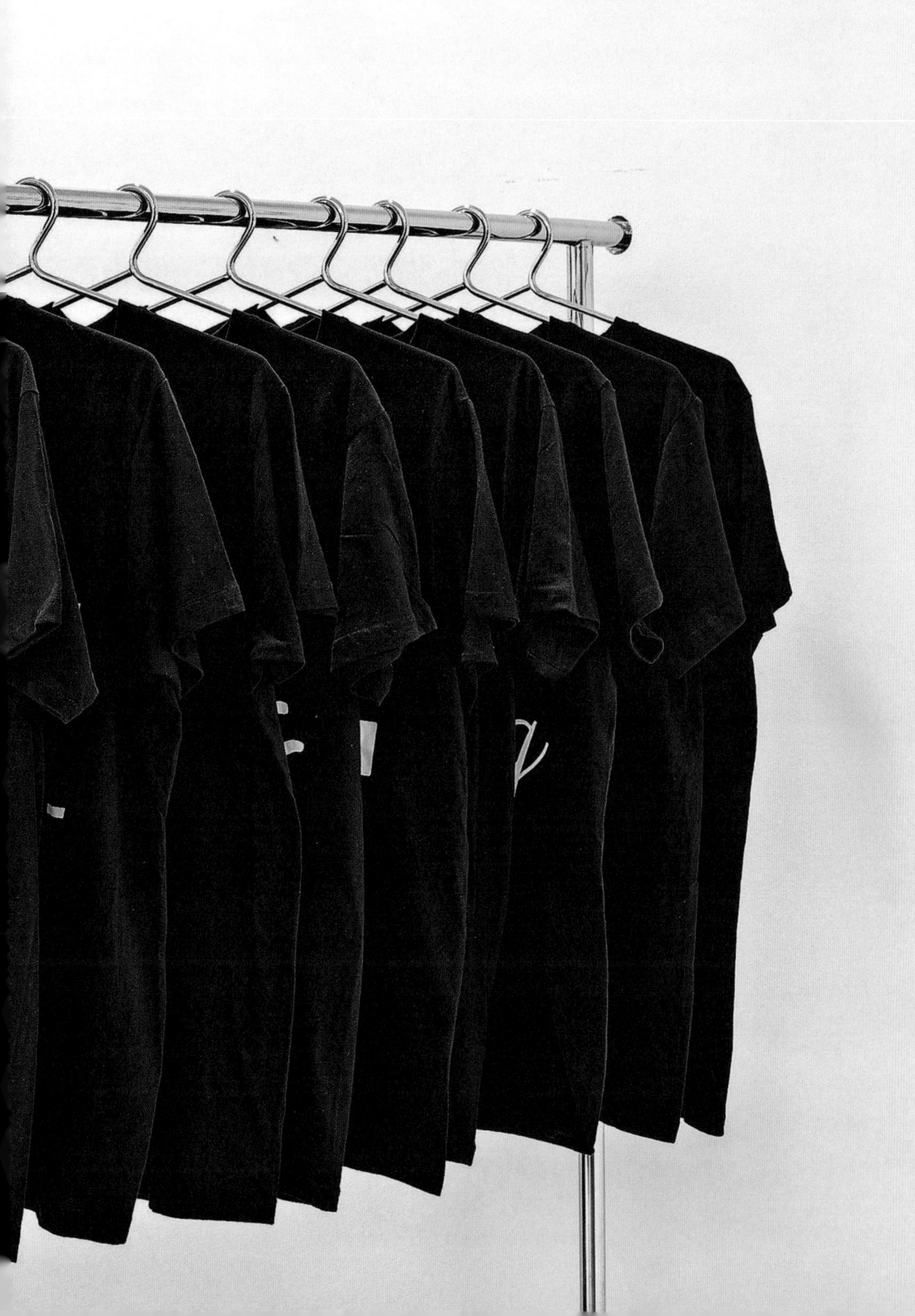

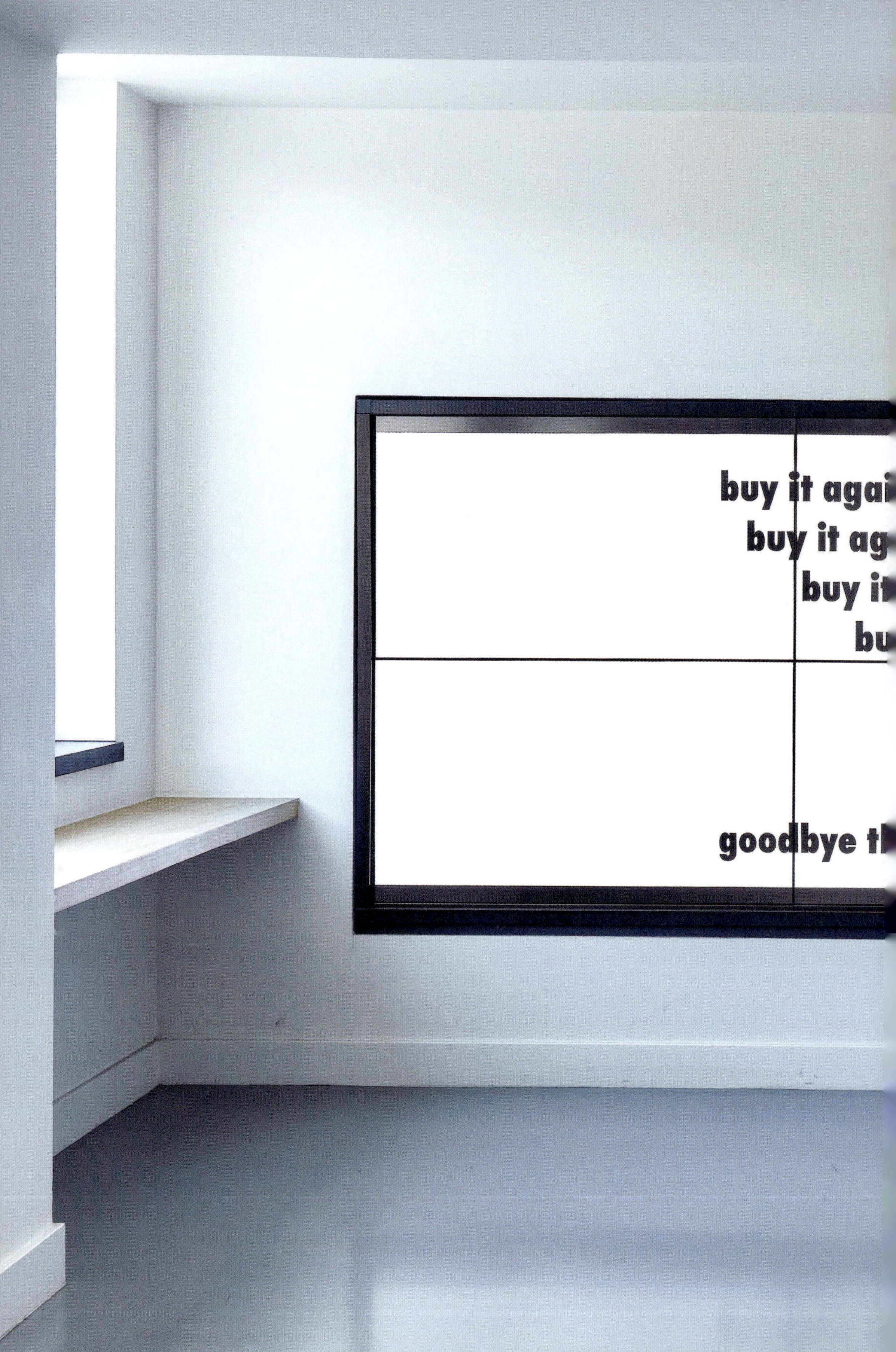

buy it agai
buy it ag
buy it
bu
goodbye t

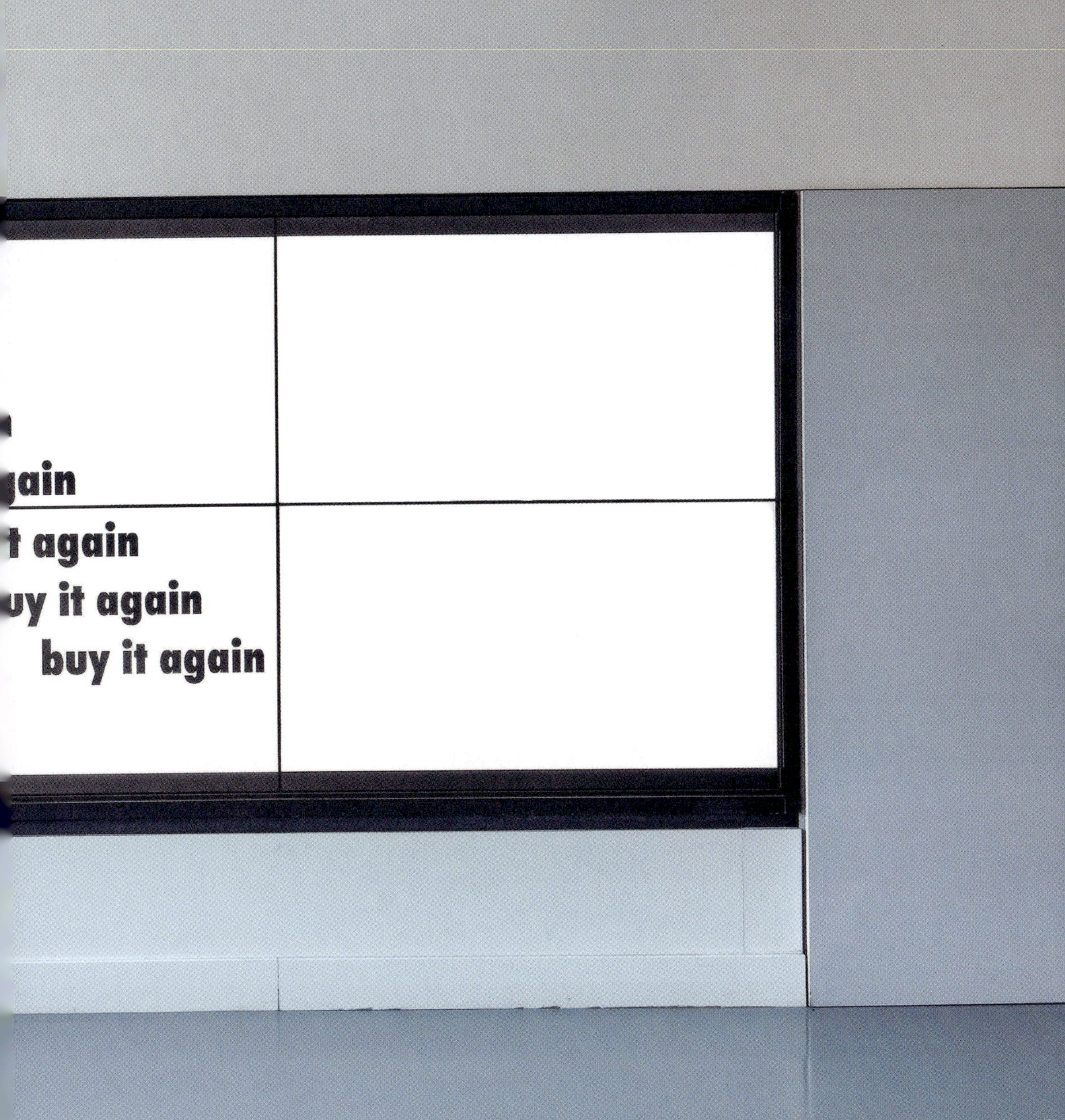

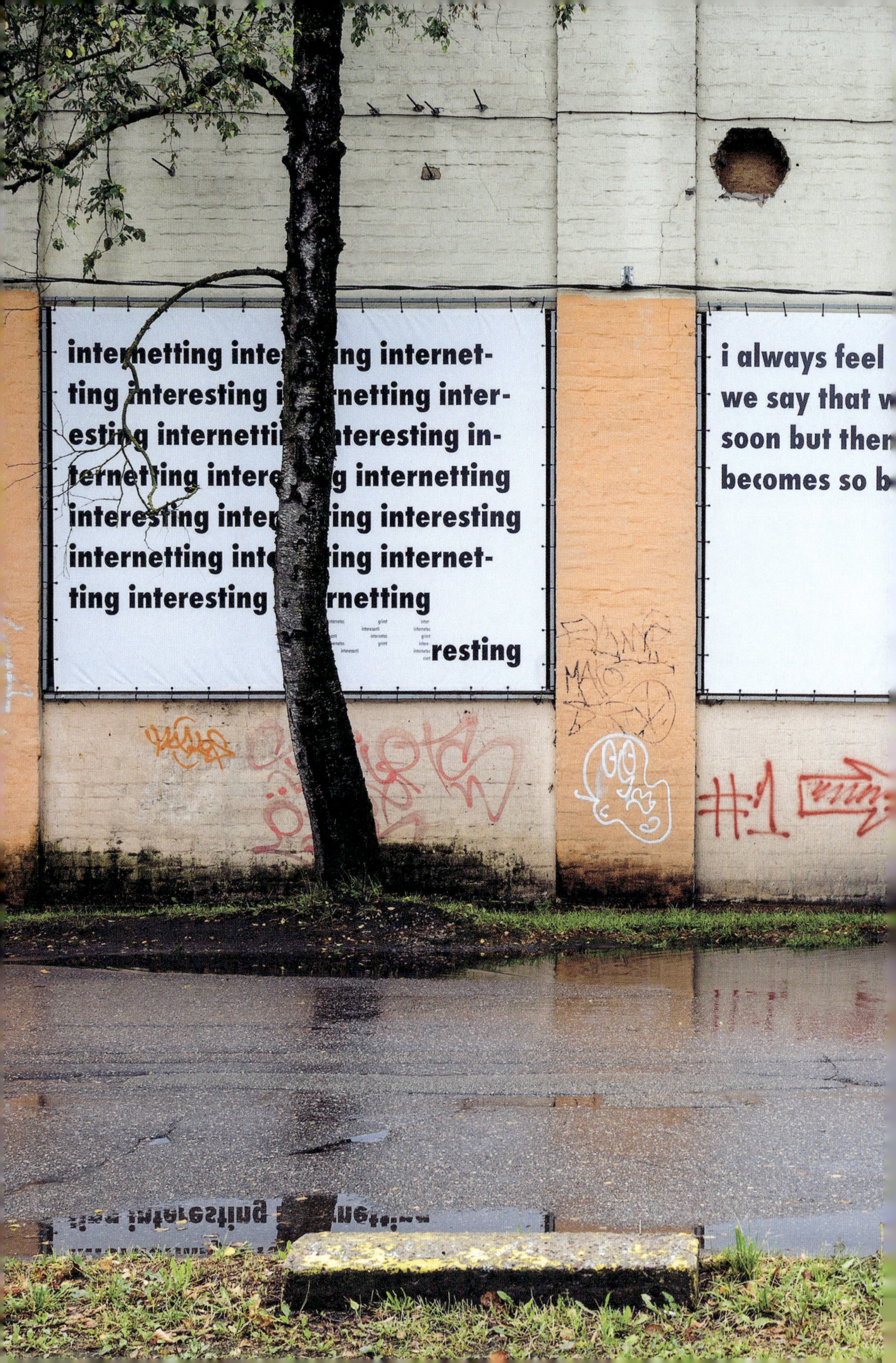

internetting interesting internetting internet-
ting interesting internetting interesting internetting interesting in-
ternetting interesting internetting
interesting interesting interesting
internetting interesting internetting interesting internetting
resting
i always feel
we say that w
soon but ther
becomes so b

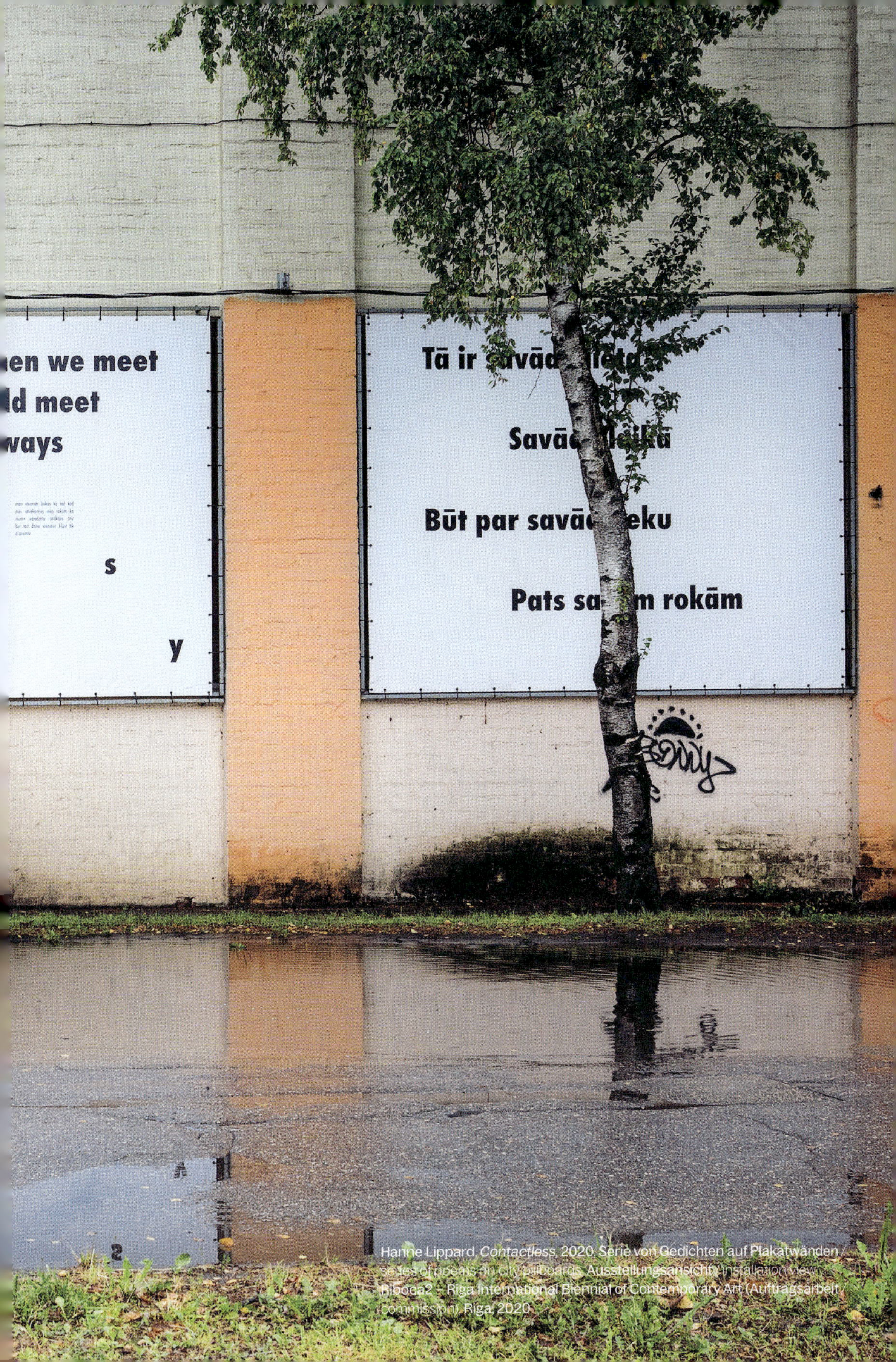


Hanne Lippard, *Contactless*, 2020. Serie von Gedichten auf Plakatwänden /
series of poems on city billboards. Ausstellungsansicht / Installation view
Riboca2 – Riga International Biennial of Contemporary Art (Auftragsarbeit /
commission), Riga 2020

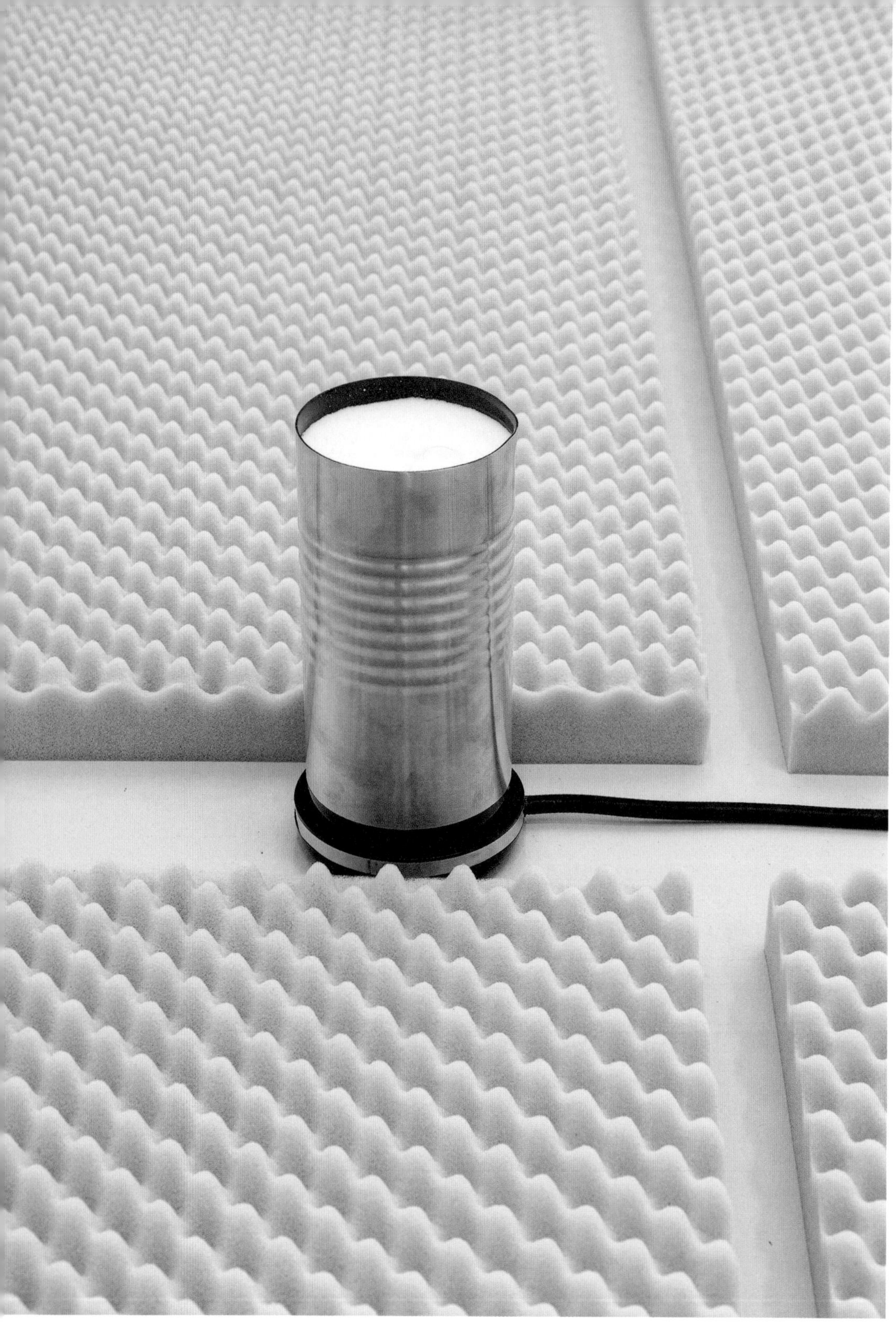

Ausstellungsansicht / installation view
*Hanne Lippard. FOAM,*
LambdaLambdaLambda, Pristina, 2016

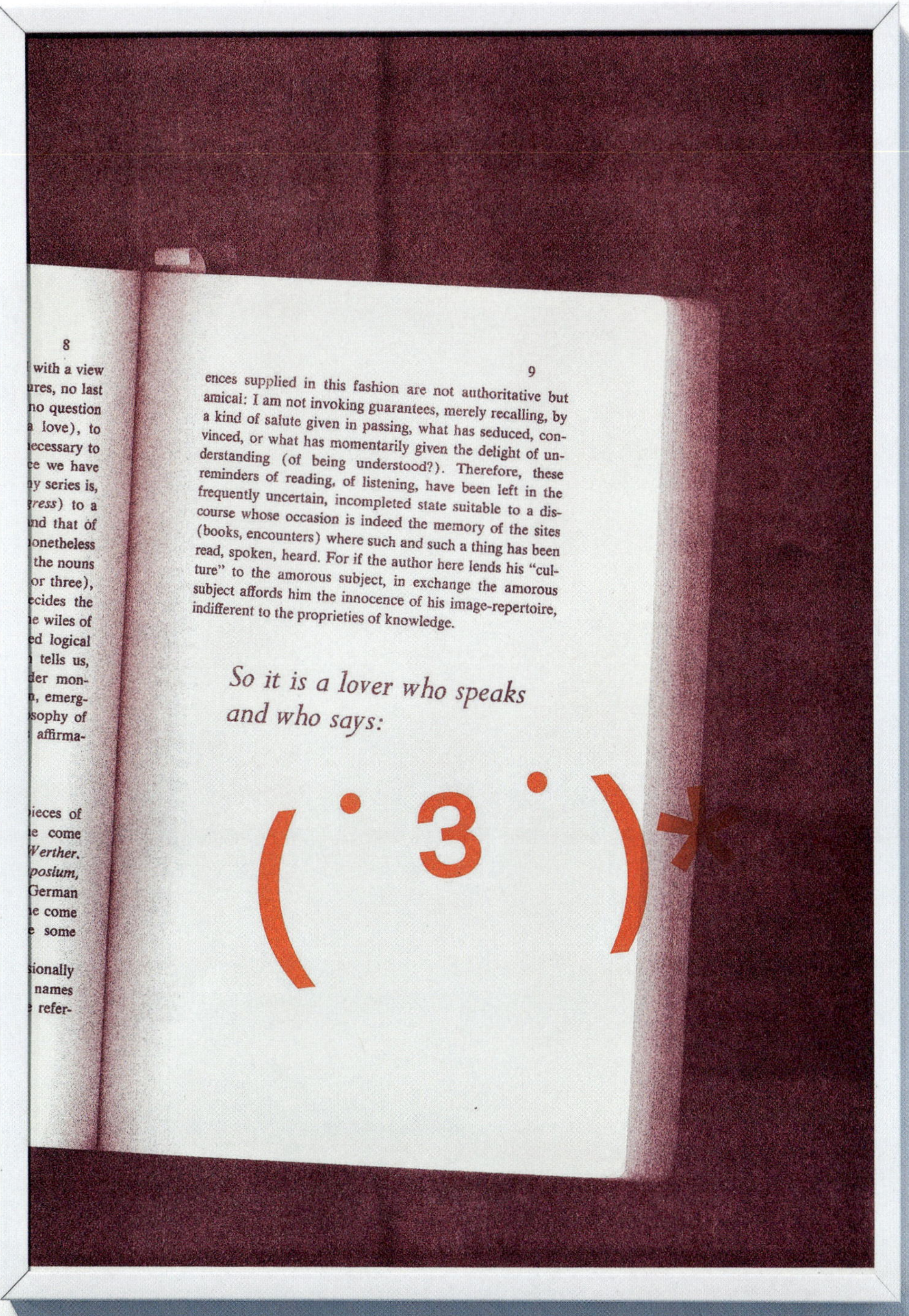



Hanne Lippard, *I Love you is not a sentence,* 2021, acht zweifarbige Risographdrucke / eight two-tone risograph prints

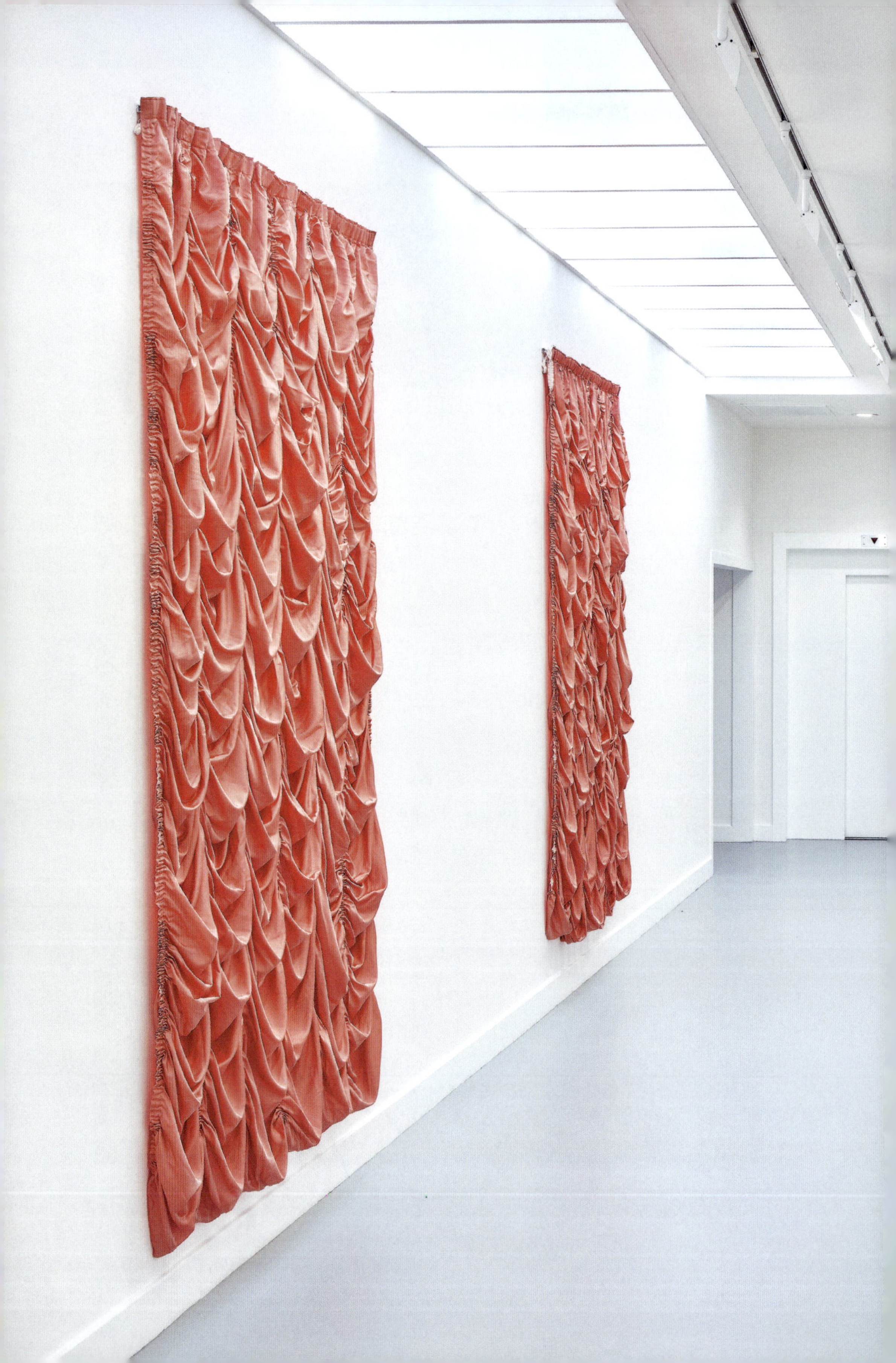

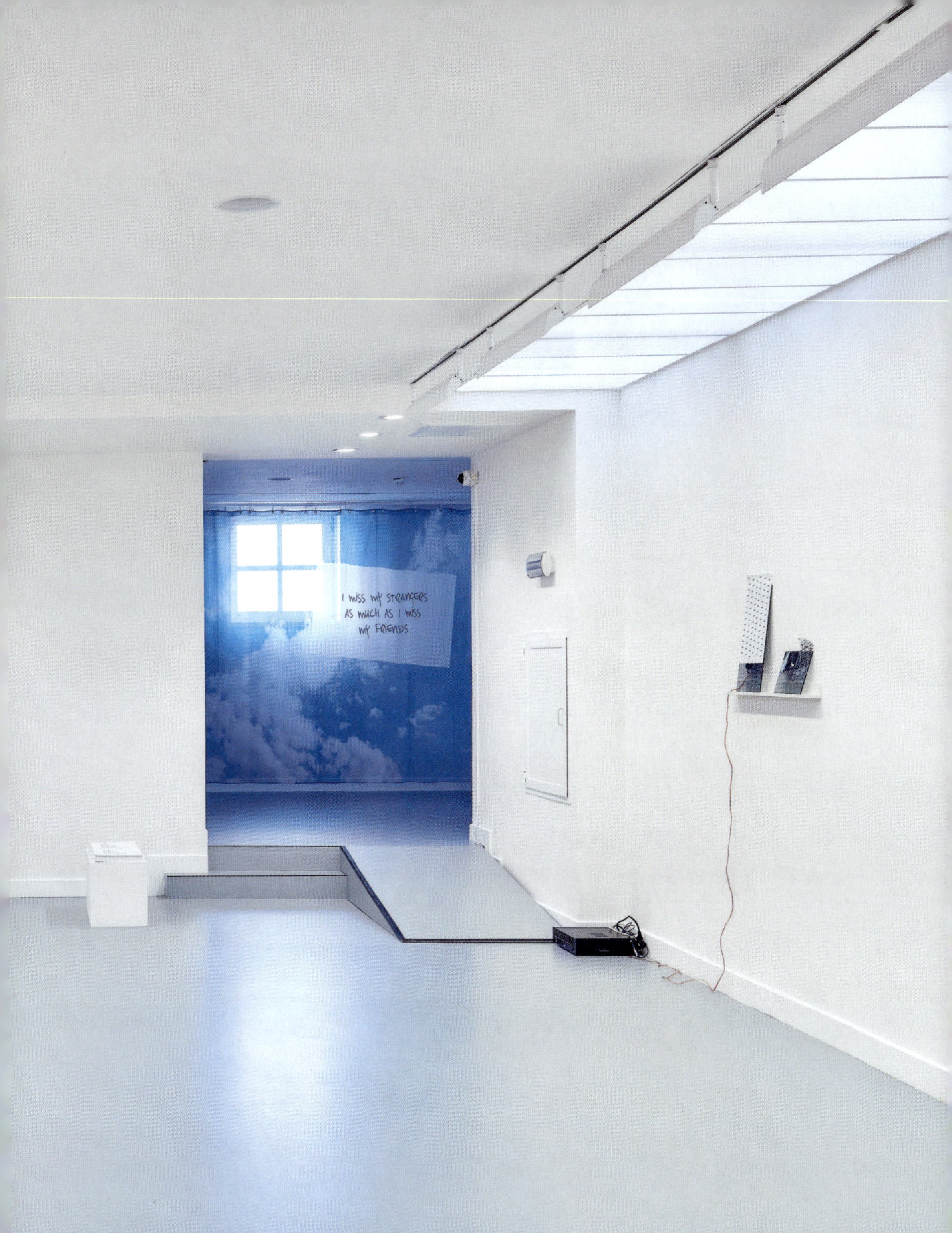


Ausstellungsansicht / installation view *SUPERHOST 2021*,
M HKA – Museum of Contemporary Art Antwerp,
Antwerpen / Antwerp, 2021

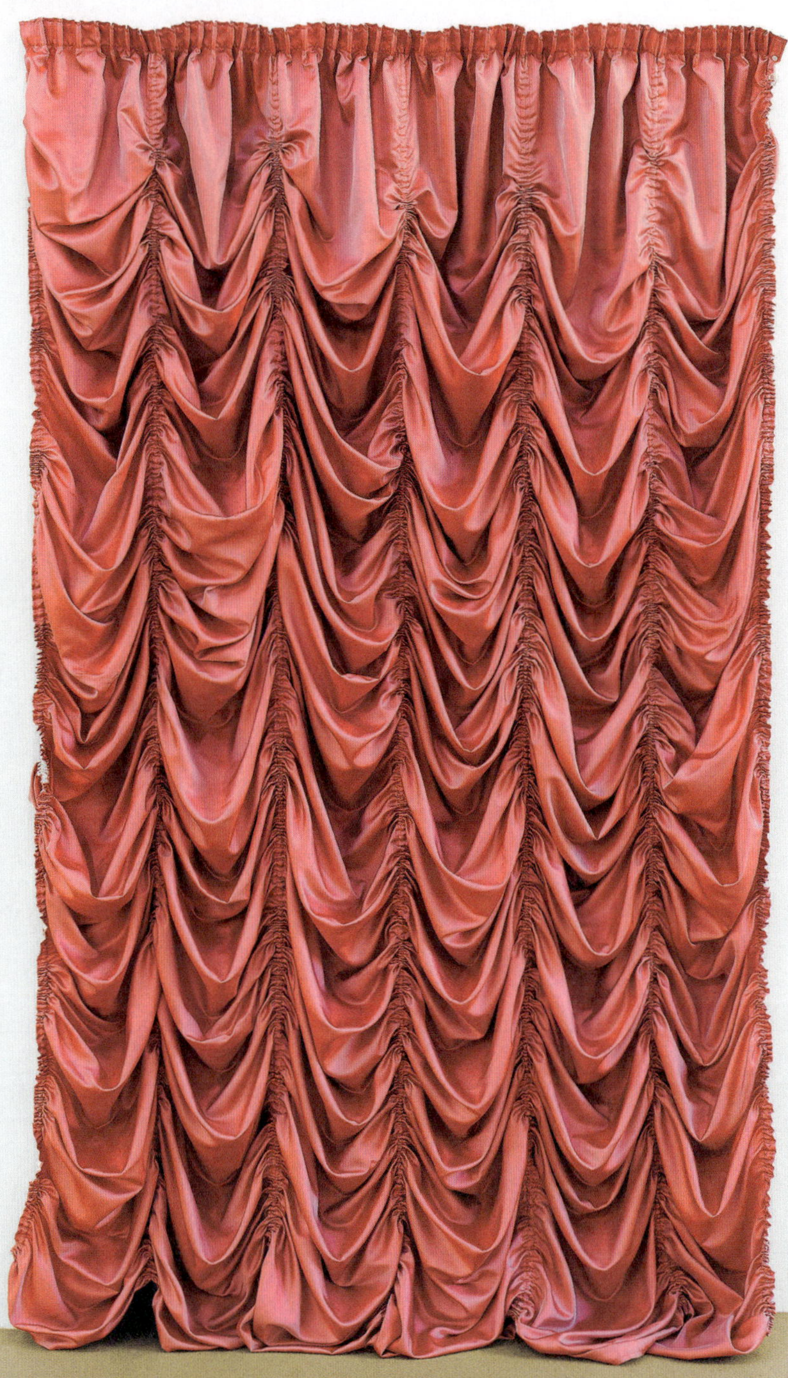

Hanne Lippard, *Cunt*, 2018, geraffter Seidenvorhang / draped silk-curtain,
Ausstellungsansicht / installation view *Ulyd*, Friart Fribourg, Freiburg / Fribourg, 2018

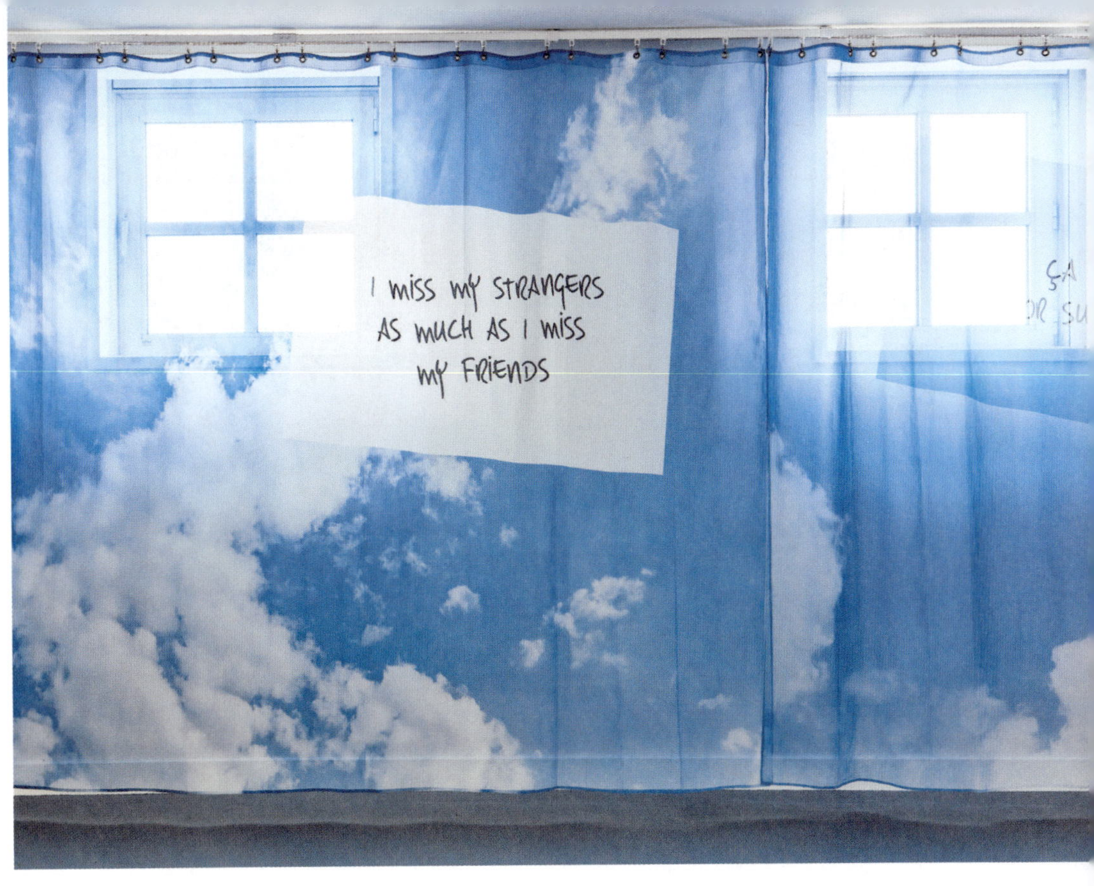


Hanne Lippard, *Curtain 1, My answers, below in blue*, 2021, Installation, Vorhang, CS Druck, Schiene / curtain, CS print, rail, Ausstellungsansicht / installation view *SUPERHOST 2021*, M HKA – Museum of Contemporary Art Antwerp, Antwerpen / Antwerp, 2021

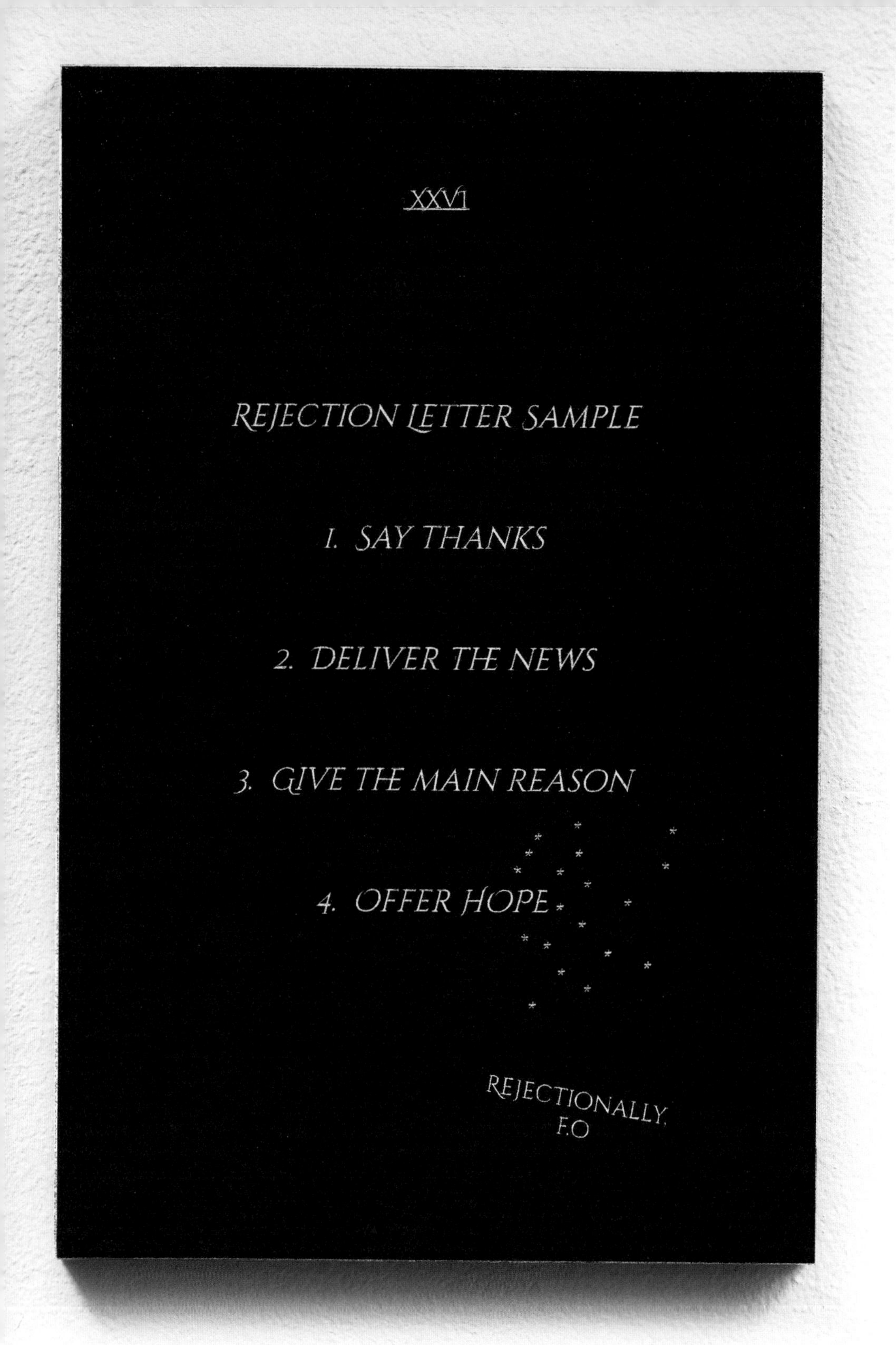

**Hanne Lippard**, *Curse XXVI*, 2018, Lasergravur
**auf Plexiglas** / laser-engraving on plexiglass

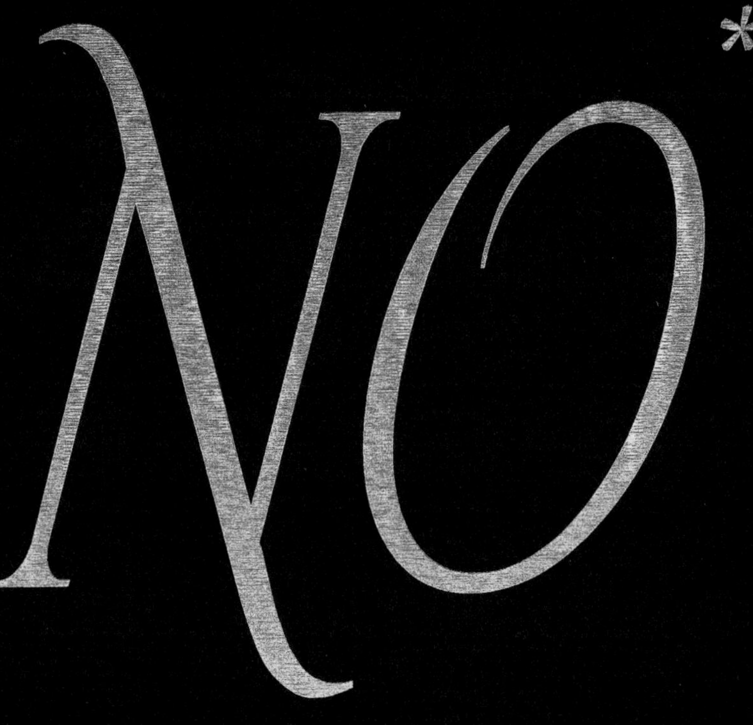


Hanne Lippard, *Curse XXXIV,* 2018, Lasergravur auf Plexiglas / laser-engraving on plexiglass

# Hanne Lippard

Geboren / Born 1984 in Milton Keynes, GB
Lebt und arbeitet / Lives and works in Berlin, DE

## Ausbildung /
## Education

2010
BDes (Bachelor of Graphic Design),
Gerrit Rietveld Academie, Amsterdam, NL

## Ausgewählte Einzelausstellungen /
## Selected Solo Exhibitions

2023
*Phantom Power.* Kunstraum Konrad,
Puchberg, AT

2022
*Ruin.* Una Boccata d'Arte, Grottole, IT
*The Myths and Realities of Achieving
Financial Independence.* CCA, Berlin, DE

2021
*SUPERHOST 2021.* M HKA – Museum of
Contemporary Art Antwerp, Antwerpen /
Antwerp, BE

*Fade-out.* Furiosa, Monaco, MO
*Le langage est une peau.* Frac Lorraine,
Metz, FR; Katalog / catalog

2019
*Inefficiencies.* Goethe Pop Up Institute,
Minneapolis, MN, US

2018
*Ulyd.* Friart Fribourg, Freiburg / Fribourg, CH
(weitere Station / traveled to:
Stavanger Kunsthall, Stavanger, NO)

2017
**ahem*.* FUTURA, Prag / Prague, CZ
*Pocket at The Printed Room.* SALTS,
Birsfelden, CH
*Flesh.* KW Institute for Contemporary Art,
Berlin, DE

2016
*Autofoffice.* Kurator*in, Zürich / Zurich, CH
*FOAM.* LambdaLambdaLambda, Pristina, XK

2015
*The Myths & Realities of Achieving Financial
Independence.* Agnes Maybach,
Köln / Cologne, DE

2014
*Support.* Kinderhook & Caracas, Berlin, DE

# Ausgewählte Gruppen- ausstellungen/ Selected Group Exhibitions

**2024**
*Preis der Nationalgalerie 2024: Pan Daijing, Dan Lie, Hanne Lippard, James Richards.* Hamburger Bahnhof – Nationalgalerie der Gegenwart, Berlin, DE; Katalog / catalog
*No Other Cure None Other Than Words in Talking.* Kunsthalle Baden-Baden, Baden-Baden, DE
*A Model.* Mudam Luxembourg, Luxemburg / Luxembourg, LU

**2023**
*The Weight of the Concrete.* Grazer Kunstverein, Graz, AT (weitere Station / traveled to: Museion, Bozen / Bolzano, IT); Katalog / catalog
*Auditions for an unwritten opera.* Kunsthalle Baden-Baden, Baden-Baden, DE; Katalog / catalog
*Common Ground.* Biennale Weiertal, Winterthur, CH; Katalog / catalog
*Things That Were Are Things Again.* Galerie für Zeitgenössische Kunst, Leipzig, DE
*Artefact 2023: The Ecstatic Being, Between Knowing and Understanding.* Stuk, Leuven, BE
*Of their time (7) – A look at French private collections.* Frac Grand Large, Dunkirk, FR

**2022**
*La Fabrique du Nous #1 – Des Voix Traversées.* Institut d'art contemporain Villeurbanne / Rhône-Alpes, Lyon, FR
*The Real Show.* CAC Brétigny, Brétigny-sur-Orge, FR

**2021**
*Ernesto de Sousa, Exercises of poetic communication with aesthetic operators.* Galerias Municipais de Lisboa, Lissabon / Lisbon, PT; Katalog / catalog
*Facing the Crowd.* West Den Haag, Den Haag / The Hague, NL

*It's Just a Phase.* Kjøpmannsgata Ung Kunst, Trondheim, NO
*Wild Frictions.* Contemporary Arts Center Cincinnati, Cincinnati, OH, US

**2020**
Riboca2 – Riga International Biennial of Contemporary Art, Riga, LV
*La pleine lune dort la nuit.* Musée d'art contemporain de la Haute-Vienne, Rochechouart, FR
*Stemmer og signalfeil på Olaf Ryes Plass.* Atelier Nord, Oslo, NO; Katalog / catalog

**2019**
*This is my body, My body is your body, My body is the body of the word.* Le Delta, Namur, FR
*Disruptions, Interruptions, Misruptions, Soundruptions.* Goethe Pop Up Institute, Minneapolis, MN, US
*Take (a)back the economy.* Centre d'art contemporain Chanot, Clamart, FR
*There Is Fiction in the Space Between.* Neuer Berliner Kunstverein, Berlin, DE; Katalog / catalog

**2018**
*Nam June Paik Award 2018.* Westfälischer Kunstverein, Münster, DE
*Pissing in a River. Again!* Kunstraum Kreuzberg / Bethanien, Berlin, DE
*Antarctica. An Exhibition about Alienation.* Kunsthalle Wien, Wien / Vienna, AT
*Blind Faith.* Haus der Kunst, München / Munich, DE; Katalog / catalog
*Voici des fleurs.* La Loge, Brüssel / Brussels, BE

**2017**
*SLUTTEN.* Kristiansand Kunsthall, Kristiansand, NO
*Die Kunst ist öffentlich.* Hamburger Kunsthalle, Hamburg, DE
*Klassensprache.* District, Berlin, DE
*Norsk Skulpturbiennale.* Oslo, NO

2016
*Fluidity.* Kunstverein Hamburg, Hamburg, DE
*ars viva 2016.* Städtische Galerie Karlsruhe,
Karlsruhe, DE (weitere Stationen / traveled to:
Galerie für Zeitgenössische Kunst, Leipzig, DE;
Index – The Swedish Contemporary Art
Foundation, Stockholm, SE); Katalog / catalog
*The Economy Is Spinning.* Onomatopee,
Eindhoven, NL; Katalog / catalog

2015
*The 6th Moscow Biennale of Contemporary
Art.* Moskau / Moscow, RU; Katalog / catalog
*Individual Stories.* Kunsthalle Wien, Wien /
Vienna, AT
*Eugen Gomringer &.* Bielefelder Kunstverein,
Bielefeld, DE
*On View.* Kunsthalle Leipzig, Leipzig, DE
*The Future of Memory.* Kunsthalle Wien,
Wien / Vienna, AT; Katalog / catalog

# Ausgewählte Performances /
Selected Performances

2023
*September Sessions – A Contemporary Art
Festival.* Stockholm, SE
*Sussurra Luce.* Spazio Murat, Bari, IT

2022
*Look for Words.* Wystawy / Muzeum Narodowe
w Warszawie, Warschau / Warsaw, PL
*Schlechte Wörter.* HKW, Berlin, DE

2021
*Little Lamp, 2011–2019.* Berlinische Galerie,
Berlin, DE

2020
Performative Lesung / reading. Hamburger
Bahnhof – Nationalgalerie der Gegenwart,
Berlin, DE
*Akk, Sukk, Takk, Tikk.* Atelier Nord, Oslo, NO

2019
*What Works Works.* Parades for FIAC,
Palais de la Découverte, Paris, FR
*Personally, Everybody, Anyone.* Palazzo
Giustinian, Venedig / Venice, IT und / and
Saint-Merry, Paris, FR

2018
*The First Morning Fest of Unreasonable Acts.*
Palazzo Bentivoglio, Bologna, IT
BLOCK Universe, London, GB

2017
*Alpina Huus.* BAC Bâtiment d'art contemporain,
Genf / Geneva, CH
*The Bridegroom Suites.* Playground Festival,
Leuven, BE
*Episode I-III.* LUcation, Ludwigshafen, DE
*PEACE.* Schirn Kunsthalle, Frankfurt a. M., DE
*Spoken word.* La Criée centre d'art
contemporain, Rennes, FR
*Bodies Saying Words.* Grand Union,
Birmingham, GB

2015
*Das Poesiefestival Berlin.* Literaturwerkstatt,
Berlin, DE
Bergen Kunsthall, Bergen, NO
Creamcake, HAU, Berlin, DE
Lesung / Reading. Book Garden, nGbK,
Berlin, DE
*Transmediale.* Berlin, DE

2014
*The-ssecret-to-ssuccess-iss-in-the-ss.* 1646,
Den Haag / The Hague, NL
*Reading for Fans.* KW Institute for
Contemporary Art, Berlin, DE
*Deja-You.* UKS, Oslo, NO
Lesung / Reading. 3durch3, Stuttgart, DE

2013
*Extended Play with Heatsick.* Berliner
Festspiele, Berlin, DE
*What Language Do You Speak.* Badischer
Kunstverein, Karlsruhe, DE
*Stream of Consciousness II.* W139,
Amsterdam, NL

*Art Writing Seminar.* Whitechapel Gallery,
London, GB

2012
*Again, A Time Machine.* The Showroom,
London, GB
*It Tastes of Rasberry/It Tastes of Metal.*
Hotel Parevent, Berlin, DE
*Sentencessayes.* Poesia en Voz, Mexiko Stadt /
Mexico City, MX

# Ausgewählte Bücher und Magazine / Selected Books and Journals

Luisa Kleemann, „Hanne Lippard. The
Unpredictability of Resonance" in:
*PW-Magazine,* 20. September 2023 /
September 20, 2023, https://pw-magazine.com/
2023/hanne-lippard-the-unpredictability-of-
resonance, zuletzt abgerufen am 6. Mai 2024 /
last accessed on May 6, 2024.

Lilou Vidal, „Hanne Lippard: 'The mouth is
always my favourite medium'" in: *Conceptual
Fine Arts,* 17. Juli 2023 / July 17, 2023,
https://www.conceptualfinearts.com/cfa/
2023/07/17/hanne-lippard-artist/,
zuletzt abgerufen am 6. Mai 2024 /
last accessed on May 6, 2024.

Sandra Teitge (Hg. / ed.), *Goethe in the
Skyways. Goethe Op Up,* Leipzig:
Spector Books, 2020.

Birgit Rieger & Claudia Wahjudi,
„Hanne Lippard" in: dies., *Berlin Interviews:
16 Künstlerinnen und Künstler über eine
widersprüchliche Stadt,* Berlin: Argobooks,
2019, S. / pp. 263–280.

Nadia Pilchowski, „I Am Large, I Contain
Multitudes with Donna Huanca, Ed Fornieles,
FORT, Grace Weaver, Hanne Lippard,
Lauryn Youden, Liping Ting, Marco Bruzzone"
in: Soljey Helweg Ovesen & Bonaventure

Soh Bejeng Ndikung (Hg. / eds.), *POW UP.
Galerie Wedding Space for Contemporary Art
Berlin,* Bielefeld: Kerber, 2019, S. / pp. 242–251.

Kasper Andreasen, *Turning the Page,* Berlin:
Motto Books, 2017.

Pascal Kress, *The Book of ABCs. A Collection
of Alphabets,* Bielefeld: Kerber, 2015.

Lisette Smits, *Hanne Lippard: Sentencessayes,*
Berlin: Goldrausch Künstlerinnenprojekt,
2012.

# Auszeichnungen und Stipendien / Awards, Fellowships and Grants

2024
Artist-in-Residence, Villa Massimo, Deutsche
Akademie, Rom / Rome, IT
Artist-in-Residence, Callies, Berlin, DE
Preis der Nationalgalerie, Nationalgalerie,
Staatliche Museen zu Berlin, Berlin, DE

2021
International Support, Office for Contemporary
Art Norway, Oslo, NO

2020
Artist-in-Residence, Cite internationale des
arts, Paris, FR

2019
Artist-in-Residence, Goethe in the Skyways,
Minneapolis, MN, US

2017
Artist-in-Residence Goethe Institut,
Prag / Prague, CZ

2016
ars viva, Kulturkreis der deutschen Wirtschaft,
Berlin, DE

2012
Goldrausch Künstlerinnenprojekt art IT, Berlin,
DE

# James Richards

# Felix Culpa

**Kristian Vistrup Madsen**

„Das Kino ist die natürliche Heimat derjenigen, die der Sprache misstrauen; es ist eine natürliche Waagschale, wie schwer der Argwohn wiegt, den die zeitgenössische Empfindsamkeit in Bezug auf das Wort hegt."[1]

James Richards' Werk ist eine Kunst, die sich jeder Interpretation verweigert. Allerdings könnte es gerade die Art Kunst sein, die Susan Sontag in *Against Interpretation* [Gegen Interpretation] meinte, als sie statt einer Hermeneutik eine Erotik der Kunst forderte. Laut Sontag ist die Erotik nicht einfach eine Angelegenheit des Fleisches – zu begehren oder fleischlich begehrt zu werden. Die Lust, wie Sontag wohl wusste, zeigt sich in janusköpfiger Gestalt. In Georges Batailles *Geschichte des Auges* ist die Erotik ein Kopf, der vom Rumpf einer hübschen, jungen Radfahrerin abgetrennt die Straße hinuntergerollt wird. In J.G. Ballards *Crash* wiederum ist sie der Geruch von Blut und Benzin und heißem, verbogenem Metall auf den endlosen Strecken eines kompliziert verschachtelten Autobahnnetzes. Die Erotik ist eine Forschungsstätte, ein Schlachthof, das verklebte Wimperngewirr um ein entzündetes Auge, eine Wüstenlandschaft; sie ist all das und noch viel mehr. In James Richards' und Steve Reinkes *When We Were Monsters* (2020) ist sie eine Abfolge flackernder Bilder, die uns mit verletzten, deformierten Gliedmaßen konfrontieren, zersplittert und verfärbt; sie ist ein mit allerlei muffigem Krempel vollgestopftes Kellerloch.

„If something happens, let it" [Wenn etwas passiert, lass es zu], sagt eine Stimme in dem besagten Film. Und später: „As you smile sweetly, a torrent of unprocessed images flows out of your ass" [Während du dein süßes Lächeln zeigst, entlädt sich ein Schwall unverdauter Bilder aus deinem Arsch]. In seinem

"Cinema is the natural home of those who don't trust language, a natural index of the weight of suspicion lodged in the contemporary sensibility against 'the word'"[1]

James Richards's is an art that defies interpretation. It might just be the kind Susan Sontag meant when she called for erotics to take the place of hermeneutics in *Against Interpretation*. But eroticism, as Sontag knew, is no simple matter of flesh or be fleshed—pleasure, she knew, is Janus-faced. Eroticism is a head torn from a pretty, young cyclist's body, tumbled down the road in Georges Bataille's *Story of the Eye*. It is the smell of blood and gas and hot, bent metal in J.G. Ballard's *Crash*, a myriad of intersecting highways. Eroticism is a laboratory, a slaughterhouse, entangled lashes over an infected eye, a desert landscape, all in succession. It is a series of flashing images of wounded and deformed limbs, cracked open and mis-colored in Richards and Steve Reinke's *When We Were Monsters* (2020), it is a basement full of moldy junk.

"If something happens, let it,"

says a voice in that film. And later: "As you smile sweetly, a torrent of unprocessed images flows out of your ass." In his work on eroticism, Bataille argues that "misunderstanding the sanctity of transgression is one of the foundations of

---

1 Vgl. Susan Sontag, „Persona" in: *Sight & Sound* 36:4 (Herbst 1967), S. 186–191, 212, hier S. 191.

---

1 Susan Sontag, "Persona" in: *Sight & Sound* 36:4 (Autumn 1967), pp. 186–191, 212; p. 191.

Werk *Die Erotik* argumentiert Bataille, dass das Missverständnis der Heiligkeit der Überschreitung eines der Fundamente des Christentums ist.[2] Wohl singt die kirchliche Gemeinde „felix culpa" (O glückliche Schuld); liturgisch wird die Überschreitung jedoch stets rehabilitiert, entweder indem das Gesetz beanstandet wird oder durch die rehäugig zur Schau gestellte Ahnungslosigkeit desjenigen, der die Verfehlung begangen hat. Doch was ist, wenn keine Erlösung naht? Was mit der Überschreitung, die keinerlei Interpretation (Rechtfertigung, Ungültigkeitserklärung) bedarf, einer, die einfach nur lächelt und es dabei belässt?

„Wenn etwas passiert, lass es zu." Die darin angedeutete Überschreitung verbindet sich mit dem Rat, das eigene Wollen auszuklammern und gar alle Psychologie beiseite zu lassen. Vielmehr ist hier eine Art Schönheit zu entdecken, die durch Unterwerfung entsteht. Schönheit, ihre Beschaffenheit, ihr Schwinden, all das ist in Richards' Arbeit jederzeit spürbar, wie unterwürfig sie sich auch immer geben mag. Sie tritt via Musik in Erscheinung und zeigt sich in der besonderen Weise, wie Richards seine Materialien sammelt, eine Art der Assemblage, die als Herzschlag dieser Praxis gelten kann, beinahe magisch in dem offensichtlichen Vertrauen auf eine Art sechsten Sinn.

In allen Filmen Richards' sind Anspielungen auf die Naturwissenschaften und die Medizin zu entdecken, insbesondere die vielfältigen Weisen dieser Wissenschaften, die Souveränität des Körpers zu verletzen: die Endoskopie, Röntgenstrahlen, das Eindringen von Licht ins Augeninnerste. In Thomas Manns Roman *Der Zauberberg* überfällt den Protagonisten Hans Castorp ein eigenartig beklommenes Gefühl, als er einer Röntgenaufnahme der eigenen Hand ansichtig wird, denn „zum ersten Mal in seinem Leben verstand er, dass er sterben werde."[3] Als er die von demselben Apparat durchleuchteten Lungenflügel seiner Angebeteten betrachtet, kann er sich des Gefühls nicht erwehren, der Arzt sei in sie eingedrungen, habe sie auf eine Weise besessen wie ein Portraitmaler sein Modell. Später trägt er ihr Röntgenbild wie ein Heiligtum mit sich.

Christianity."[2] The Church may sing *felix culpa*—happy fall—but transgression is always liturgically redeemed either by finding fault in the law or doe-eyed ignorance in the one who breaches it.

# But what of the irredeemable? What of transgression that does not allow interpretation (justification; nullification) but merely smiles and lets go?

"If something happens, let it." Herein lies a definition of a type of transgression beyond will, perhaps even beyond psychology; a form of beauty accessed through surrender. Beauty, the very texture of it, how it comes undone, is never far in Richards's work, deep in abjection though it also is. It arrives by way of music, and the special method by which Richards collects his materials, a mode of assemblage that is the beating heart of the practice, almost magical in its seeming reliance on some kind of sixth sense.

Across Richards's films we see references to natural science and medicine and the various breaches of the body's sovereignty that take place in those fields: endoscopy, x-ray, the intrusion of light into the retina. In Thomas Mann's novel *The Magic Mountain*, the protagonist Hans Castorp, upon being presented with an x-ray of his hand, feels that "he looked into his own grave."[3] When he watches the lungs of his beloved bared by the same machine, he feels the doctor has penetrated her, possessed her in the way a portrait painter does their sitter. He later carries a print-out of her x-ray around with him like a charm.

Mann is the kind of author Sontag takes issue with for being "over-cooperative"—for relishing interpretation.[4] The x-ray, like the sanatorium on the magic mountain, becomes a metaphor for alienation in modernity, the disenchantment that follows in the wake of certitude, the destruction also known as progress, and the physician cast as the artist of the 20th century. But in Richards's work the x-ray claims alienation as a part of desire's machinery; the revelation of the body's insides not as a way of shedding light

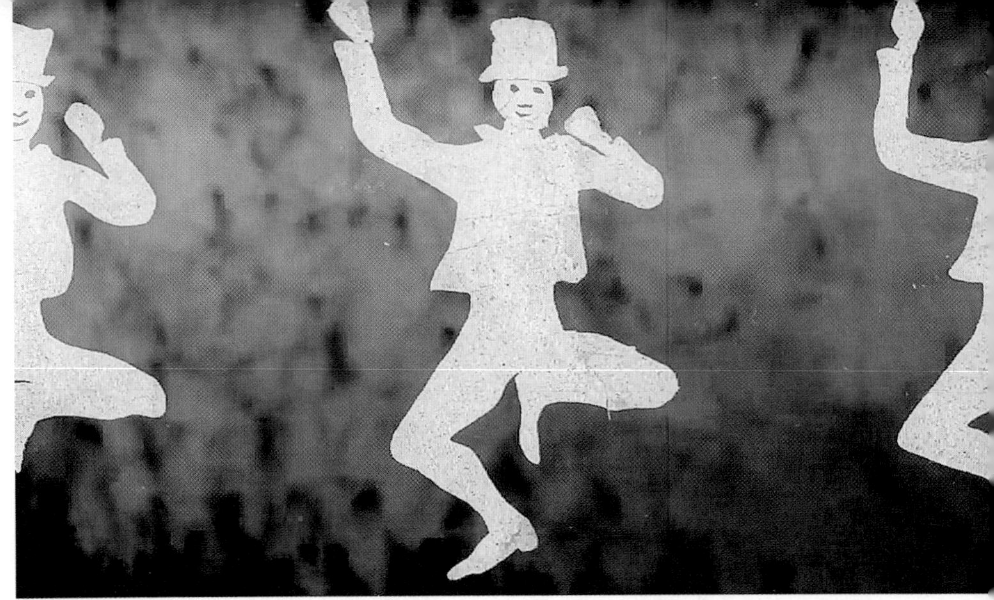

James Richards & Steve Reinke, *When We Were Monsters,* 2020, HD Video, Farbe Ton / color, sound, 20:08 Min., Videostandbild / video still

Mann ist die Art Autor, gegen den Sontag Einwände erheben würde, nach ihrem Ermessen wäre er „übermäßig kooperativ" – da für ihn die Sinndeutung offenbar etwas ist, das er in vollen Zügen genießt.[4] Das Röntgenbild wie auch das Sanatorium werden im Zauberberg zum Sinnbild für die Entfremdung im Zeitalter der Moderne, das Gefühl der Ernüchterung nach Erlangen von Gewissheit, die auch als Fortschritt bekannte Zerstörung und nicht zuletzt den Mediziner, hier als der wahre Künstler des 20. Jahrhunderts erachtet. In Richards' Arbeit hingegen ist die von der Röntgenaufnahme erzeugte Entfremdung Teil dessen, wie Verlangen entsteht: Die Preisgabe des Körperinnersten ist hier kein Weg zur Erleuchtung, wir werden vielmehr in die Dunkelheit geführt. Hans Castorp wurde sich der eigenen Sterblichkeit bewusst, und der Gedanke ließ ihn nicht wieder los. Womöglich gefiel ihm die Vorstellung gar? Das Filmmaterial, das Richards uns vorführt, ist unheilschwanger und erregend zugleich. Wenn wir es ein ums andere Mal wieder nicht schaffen, uns davon abzuwenden, gerät eine Lawine ins Rollen. Und wenn wir im letzten Rest Schneematsch dann irgendeinen halbvergessenen Teil unserer selbst entdecken, stellen wir uns verwundert die Frage: „Wie konnte er das nur wissen?"

but of promulgating darkness. Hans Castorp looked into his own grave and kept looking. Perhaps he liked it? The footage Richards shows us is ominous and titillating. When, again and again, we do not manage to turn away, we bring on the torrent.

## And when we discover some half-forgotten part of ourselves in its slew we wonder, "How did he know?"

In laying out the tenets of eroticism, Bataille first outlines the void that structures it: the gulf that separates one person from another, which

---

2 Vgl. Georges Bataille, *Eroticism* [1957], London: Penguin, 2001, S. 90.

3 Thomas Mann, *Der Zauberberg* [1924], 25. Aufl., Frankfurt a. M. :Fischer, 1991, S. 304.

4 Vgl. Susan Sontag, „Against Interpretation" [1964] in: dies., *Against Interpretation and Other Essays,* London: Penguin, 2013, S. 17.

---

2 Georges Bataille, *Eroticism* [1957], London: Penguin, 2001, p. 90.

3 Thomas Mann, *The Magic Mountain* [1924], London: Vintage, 2011, p. 216.

4 Susan Sontag, "Against Interpretation" [1964] in: *Against Interpretation and Other Essays,* London: Penguin, 2013, p. 17.

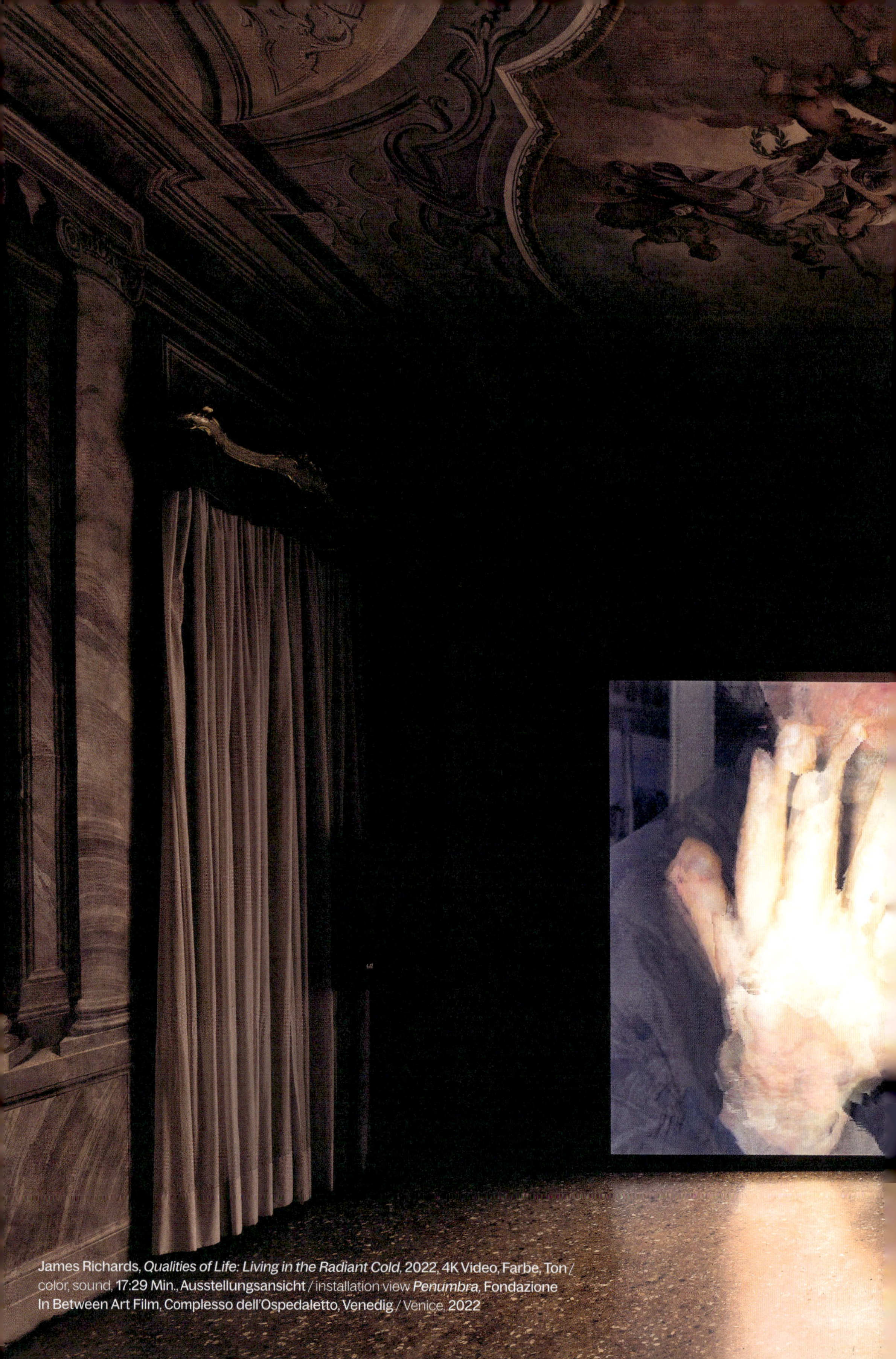

James Richards, *Qualities of Life: Living in the Radiant Cold*, 2022, 4K Video, Farbe, Ton /
color, sound, 17:29 Min., Ausstellungsansicht / installation view *Penumbra*, Fondazione
In Between Art Film, Complesso dell'Ospedaletto, Venedig / Venice, 2022

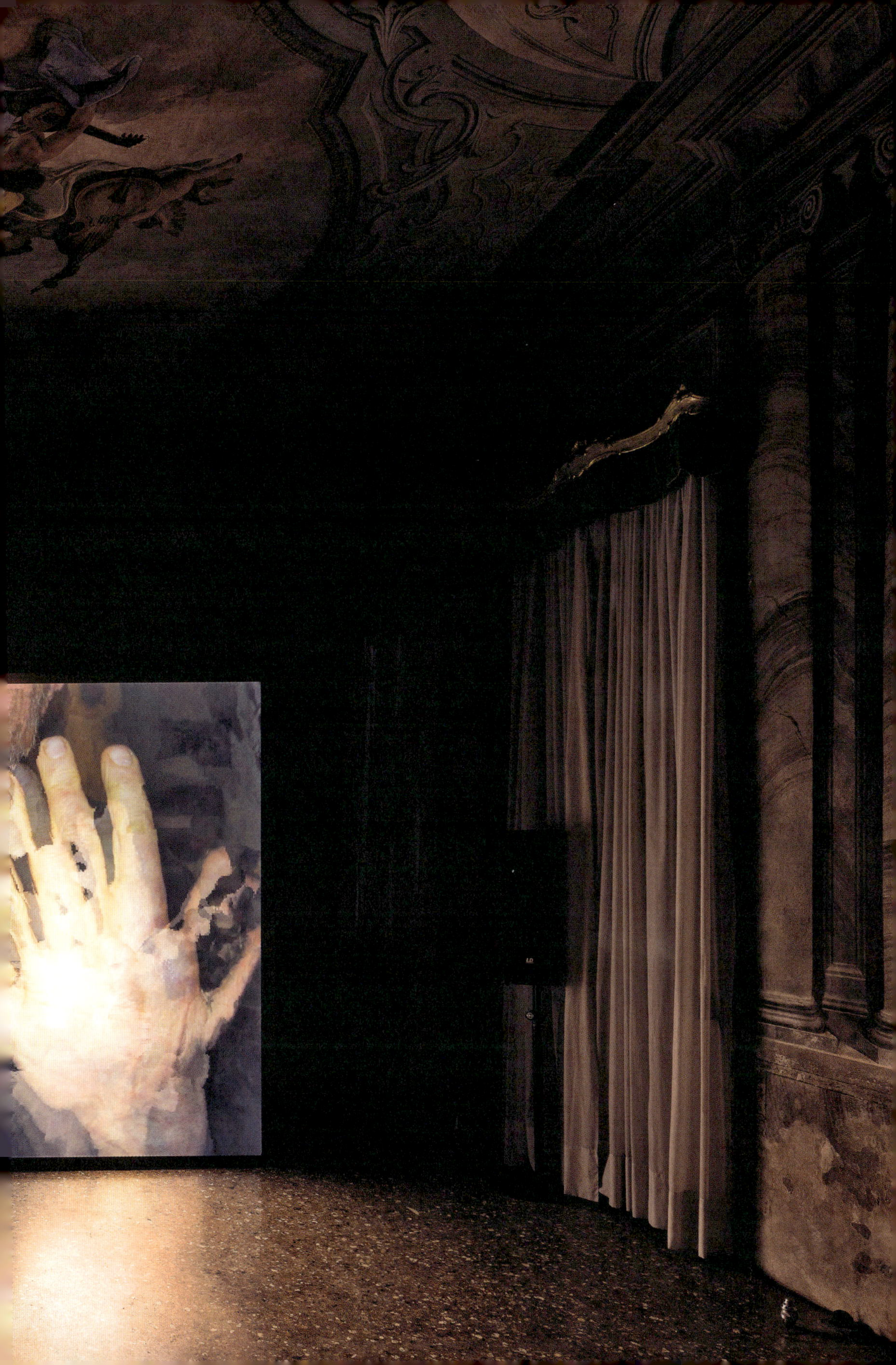

Als Bataille seine Grundprinzipien der Erotik darlegte, beschrieb er zuerst die Leere, die ihr den Rahmen gibt; den Abgrund nämlich, der eine Person von der anderen trennt. Eine Kluft, die unüberwindlich ist; und dennoch ist es uns möglich, „ihr Schwindelgefühl zusammen zu erleben". Was sind Sex, Liebe oder Kunst in ihrer intensivsten, widersprüchlichsten Form, wenn nicht Bestrebungen, ein gemeinsames Schwindelgefühl zu erleben? Die besagte Kluft, so schreibt Bataille, kann uns hypnotisieren. Diese Kluft ist etwas Totes, gewissermaßen, und der Tod ist schwindelerregend, der Tod ist hypnotisierend.[5]

In den frühen Tagen der Begriffsbildung wurde das Wort Hypnotismus verwendet, um einen nervösen, schlafähnlichen Zustand zu beschreiben. Jemanden in diesen zu versetzen, bedeutete, dass man die Beherrschung über einen anderen Menschen erlangte, indem man in seine innersten Regionen, sein Unbewusstes vordrang. Nicht unähnlich einer Kamera, die sich durch deine Gedärme schiebt, einer Momentaufnahme deiner angegriffenen Lunge. Was, wenn Kunst zu hypnotisieren vermöchte, wenn einem Film die Macht gegeben wäre, dich in deiner Handlungsfähigkeit zu beschneiden? In der von Richards zusammengestellten Kompilation *Mercy Mercy Mercy* (2013) gibt Julia Heyward „Shake Daddy Shake" zum Besten; ihr schriller, markdurchdringender Ton wird alsdann von einem rhythmischen Hämmern abgelöst, das gute zehn Minuten andauert. Unterdessen zoomt die Kamera mehr und mehr an ein blinkendes Monitorbild heran, in dem wir schließlich Stuart Marshalls Video *Still Life Animation* von 1977 erkennen, das uns der Bildschirm als Endlosschleife präsentiert. In seine jüngsten Arbeiten integrierte Richards wiederum Tony Conrads stroboskopischen Film *Flicker* (1966), zur Gänze oder in Form aggressiv aufblitzender Bilder, wobei dies nur einer von James Richards' Wegen ist, auf die weiche glasige Öffnung in unserem Kopf und damit auf unser Innerstes zu zielen – und gnadenlos abzudrücken.

Als Hans Castorp im *Zauberberg* zum ersten Mal ins Kino geht, findet er, das

cannot "be done away with," though "we can experience its dizziness together." What is sex, love, art at their densest, most ambivalent, if not an attempt to experience dizziness together? This gulf, writes Bataille, "can hypnotize us. This gulf is death in one sense, and death is vertiginous, death is hypnotizing."[5]

Hypnotism, in the early days of its coinage, was considered a type of nervous sleep. That is to say, the last thing a human being possesses for themselves, their unconscious, intruded upon and mastered. It is a camera moving through your guts, a snapshot of your ailing lungs. What if art could hypnotize, what if a film could bulldoze your agency? In the compilation *Mercy Mercy Mercy* (2013), edited by Richards, Julia Heyward harps "Shake Daddy Shake," her cutting cadence making incisions in your brain, before a rhythmic thumping noise repeats for a good ten minutes as the camera zooms in on a looping, blinking monitor of Stuart Marshall's 1977 video *Still Life Animation*. In recent works, Richards has integrated Tony Conrad's stroboscopic *Flicker* (1966) wholly or in aggressive flashes as just one of the ways in which he takes aim at that soft, glassy portal to our insides and shoots.

When, in *The Magic Mountain*, Hans Castorp goes to the cinema for the first time, he finds the silence of the public "nerveless and repellent," as they stare vacantly at the screen, white and empty, "with one word—*Finis*—written across it". "Nobody was there to be applauded," he notes of the likewise empty proscenium.[6] The point that Mann, over-cooperative, stresses is that the cinema audience, to use Heidegger's term, has 'fallen:' into passivity, the false world of images, away from the authentic. Here *Finis* not only names the end of the film but the triumph of machines over consciousness.

But I wonder whether falling doesn't happen the other way around. That is, whether the resoundingly hollow *Finis* in Mann is not where we are already, a priori, and Reality, rather, a snake pit into which one could only possibly arrive by falling. A fall, then, as a transgression of the self, a surrendering of the 'I,' which is not the opposite to *Dasein* but precisely a dizzying, flickering togetherness that adds up to some kind of truth. Or put differently, to fall happily is to give

„Schweigen der Menge nach der Illusion hatte etwas Nervloses und Widerwärtiges". Das Publikum „rieb sich die Augen, stierte vor sich hin". Nichts als leere „Helligkeit überzog die Tafel, das Wort ‚Ende' ward darauf geworfen", und wie er dann schlussendlich über die „leere Tafel" des Kinosaals vermerkt, „konnte es nicht einmal Beifall geben".[6] Was Mann in seiner übermäßig kooperativen Manier betont, ist, dass das Kinopublikum, um einen Ausdruck Heideggers zu benutzen, ‚verfallen' ist: in Passivität, der falschen Welt der Bilder, die bar jeder Authentizität sind. Das Wort ‚Ende' bezeichnet hier nicht nur den Schluss des vorgeführten Films, sondern verweist auch auf den finalen Triumph der Maschine, die unser Bewusstsein nun beherrscht.

Doch frage ich mich, ob das besagte ‚Verfallen' nicht vielmehr einfach ein ‚Fallen' ist, das zudem genau anders herum passiert. Ob nämlich das hohl nachklingende ‚Ende' bei Mann nicht gerade das ist, an dem wir grundsätzlich bereits angelangt sind, wobei die Realität dann nichts anderes als eine Schlangengrube wäre, in die man wohl nur durch ‚Fallen' geraten kann. Der Fall wäre demnach ein Überschreiten des Selbst, die Unterwerfung des ‚Ich', was gleichwohl nicht im Gegensatz zum ‚Dasein' stünde, sondern ebendieses schwindelerregende, flimmernde Zusammensein wäre, das in eine Art Wahrheit mündet. Anders ausgedrückt, läge die glückliche Schuld darin, der Bilderflut restlos zu verfallen, in ihrer Körperlosigkeit Leben zu finden und uns daran zu halten. Wir Menschen suchen die Nähe zur Realität nicht aus freien Stücken, doch Richards scheint imstande, uns zu ihr zu führen: an der Leine der Erotik, indem er uns mit dem dunklen Mysterium eines Röntgenbildes lockt, dem Geruch von überhitztem Metall. Am Ende wird vielleicht doch noch jemand auftauchen, der eine langstielige Rose auf die leere Bühne wirft, sich die Augen reibt und der unterwürfigen, unergründlichen Schönheit langsam klatschend applaudiert.

way to the torrent of imagery, find a life in its truant body, and stay with it.

Us humans do not seek out Reality willingly but Richards seems able to lead us there by the leash of eroticism, enticing us with the dark parts of an x-ray, the smell of burnt metal. At the end, someone might just throw a long-stemmed rose at the empty proscenium anyway; rub their eyes and offer a slow clap to abject, inscrutable beauty.

---

5  Vgl. Bataille, *Eroticism*, S. 12–13.
6  Mann, *Der Zauberberg*, S. 437–438.

---

5  Bataille, *Eroticism*, pp. 12–13.
6  Mann, *Magic Mountain*, p. 316.

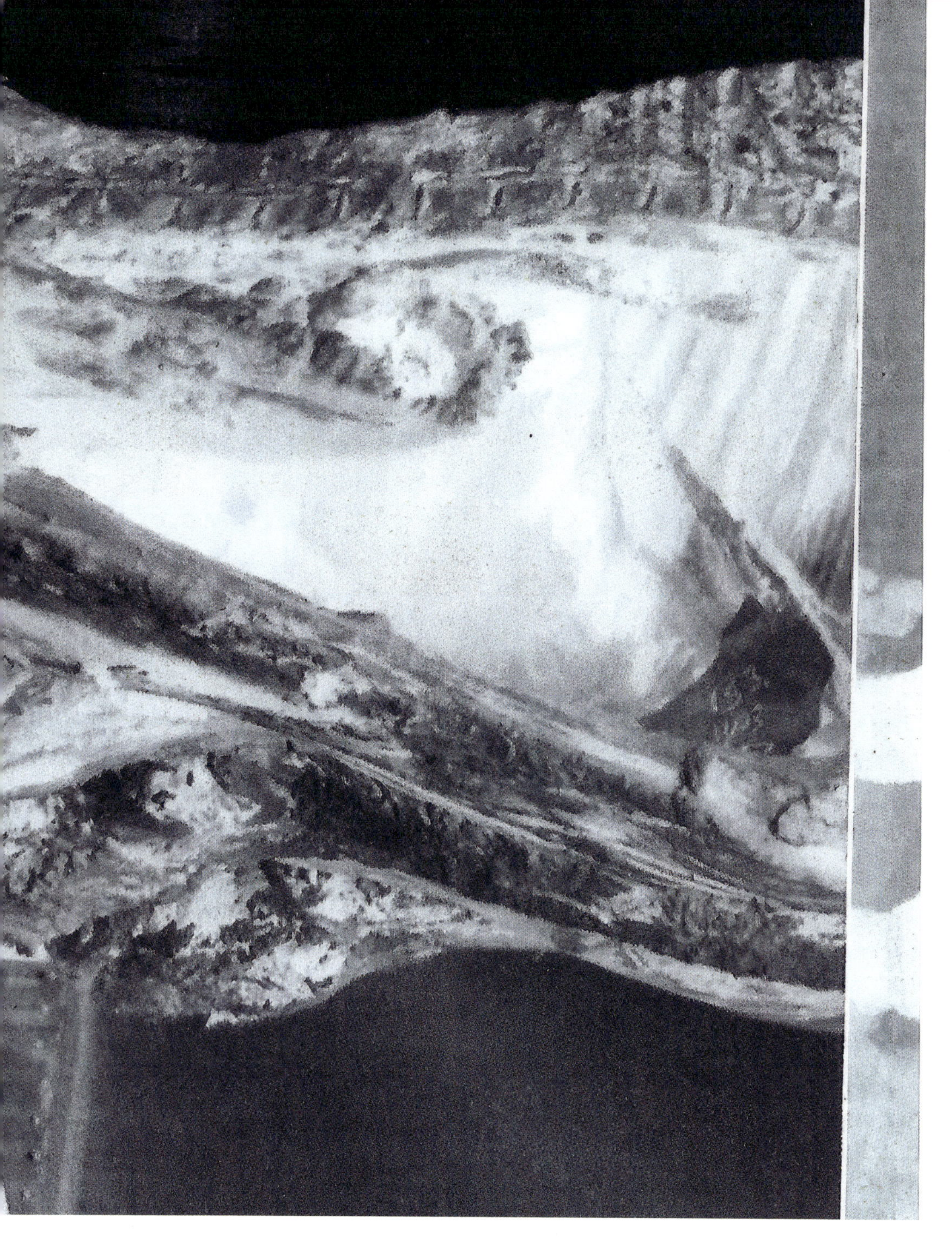

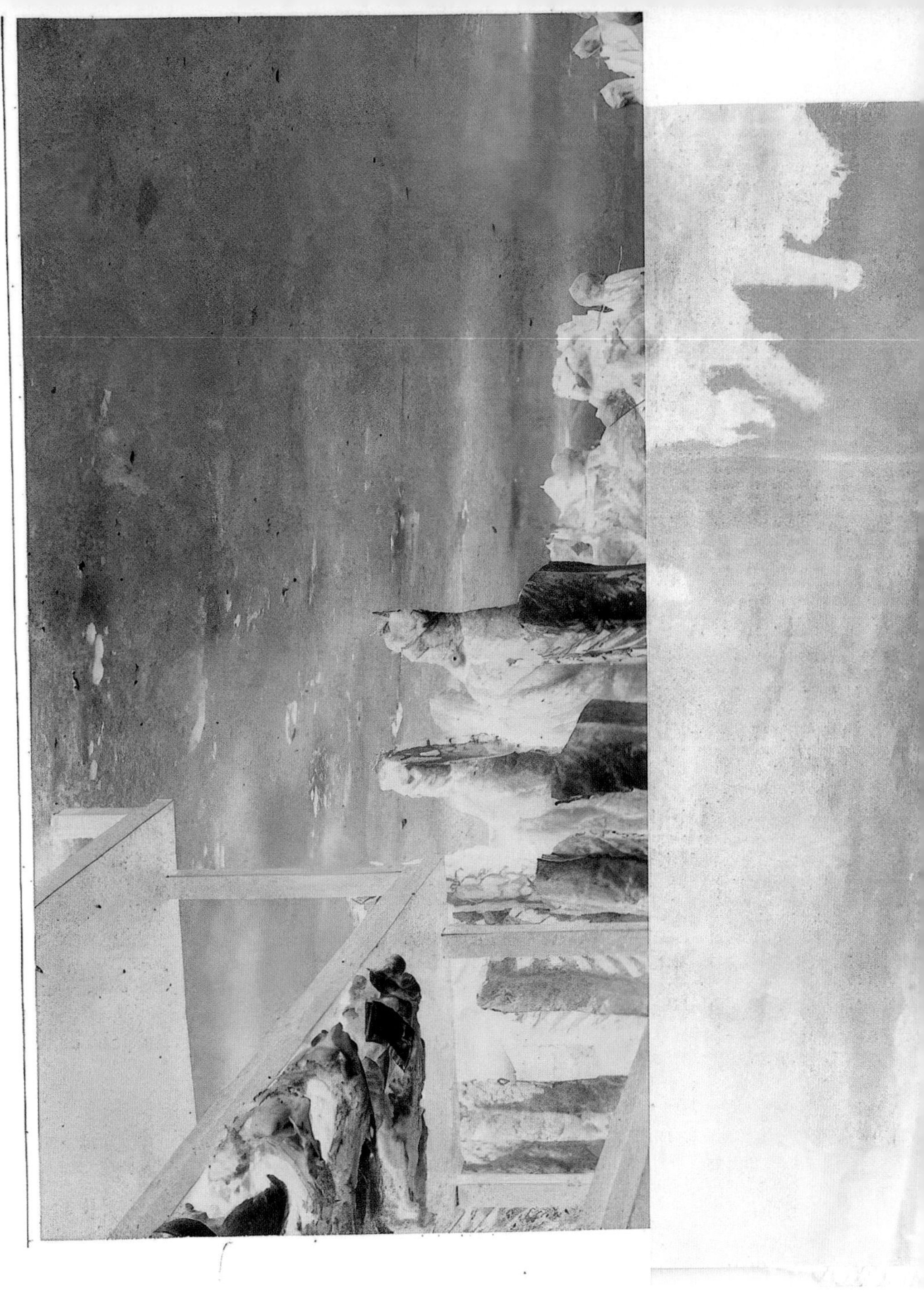

James Richards, *Rushes Minotaur,* 2016, Installation mit
drei Projektionen / installation with three projections

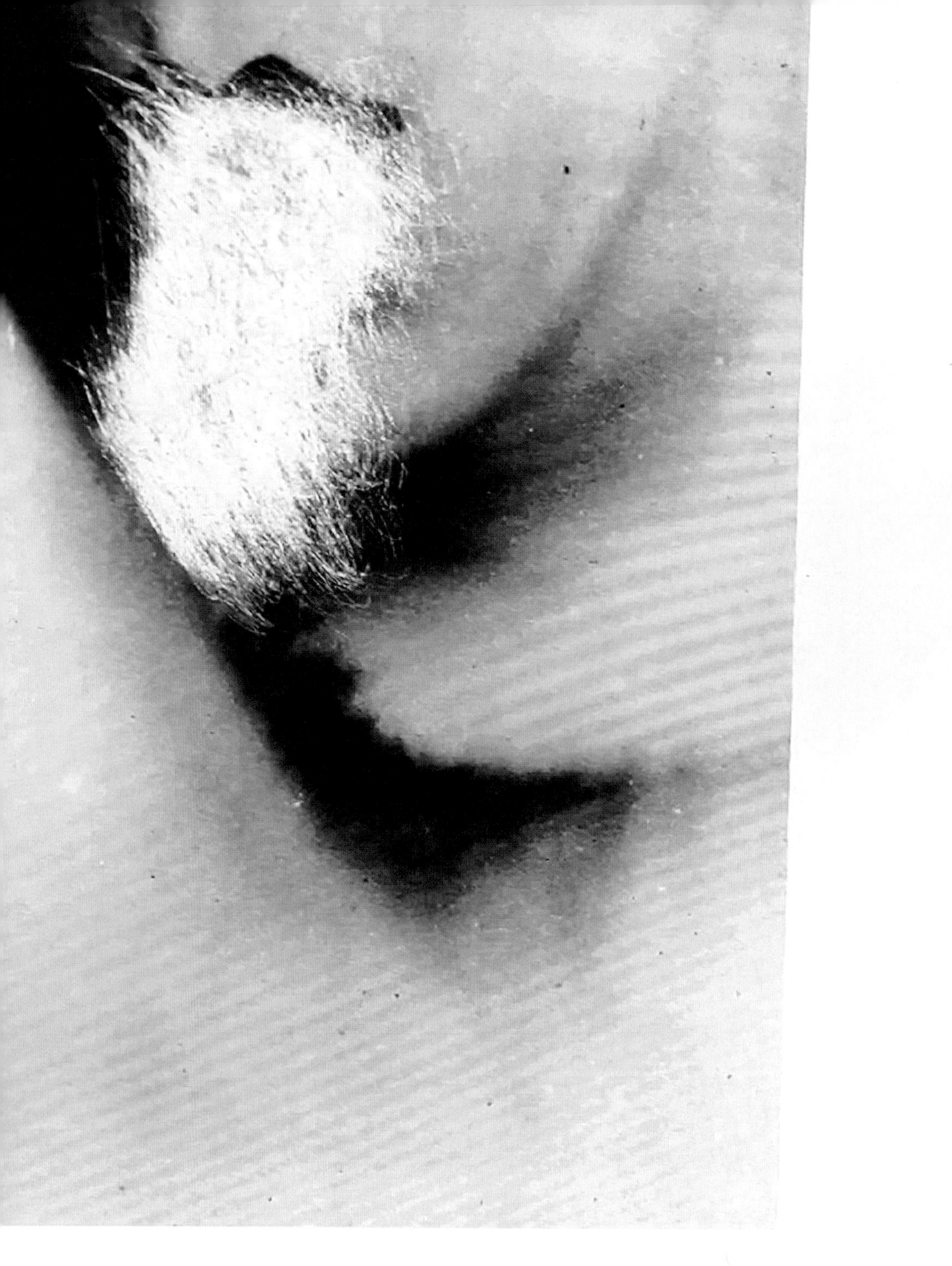

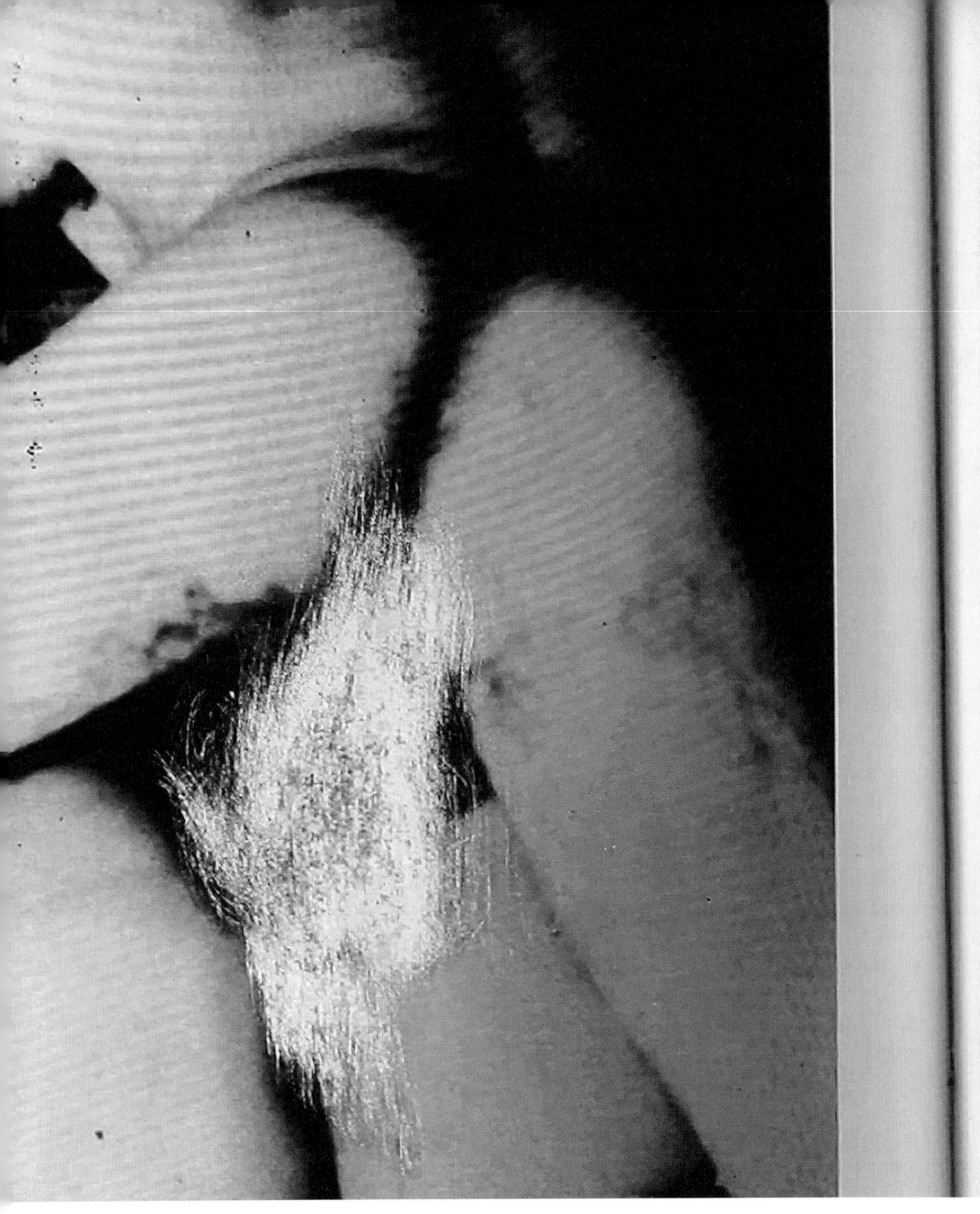

James Richards, *Rosebud,* 2013, Video, Ton / sound,
12:57 Min., Videostandbild / video still

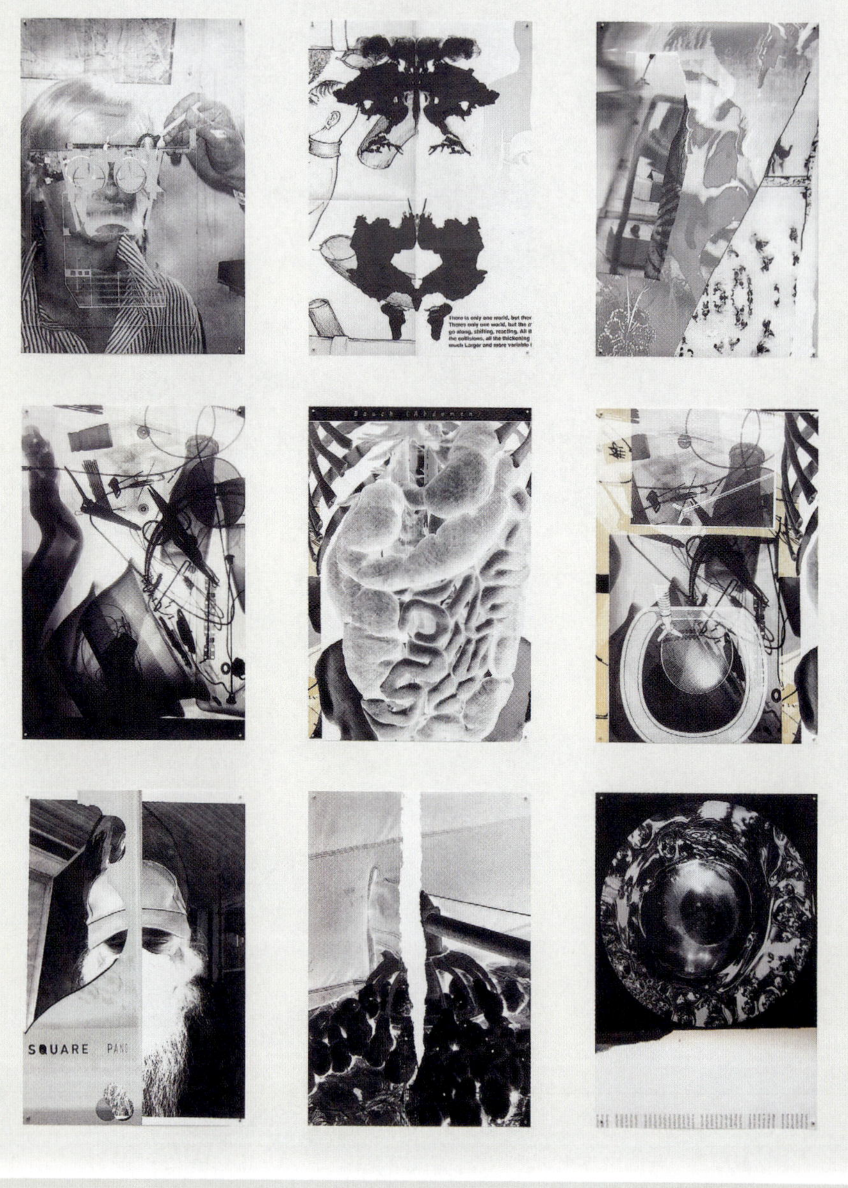



Ausstellungsansicht / installation view
*James Richards. Internal Litter,*
Galerie Isabella Bortolozzi, Berlin, 2022

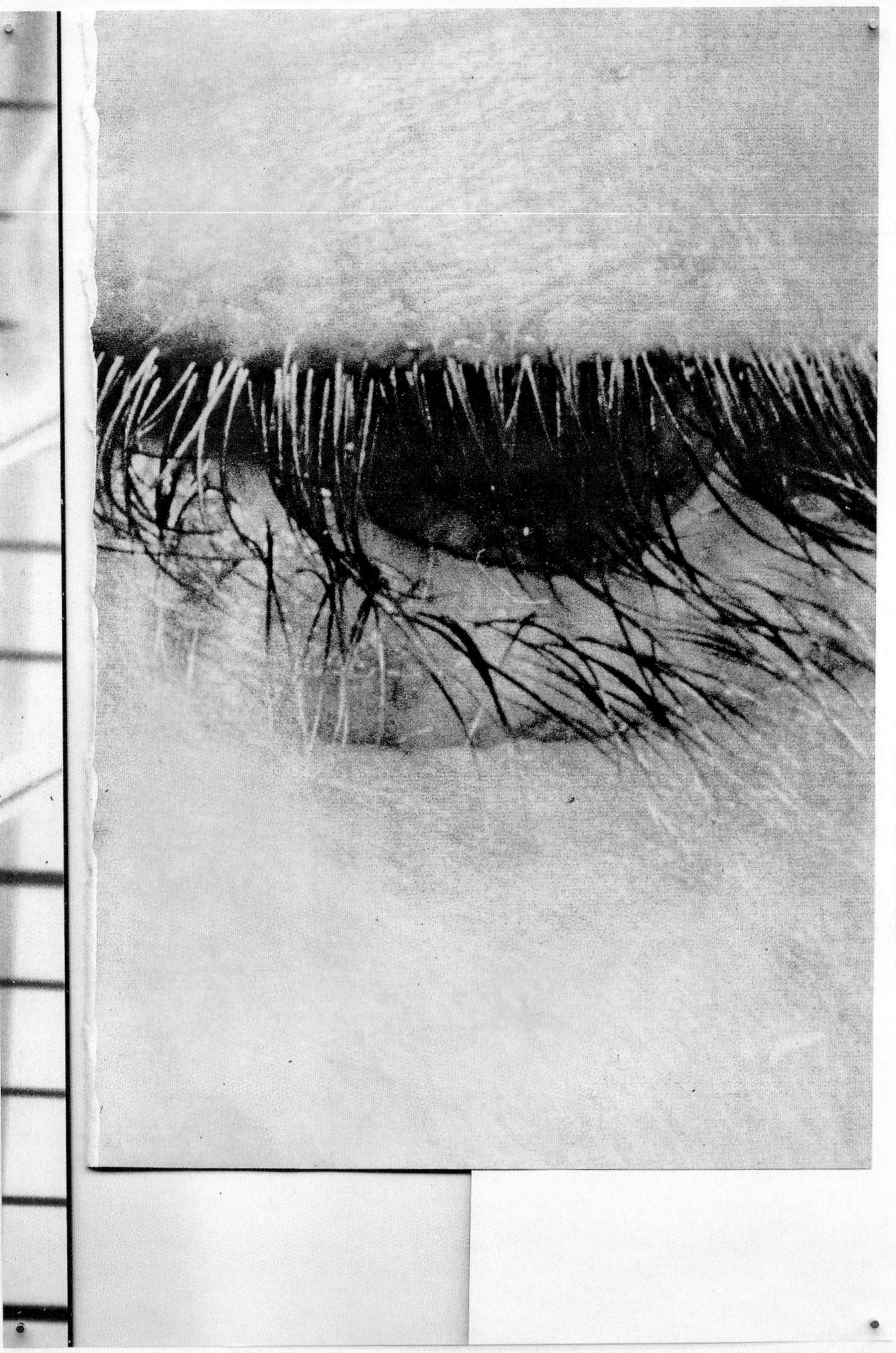

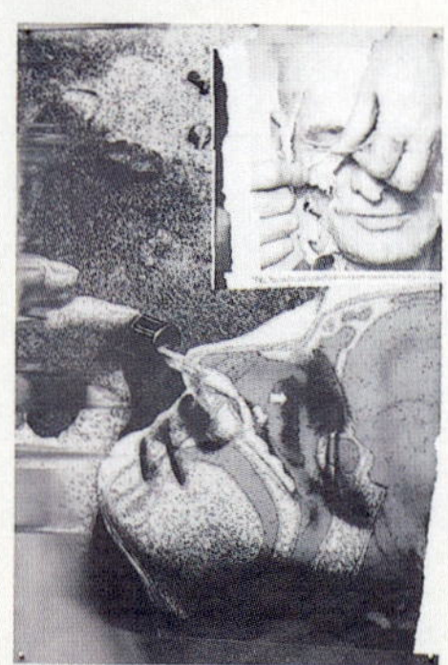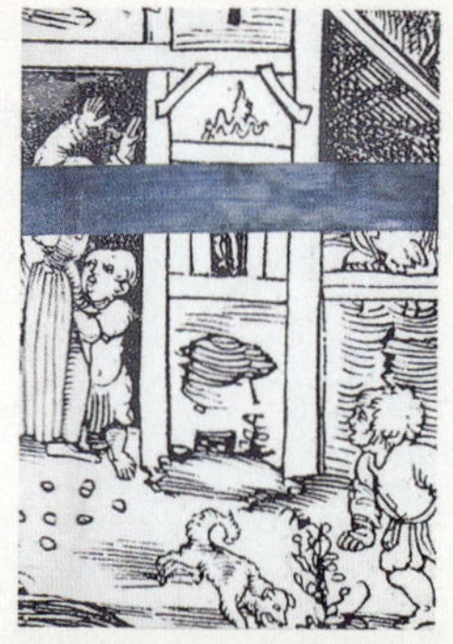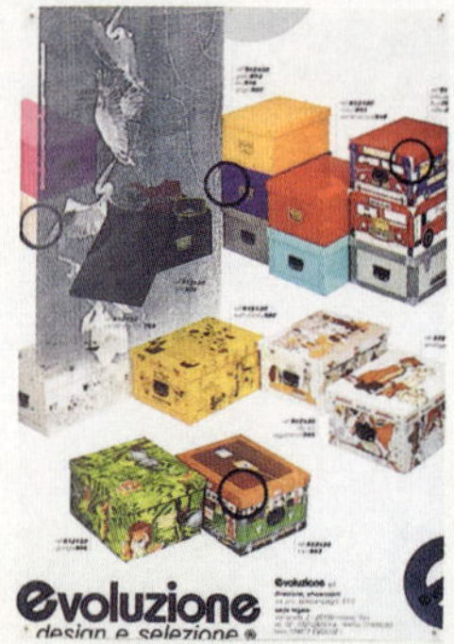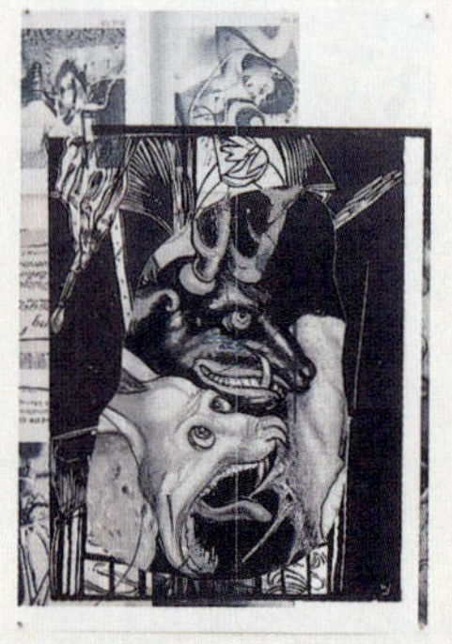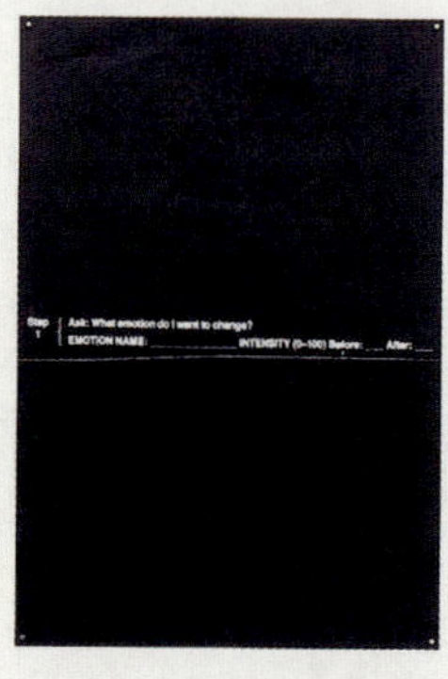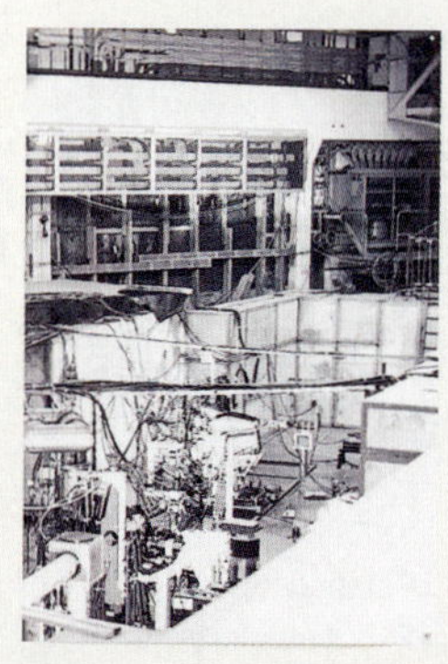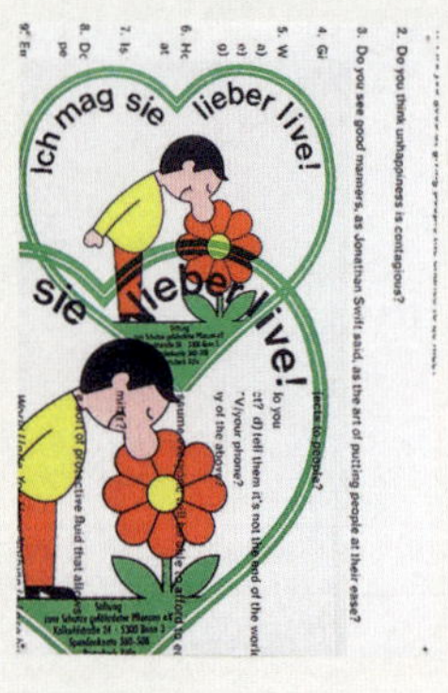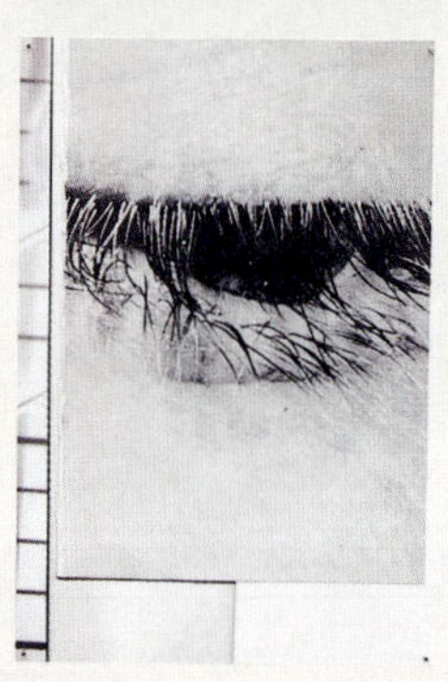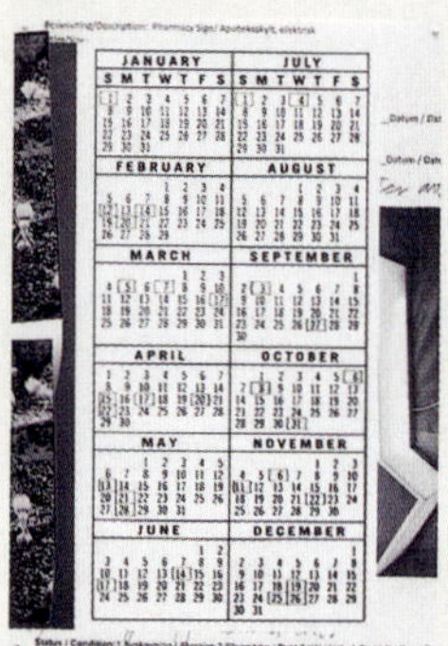

**Ausstellungsansicht** / installation view
*James Richards. Internal Litter,*
Galerie Isabella Bortolozzi, Berlin, 2022

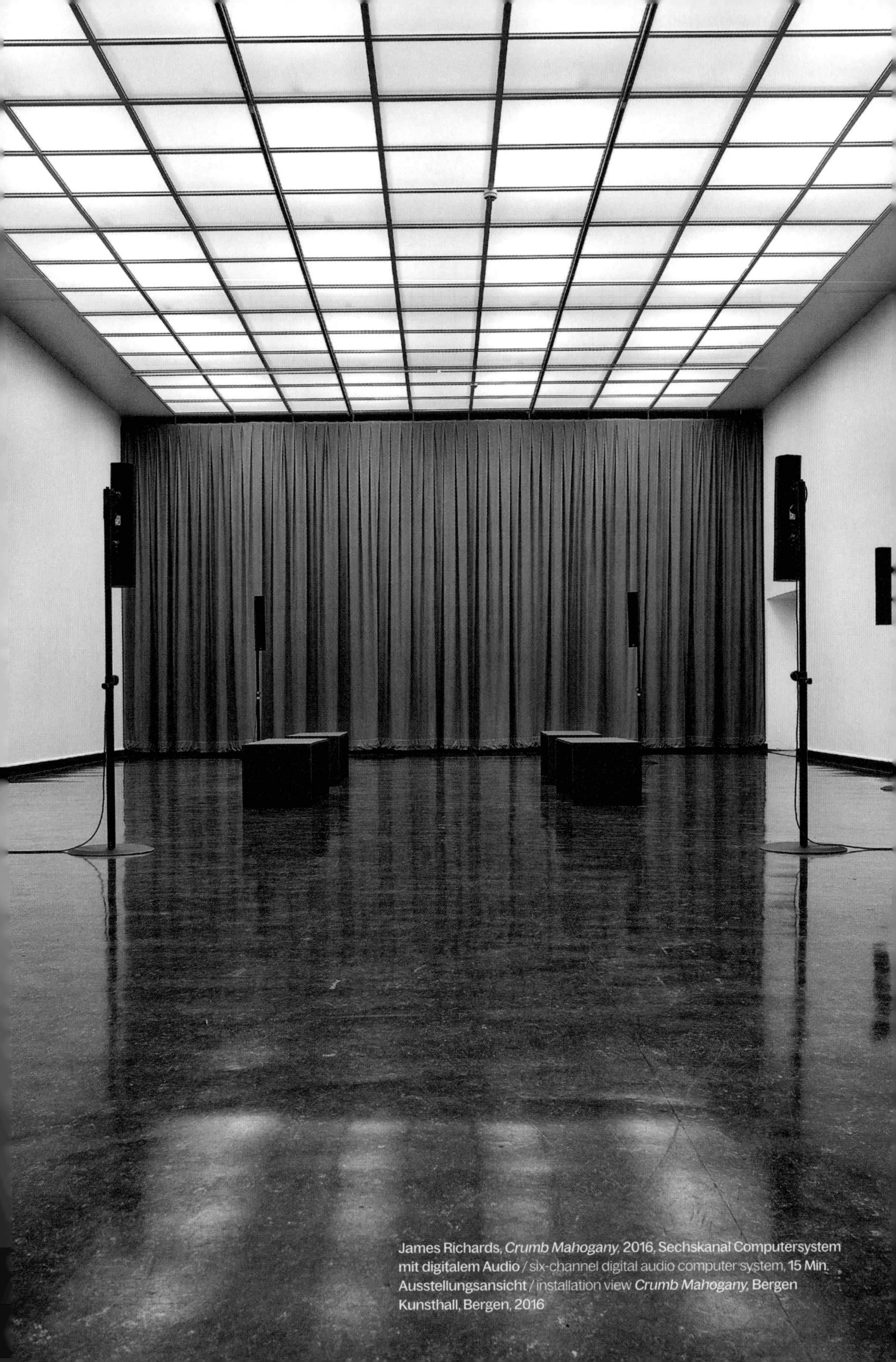

James Richards, *Crumb Mahogany*, 2016, Sechskanal Computersystem
mit digitalem Audio / six-channel digital audio computer system, 15 Min.
Ausstellungsansicht / installation view *Crumb Mahogany*, Bergen
Kunsthall, Bergen, 2016

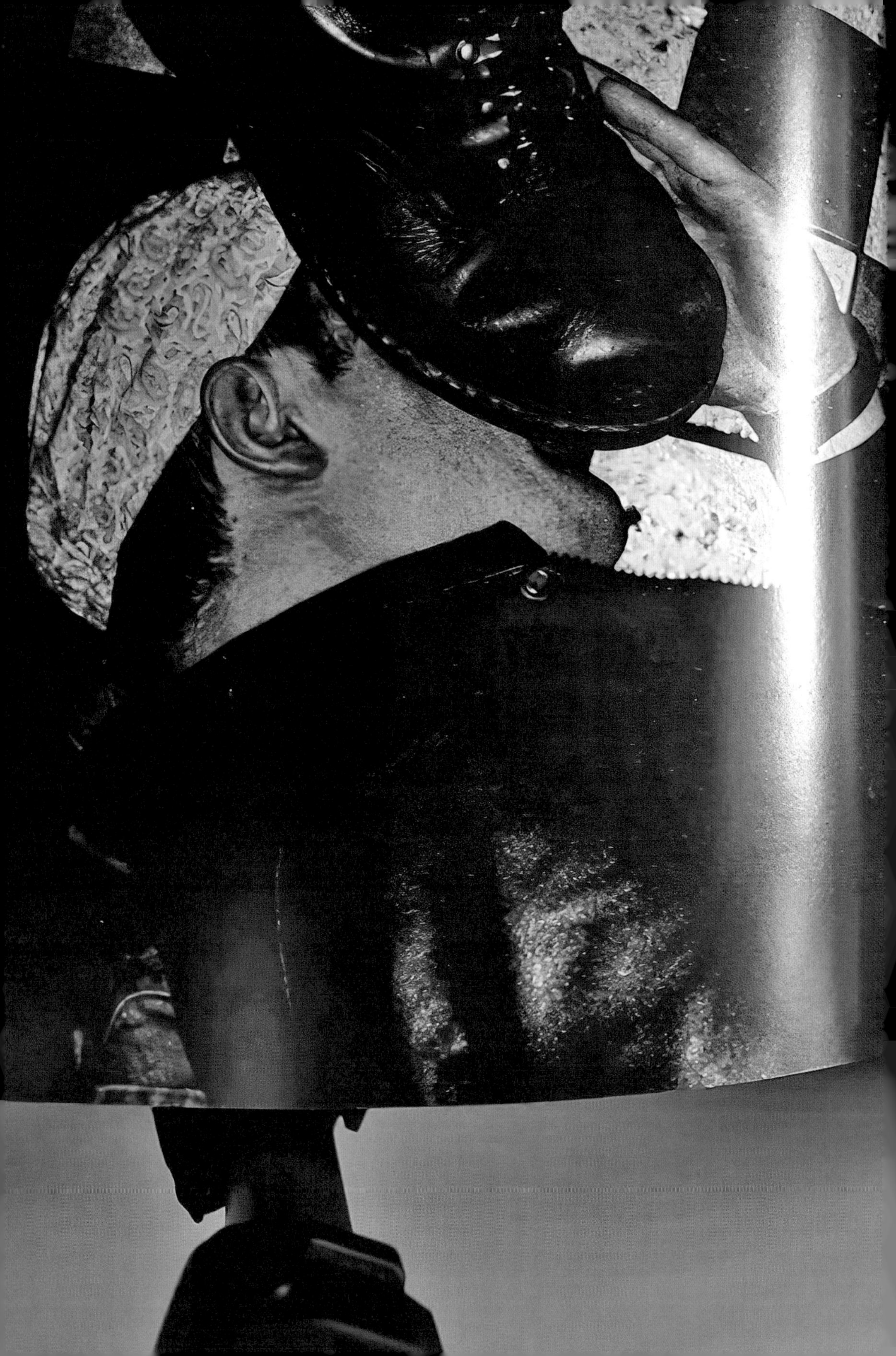

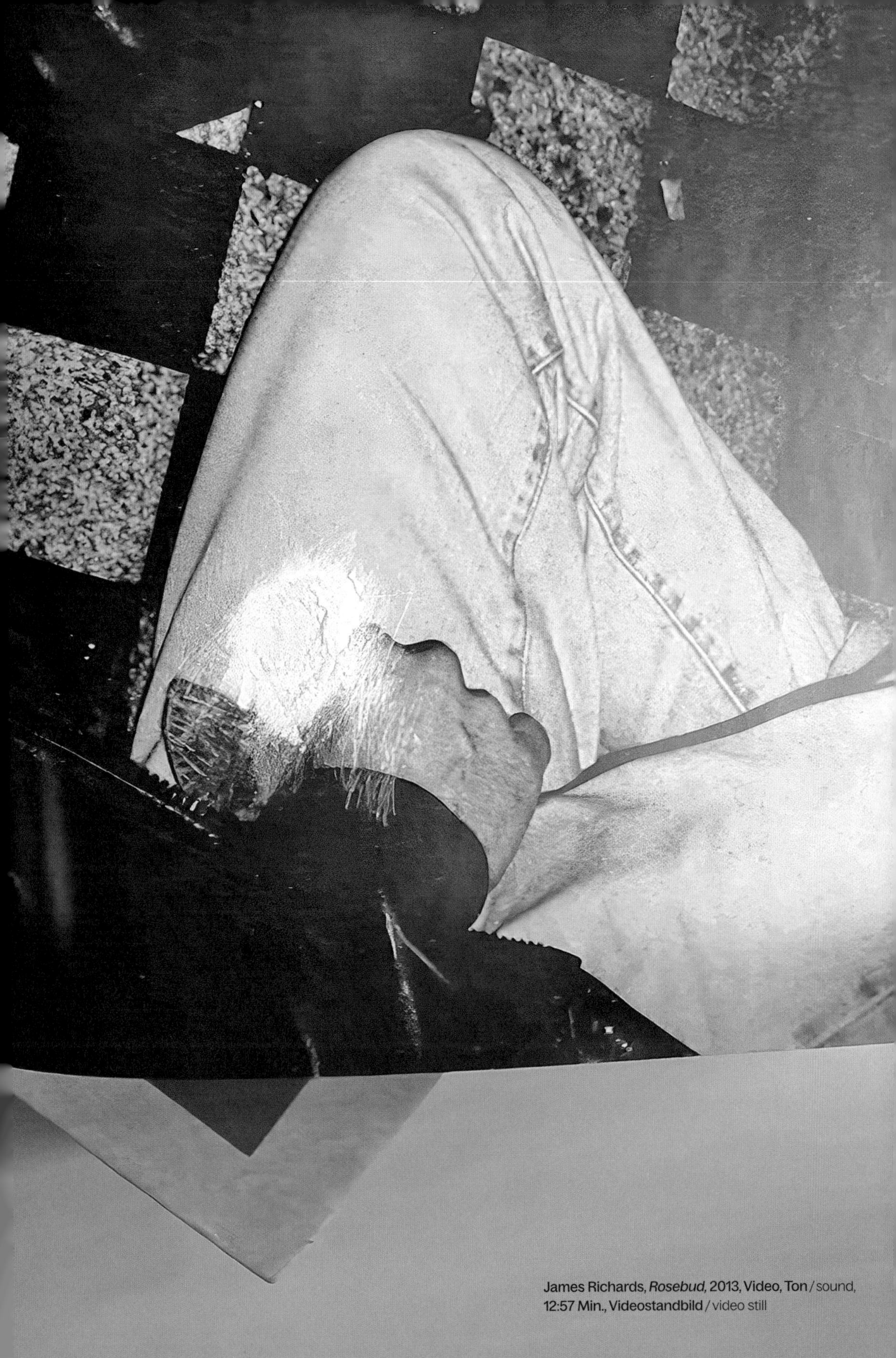

James Richards, *Rosebud*, 2013, Video, Ton / sound,
12:57 Min., Videostandbild / video still

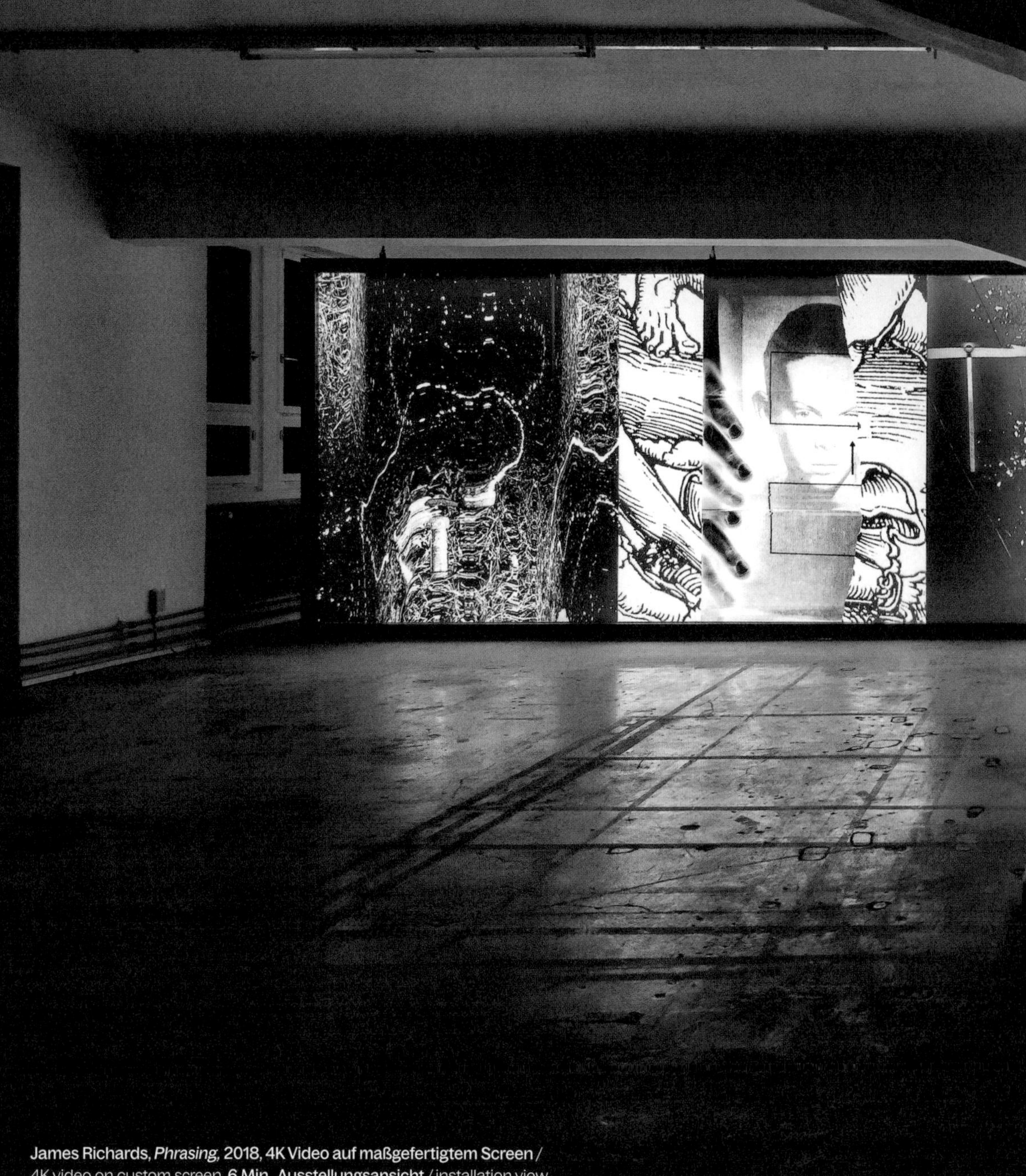

James Richards, *Phrasing*, 2018, 4K Video auf maßgefertigtem Screen /
4K video on custom screen, **6 Min.**, Ausstellungsansicht / installation view
*SPEED*, Künstlerhaus Stuttgart, Stuttgart, 2018

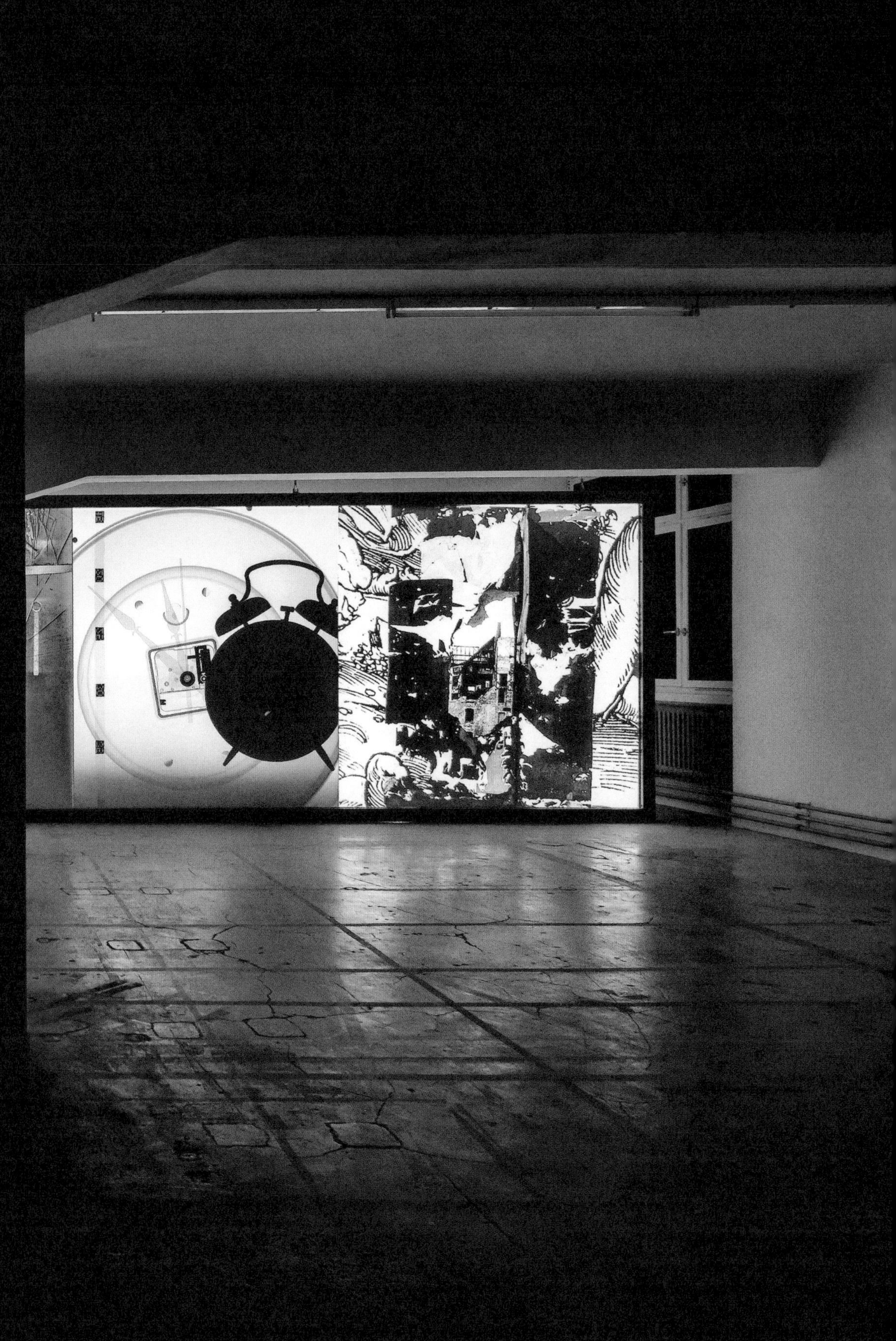

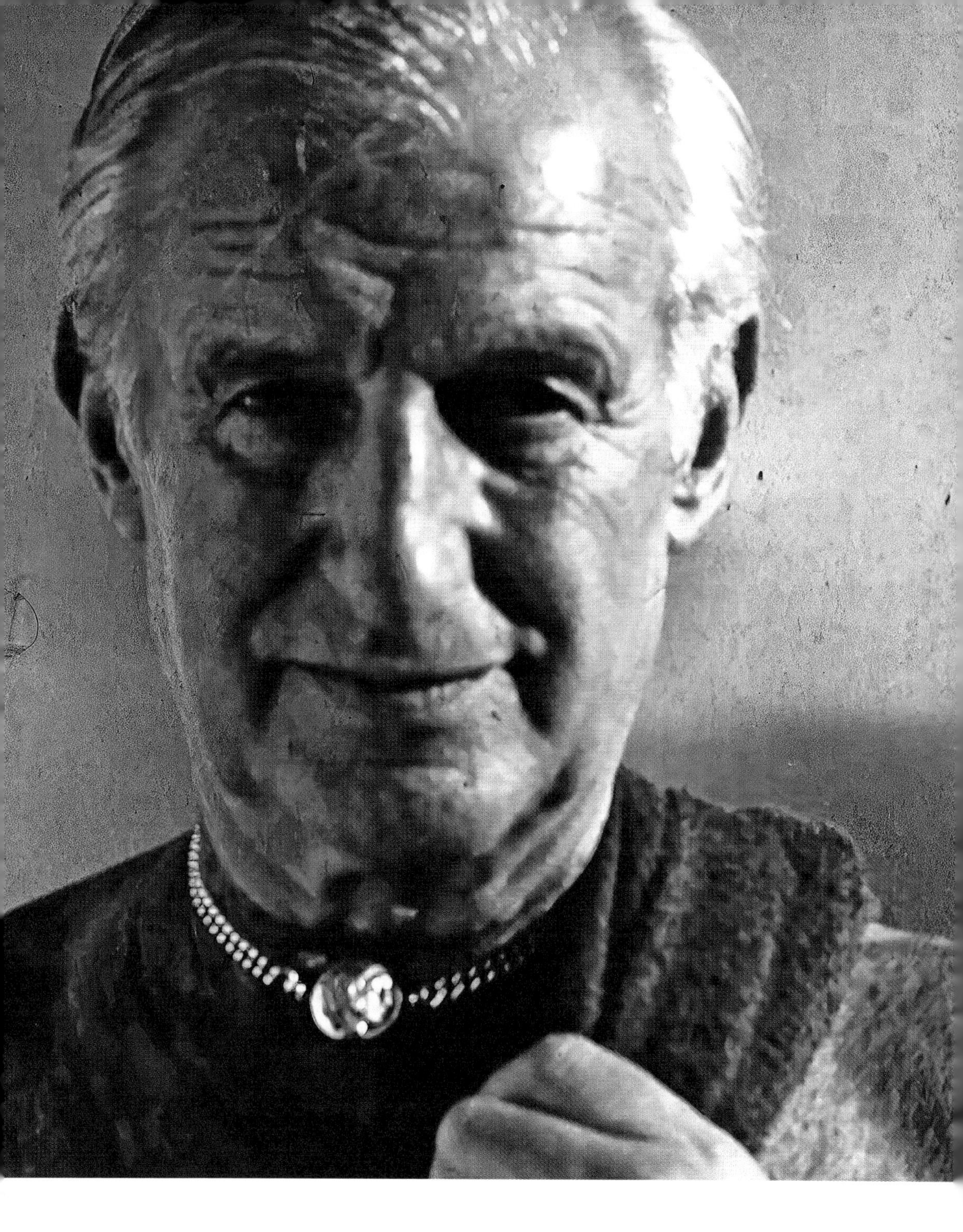

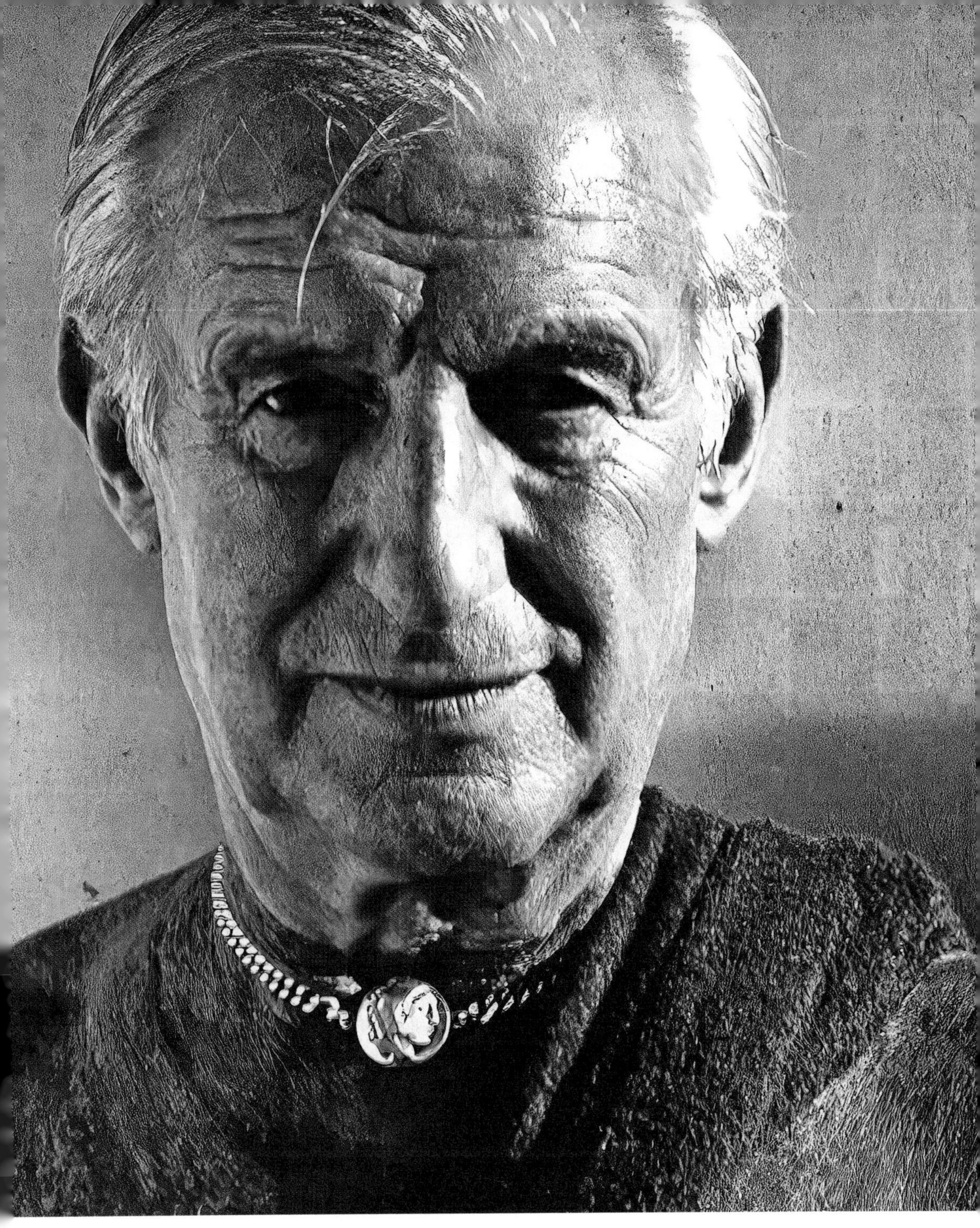

James Richards & Steve Reinke, *What Weakens the Flesh, is the Flesh,* 2017, HD Video, Farbe, Sound / color, sound, 40 Min., Videostandbild / video still

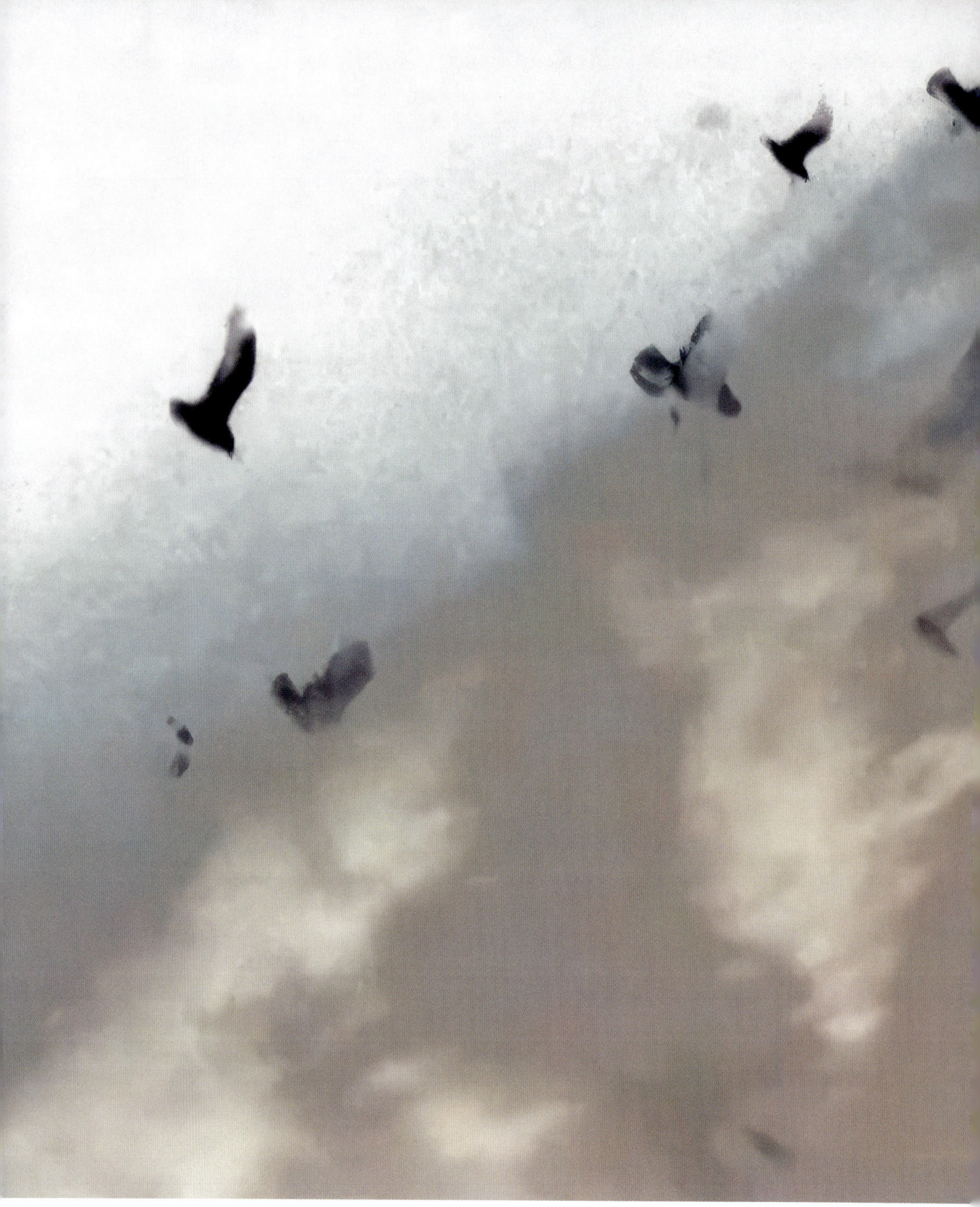

James Richards, *Radio at Night,* 2015,
HD Video, 8 Min., Videostandbild / video still

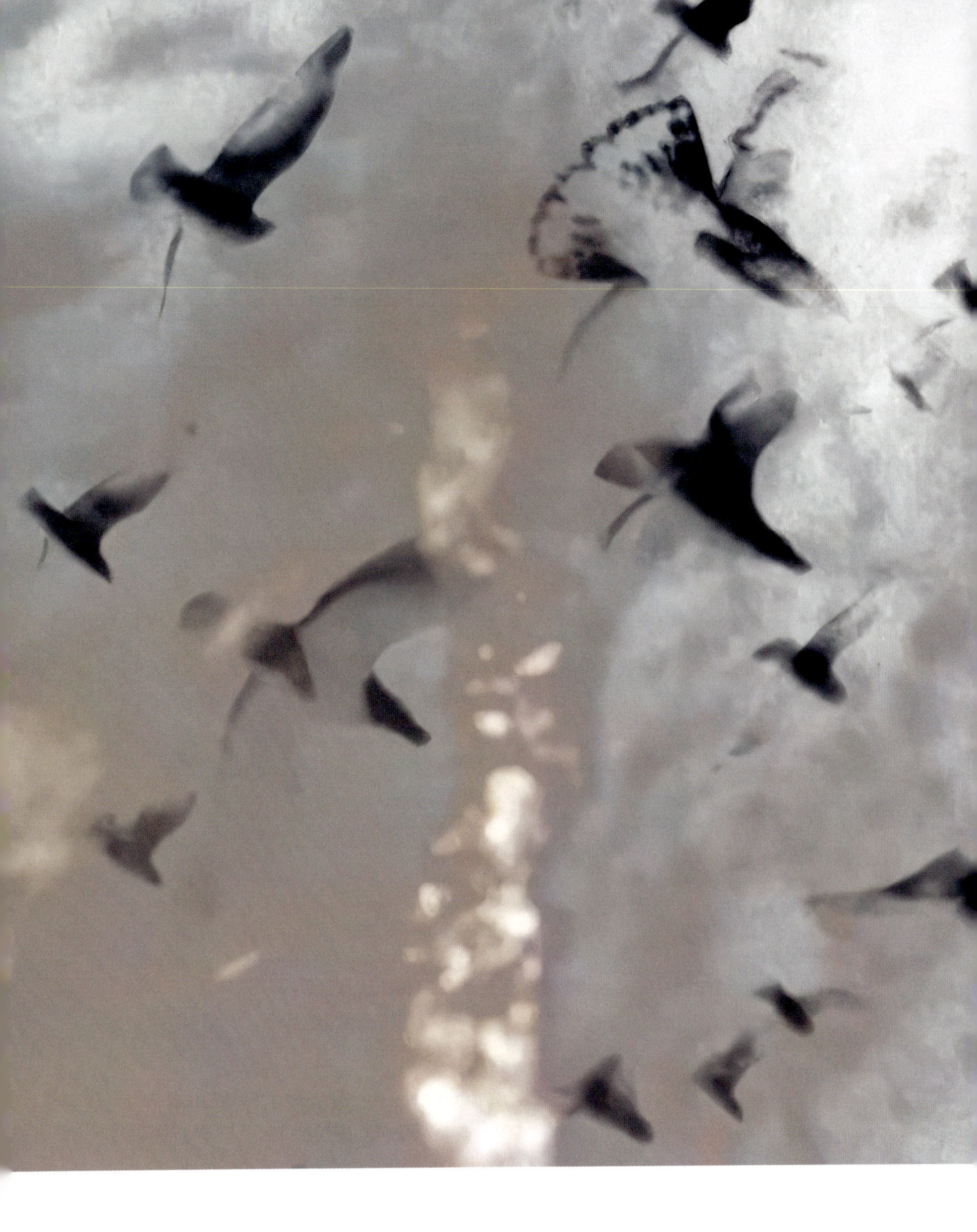

# James Richards

Geboren / Born **1983 in Cardiff, GB**
Lebt und arbeitet / Lives and works **in Berlin, DE**

## Ausbildung /
Education

**2006**
BA Bildende Kunst / Fine Art, **Chelsea School of Art and Design, London, GB**

**2003**
Grundstudium Kunst und Design / Foundation Art and Design, **University of Wales Institute (jetzt / now Cardiff Metropolitan University), Cardiff, GB**

## Ausgewählte Einzelausstellungen /
Selected Solo Exhibitions

**2024**
*Our friends in the audience.* Kunstnernes Hus, Oslo, NO

**2021**
*When We Were Monsters.* Haus Mödrath, Kerpen, DE; Katalog / catalog

**2020**
*Alms for the Birds.* Castello di Rivoli, Turin, IT

**2019**
*James Richards & Leslie Thornton: SPEED 2.* Malmö Konstahall, Malmö, SE

**2018**
*James Richards & Leslie Thornton: Crossing.* Secession, Wien / Vienna, AT
*James Richards & Leslie Thornton: SPEED.* Künstlerhaus Stuttgart, Stuttgart, DE
*Migratory Motor Complex.* Chapter Arts Centre, Cardiff, GB (weitere Station / traveled to: **Collective, Edinburgh Art Festival, Edinburgh, GB**)

**2017**
*Music for the Gift.* Cymru Yn Fenis / Wales in Venice, La Biennale di Venezia, Venedig / Venice, IT; Katalog / catalog

**2016**
*Radio At Night.* CPAC Musée d'art contemporain de Bordeaux, Bordeaux, FR
*Requests and Antisongs.* ICA, London, GB
*Crumb Mahogany.* Bergen Kunsthall, Bergen, NO; Katalog / catalog

**2015**
*To Replace a Minute's Silence with a Minute's Applause.* Whitechapel Gallery, London, GB; Katalog / catalog
*James Richards.* Kunstverein München, München / Munich, DE

2014
*Raking Light.* Cabinet, London, GB

2012
*James Richards.* Center for Contemporary Art Kitakyushu, Kitakyushu, JP

2011
*Not Blacking Out, Just Turning the Lights Off.* Chisenhale Gallery, London, GB

2010
*Art Now: Clunie Reid and James Richards.* Tate Britain, London, GB

2009
*Call and Bluff.* Tramway, Glasgow, GB

# Ausgewählte Gruppenausstellungen/
## Selected Group Exhibitions

2024
*Preis der Nationalgalerie 2024: Pan Daijing, Dan Lie, Hanne Lippard, James Richards.* Hamburger Bahnhof – Nationalgalerie der Gegenwart, Berlin, DE; Katalog / catalog
*Crumbling the Antiseptic Beauty.* Fondation Pernod Ricard, Paris, FR

2023
*Bruno Pélassy and the Order of the Starfish.* Haus am Waldsee, Berlin, DE
*Universal Metabolism.* Berlin Atonal, Kraftwerk, Berlin, DE
*Tolia Astakhishvili: The First Finger (Chapter II).* Haus am Waldsee, Berlin, DE
*World Classroom: Contemporary Art Through School Subjects,* Mori Art Museum, Tokio / Tokyo, JP; Katalog / catalog
*Tolia Astakhishvili: The First Finger.* Bonner Kunstverein, Bonn, DE

*Full Burn: Video From The Hammer Contemporary Collection.* Hammer Museum, Los Angeles, CA, US

2022
*Ghost 2565: Live Without Dead Time.* Bangkok, TH
*It Might Be a Mirage.* West Den Haag, Den Haag / The Hague, NL
*OUT OF SPACE.* Julia Stoschek Collection, Düsseldorf, DE
*La Fabrique du Nous #1 – Des Voix Traversées.* Institut d'art contemporain Villeurbanne / Rhône-Alpes, Lyon, FR
*Penumbra.* Fondazione In Between Art Film, Complesso dell'Ospedaletto, Venedig / Venice, IT

2021
*Anathemata.* Mostyn, Wales, GB
*The Sun Machine Is Coming Down.* ICC Berlin, Berlin, DE
*METABOLIC RIFT.* Berlin Atonal, Kraftwerk, Berlin, DE
*TECHNO.* Museion, Bozen / Bolzano, IT; Katalog / catalog
*The Holding Environment, Chapter I & Chapter II.* Bonner Kunstverein, Bonn, DE; Katalog / catalog

2020
*The Botanical Mind: Art, Mysticism and The Cosmic Tree.* Camden Art Centre, London, GB; Katalog / catalog

2019
*Avant la nuit.* Couvent des Minimes, Perpignan, FR
*Time, Forward!* V–A–C, Zattere, Venedig / Venice, IT

2018
*Platforms: Collection and Commissions.* Walker Art Center, Minneapolis, MN, US
*Biennale de l'Image en Mouvement.* Centre d'Art Contemporain Genève, Genf / Geneva, CH; Katalog / catalog

*The Explorers, Part One: Lynette Yiadom-Boakye and James Richards.* V-A-C Foundation, Venice
*Die Stelle des Schnitts.* Kunstverein Nürnberg, Nürnberg / Nuremberg, DE
*Mapping the Invisible.* Yebisu International Festival for Arts & Alternative Visions, Tokyo Photographic Art Museum, Tokio / Tokyo, JP
*21,39.* Jeddah Arts, Dschidda / Jeddah, SA

2017
*Be Happy! We Do Not Forget You.* Sammlung Zander, Bönnigheim, DE
*Coming Out: Sexuality, Gender and Identity.* Walker Art Gallery, Liverpool, GB; Katalog / catalog
*Aftermieter/Lodgers.* House Mödrath Räume für Kunst, Kerpen, DE; Katalog / catalog
*Generation Loss. Ten Years of the Julia Stoschek Collection.* Julia Stoschek Collection, Düsseldorf, DE; Katalog / catalog
*Whitney Biennial.* Whitney Museum of American Art, New York, NY, US; Katalog / catalog
*Jaguars and Electric Eels.* Julia Stoschek Collection, Berlin; Katalog / catalog
*Geometry of Now.* V–A–C, GES–2, Moskau / Moscow, RU

2016
*Less Than One.* Walker Art Center, Minneapolis, MN, US
*The Screen: Sounds of Light.* CAPC, Bordeaux, FR

2015
*Safe – Part of: Our new season, Art.* Home Art, Manchester, GB
*British Art Show 8.* Leeds Art Gallery, Leeds, GB (weitere Stationen / traveled to: Inverleith House, Scottish National Gallery of Modern Art und / and Talbot Rice Gallery, Edinburgh, GB); Katalog / catalog
*Saltwater: A Theory Of Thought Forms.* Istanbul Biennale / Biennial, Istanbul, TR
*Biennale of Moving Images.* Museum of Old and New Art, Tasmania, AU

2014
*ars viva 2014/2015.* Hamburger Kunsthalle, Hamburg, DE (weitere Station / traveled to: Bonner Kunstverein, Bonn, DE); Katalog / catalog
*Biennale de l'Image en Mouvement.* Centre d'Art Contemporain Genève, Genf / Geneva, CH; Katalog / catalog
*Cut to Swipe.* MoMA, New York, NY, US
*Burning Down the House.* Gwangju Bienniale, Gwangju, KR
*Turner Prize 2014.* Tate Britain, London, GB
*Looking Back: The Eighth White Columns Annual Selected by Pati Hertling.* White Columns, New York, NY, US

2013
*Meanwhile ... Suddenly and Then.* Biennale de Lyon, Lyon, FR; Katalog / catalog
*Otherwise Unexplained Fires.* Malmö Konsthall, Malmö, SE
*Il Palazzo Enciclopedico.* La Biennale di Venezia, Venedig / Venice, IT; Katalog / catalog
*The Long Leash.* The Ister, Brüssel / Brussels, BE
*Frozen Lakes.* Artist Space, New York, NY, US

2012
*The Imaginary Museum.* Kunstverein München, München / Munich, DE

2011
*Subjective Projections.* Bielefelder Kunstverein, Bielefeld, DE
*Coming After.* The Power Plant, Toronto, CA; Katalog / catalog

2010
*Fifteen.* S1 Artspace, Sheffield, GB
*Misty Boundaries Fades and Dissolves.* Form Content, London, GB
*Psychic Geography.* Workplace Gallery, Gateshead, GB; Katalog / catalog

2009
*Generational: Younger Than Jesus.* New Museum, New York, NY, US; Katalog / catalog

**2008**
*Against Nature.* Vegas Gallery, London, GB
*Light Reading.* No.w.here Lab, London, GB
*Nought to Sixty.* ICA, London, GB

**2007**
*Invisible Mend.* London Lounge Gallery &
LUX Salon, London, GB

# Ausgewählte Performances und Screenings / Selected Performances and Screenings

**2024**
*Pause: Billy Bultheel & James Richards:
Workers in Song.* KW Institute for
Contemporary Art, Berlin, DE und / and
Mudam Luxembourg, Luxemburg /
Luxembourg, LU (**bevorstehend** / forthcoming)

**2023**
*Billy Bultheel & James Richards: Workers
in Song.* WIELS, Brüssel / Brussels, BE
*Queer World-Mending.* Flaherty Film Seminar,
The Flaherty, New York, NY, US
*Novel Pleasure. signals...here and there.*
Para Site, Hongkong / Hong Kong, HK

**2022**
*Screening: Steve Reinke & James Richards.*
Julia Stoschek Collection, Berlin, DE

**2016**
*James Richards & Leslie Thornton: Abyss Film.*
Kestnergesellschaft, Hannover, DE (weitere
Station / traveled to: Tate Modern, London, GB)

**2011**
*An Echo Button.* Zabludowicz Collection /
Performa, Times Square, New York, NY, US

**2010**
*Steve Reinke & James Richards: Disambiguation.*
Trinity Square Video, Toronto, CA
*The Voice Is a Language.* Tramway, Glasgow,
GB (weitere Station / traveled to: Tate Modern,
London, GB)
*What It Is Not / New Works UK.* LUX, Outpost,
Norwich, GB (weitere Station / traveled to:
ARTPROJX CINEMA, New York, NY, US)
*Cold War For Love.* Recent British Video,
Zinebi Short Film and Documentary
Festival, Bilbao, ES

**2009**
*Film as a Subversive Art.* LUX Project, Zoo Art
Fair, London, GB
*Disturbing History.* Light Industry, New York,
NY, US

**2006**
*Paradise: A Step to the Left.* Tactile BOSCH,
Cardiff, GB
*New Semantics.* Whitechapel Gallery, London,
GB

# Kuratorische Projekte / Curatorial Projects

**2024**
*Novel Pleasure* (mit / with Fatima Hellberg).
Bonner Kunstverein, Bonn, DE

**2018**
*ACHE.* Cabinet, London, GB
*A Slight Ache.* Chapter, Cardiff, GB

**2015**
*Saltwater: A Theory of Thought Forms.*
Istanbul Biennale / Biennial, Istanbul, TR
*Squeezing Sorrow from an Ashtray.*
Bergen Kunsthall, Bergen, NO

2014
*Alms For The Birds.* Cabinet, London, GB
*Mercy Mercy Mercy.* daadgalerie, Berlin, DE
(weitere Station / traveled to: Chapter,
Cardiff, GB)

2013
*If Not Always Permanently, Memorably.*
Spike Island, Bristol, GB
*James Richards: Untitled (Cinema Programme).*
Stedelijk Museum, Amsterdam, NL
*Infermental No.4.* Light Industry, New York,
NY, US

2012
*Surface Tension.* Serpentine Memory
Marathon, Serpentine, London, GB
*Works From the Experimental TV Center
Archives.* ICA, London, GB

2010
*Park Nights: James Richards' About Time.*
Serpentine, London, GB
*NDP Exchange Program.* Migrating Forms,
Anthology Film Archive, New York, NY, US
*Infermental.* Focal Point Gallery,
Southend-on-Sea, GB

2009
*Photography Is Easy.* Form Content, London
und / and Tramway, Glasgow, GB
*Mouth Room.* Light Industry, New York, NY, US

# Ausgewählte Bücher und Magazine / Selected Books and Magazines

James Richards & Leslie Thornton, *Divine
Drudgery,* Mailand / Milan: Lenz Press, 2021.

James Richards & Sarah Perks, „on the side
of the disease and not the cure" in:
*British Art Studies* 14 (November 2019).

Erika Balsom, Lucy Reynolds & Sarah Perks
(Hg. / eds.), *Artists' Moving Image in Britain
Since 1989,* London: Paul Mellon Centre for
Studies in British Art, 2019.

Omar Kholeif, *The Artists Who Will Change the
World,* London: Thames & Hudson, 2018.

Susanne Witzgall & Kerstin Stakemeier
(Hg. / eds.), *Fragile Identities,* Zürich / Zurich:
diaphanes, 2017.

Mason Leaver-Yap & James Richards
(Hg. / eds.), *James Richards: Requests and
Antisongs,* London: Sternberg Press, 2016.

Ed Halter, „Will You Be My Version? James
Richards" in: *Afterall* 38 (Frühling / Spring
2015), S. / pp. 38–49.

Anders Kreuger, „James Richards: Things
Together and Apart" in: *Afterall 38*
(Frühling / Spring 2015), S. / pp. 50–61.

# Auszeichnungen und Stipendien / Awards, Fellowships, Grants

2024
Preis der Nationalgalerie, Nationalgalerie,
Staatliche Museen zu Berlin, Berlin, DE

2014
Paul Hamlyn Awards for Artists, London, GB
Turner Prize, London, GB (shortlisted)
ars viva, Kulturkreis der deutschen Wirtschaft,
Berlin, DE

2013–2014
Artist-in-Residence, DAAD, Berlin, DE

2012
Derek Jarman Award, London, GB
Professor of Research, Center for
Contemporary Art Kitakyushu, Kitakyushu, JP

2011
Luma Foundation Luma Award, Arles, FR
(shortlisted)
Artist-in-Residence, Experimental TV Center,
Owego, NY, US

2008
Artist-in-Residence, LUX, London, GB

2007
Artist-in-Residence, Light Reading, No.w.here
Lab, London, GB

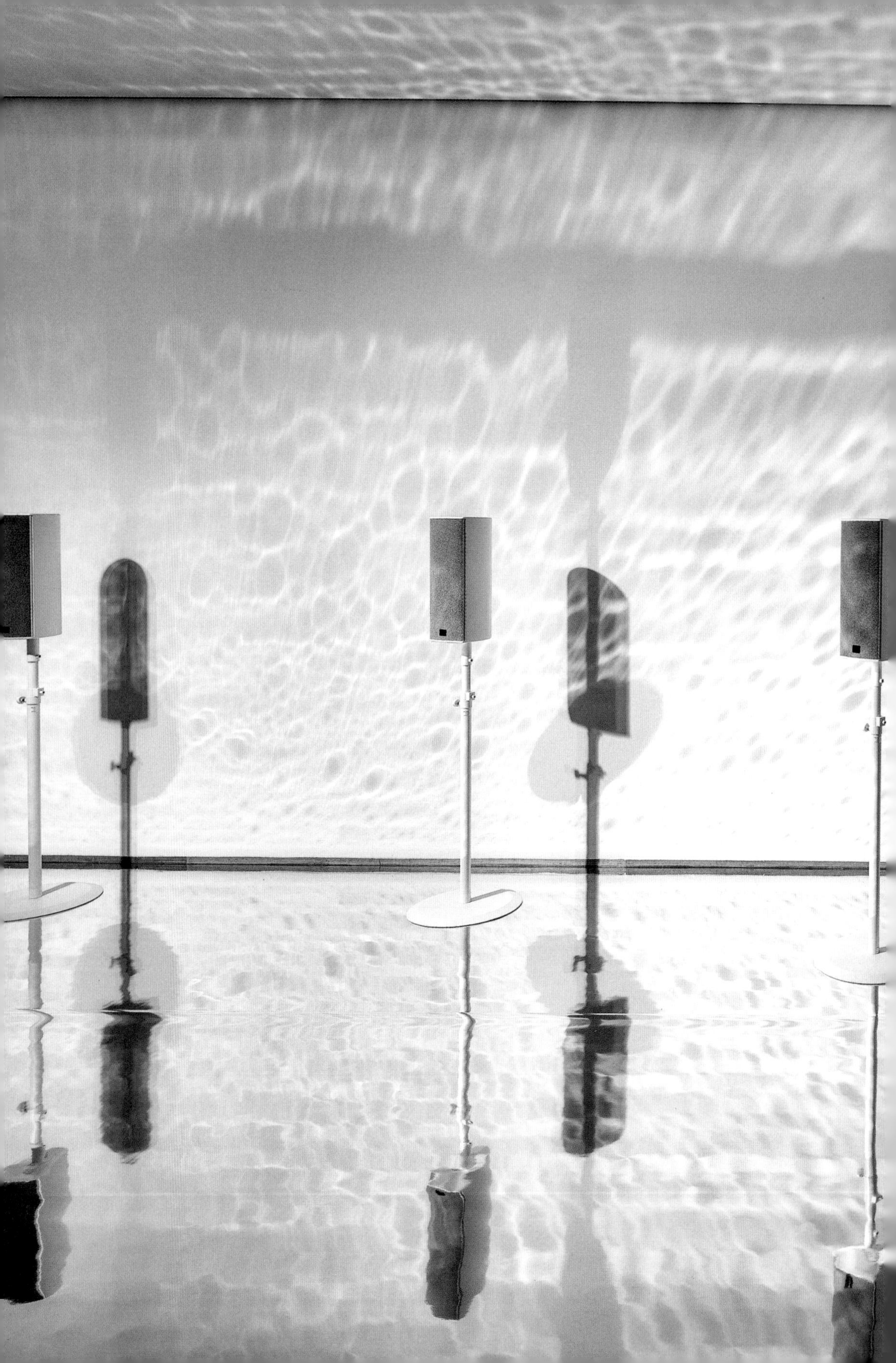

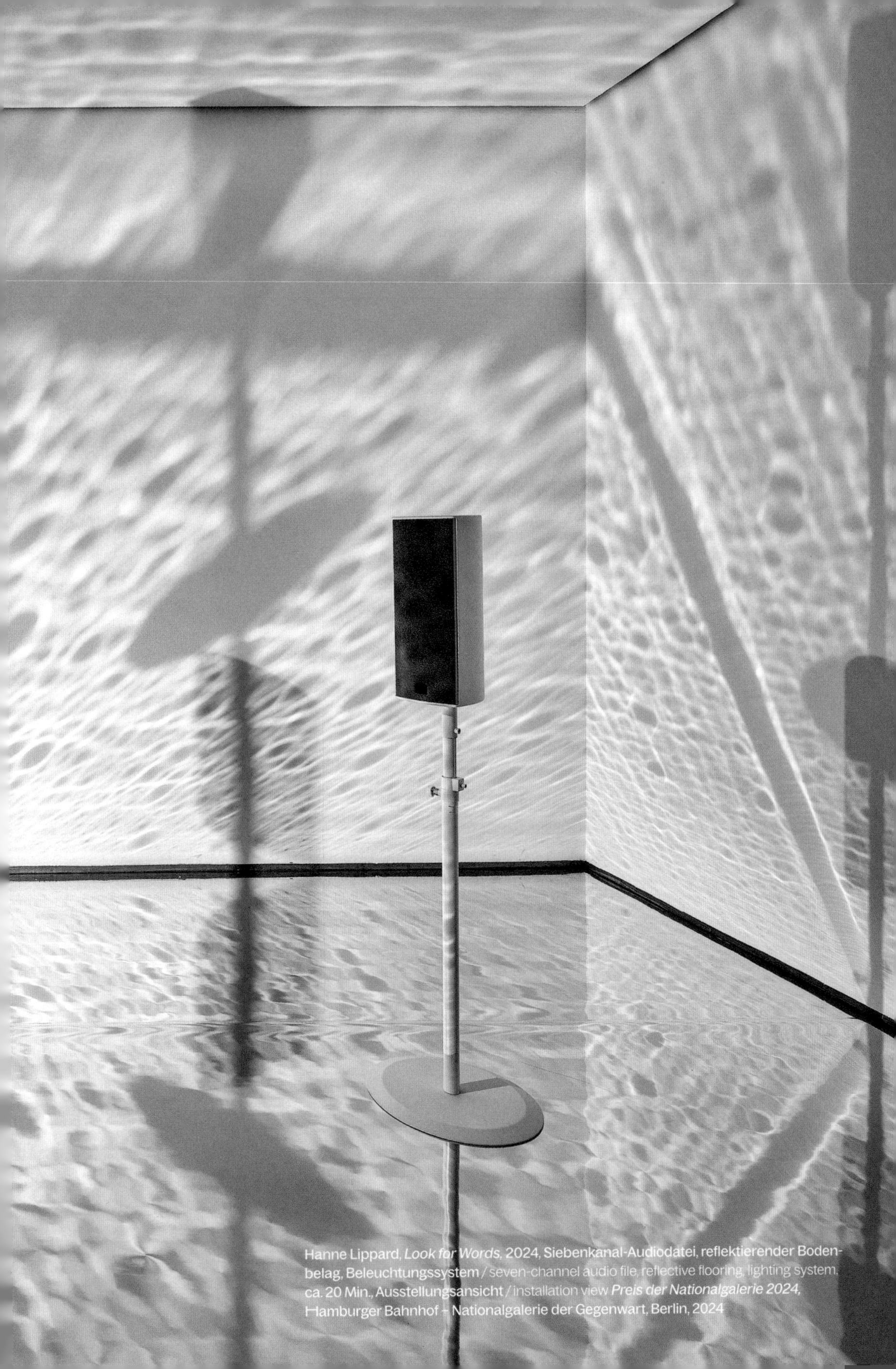

Hanne Lippard, *Look for Words*, 2024, Siebenkanal-Audiodatei, reflektierender Boden-
belag, Beleuchtungssystem / seven-channel audio file, reflective flooring, lighting system,
ca. 20 Min., Ausstellungsansicht / installation view *Preis der Nationalgalerie 2024*,
Hamburger Bahnhof – Nationalgalerie der Gegenwart, Berlin, 2024

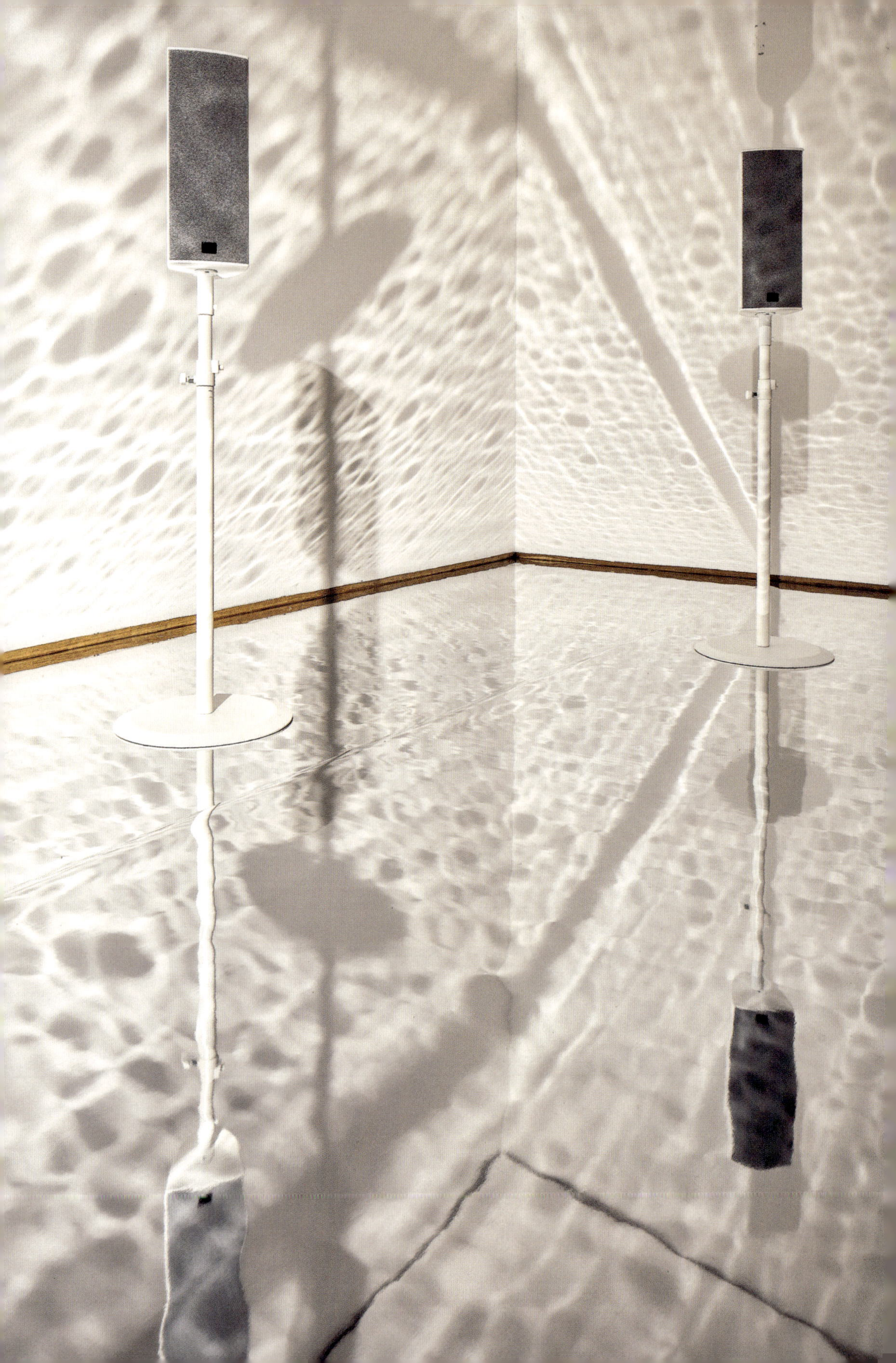

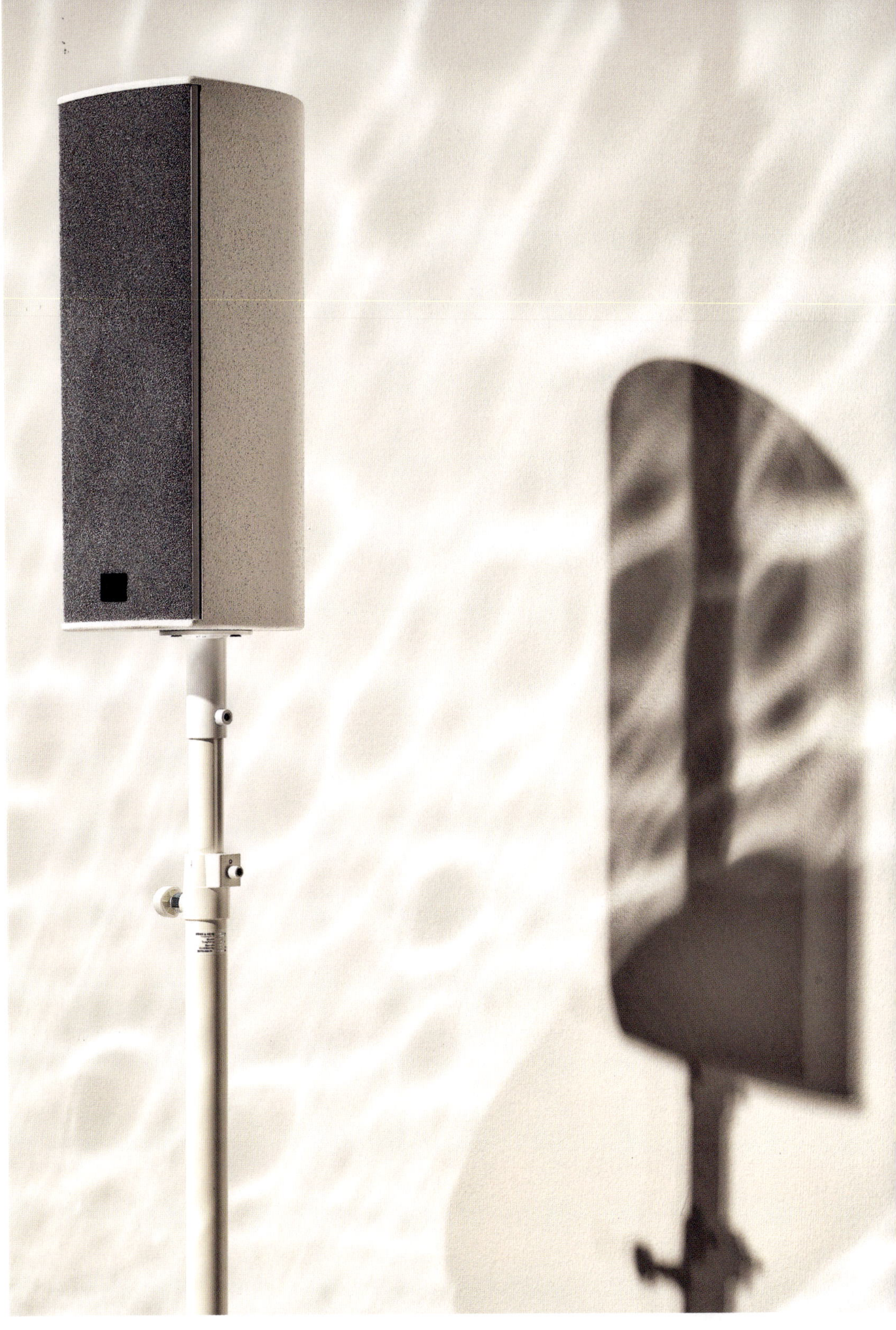

Hanne Lippard, *Look for Words,* 2024, Siebenkanal-Audiodatei, reflektierender Boden-belag, Beleuchtungssystem / seven-channel audio file, reflective flooring, lighting system, ca. 20 Min., Ausstellungsansicht / installation view *Preis der Nationalgalerie 2024,* Hamburger Bahnhof – Nationalgalerie der Gegenwart, Berlin, 2024

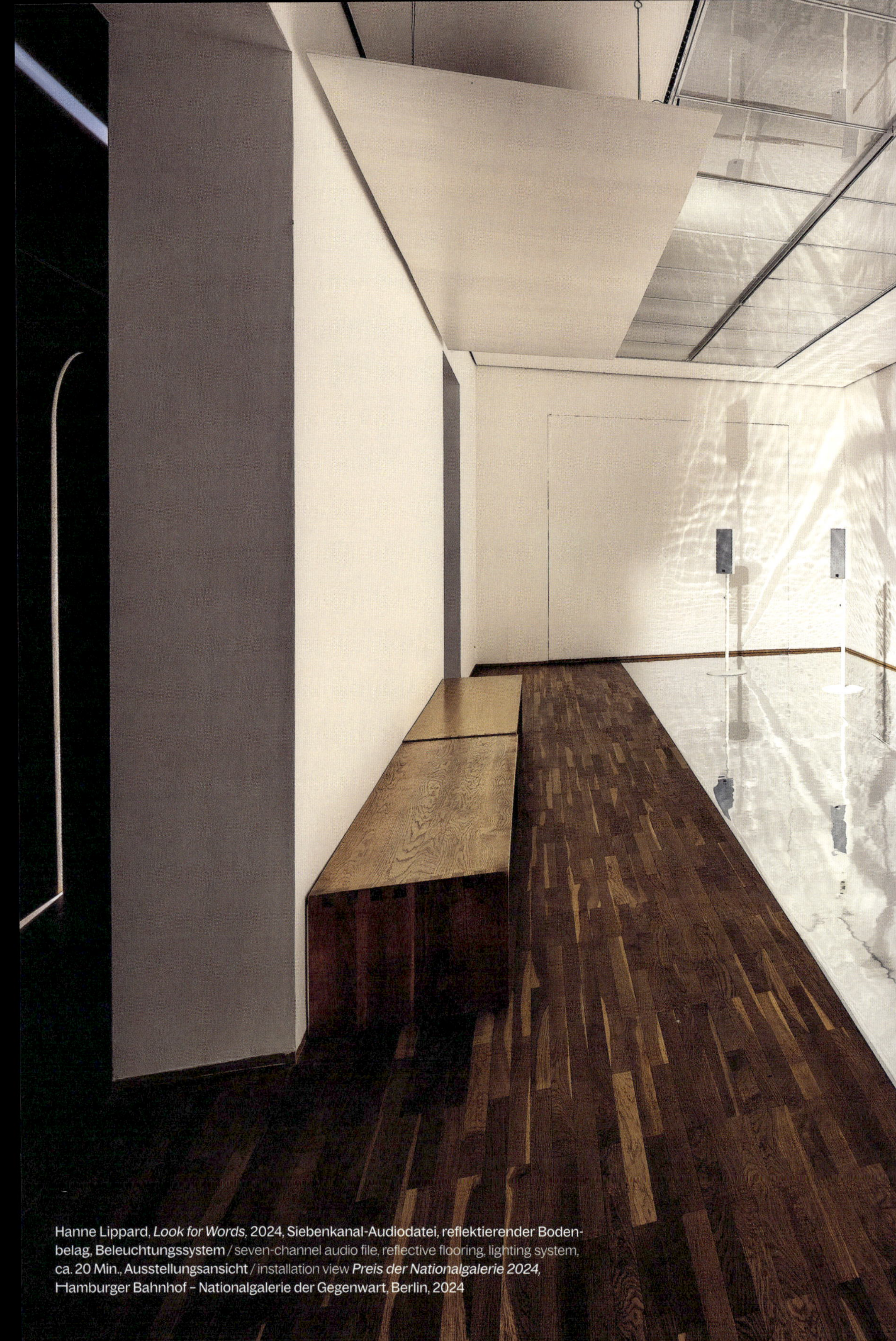

Hanne Lippard, *Look for Words*, 2024, Siebenkanal-Audiodatei, reflektierender Boden-
belag, Beleuchtungssystem / seven-channel audio file, reflective flooring, lighting system,
ca. 20 Min., Ausstellungsansicht / installation view *Preis der Nationalgalerie 2024*,
Hamburger Bahnhof – Nationalgalerie der Gegenwart, Berlin, 2024

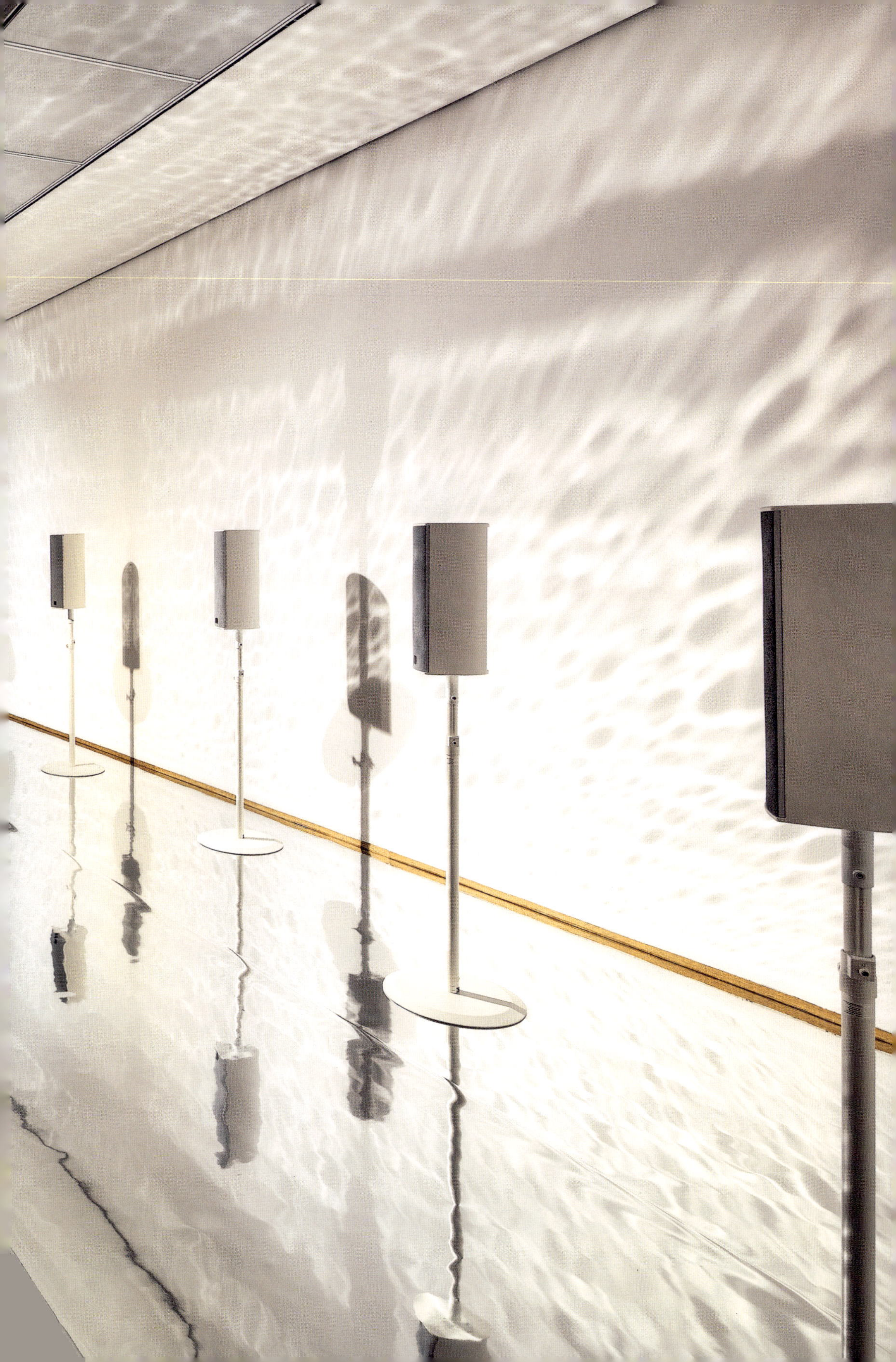

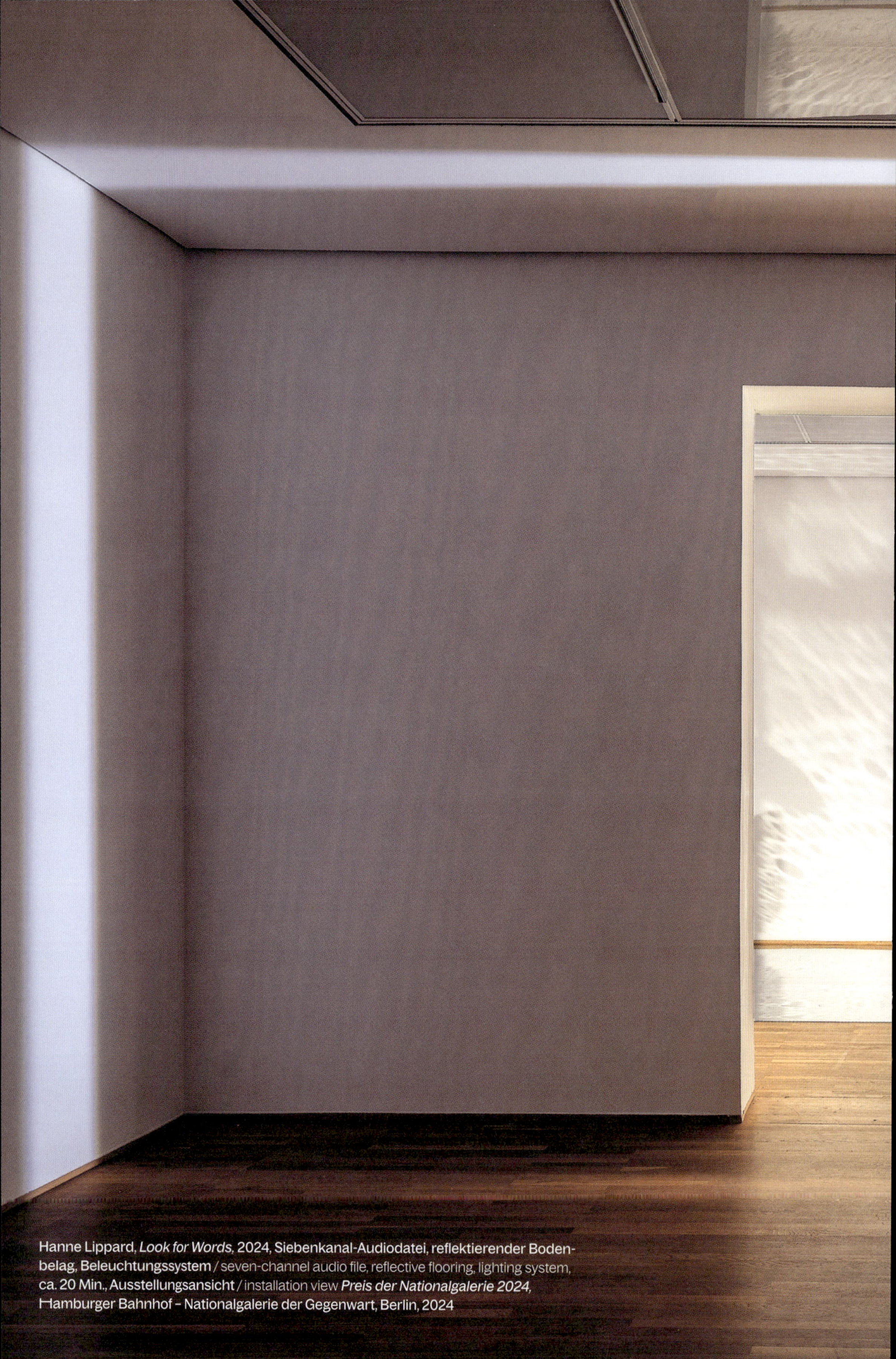

Hanne Lippard, *Look for Words*, 2024, Siebenkanal-Audiodatei, reflektierender Boden-belag, Beleuchtungssystem / seven-channel audio file, reflective flooring, lighting system, ca. 20 Min., Ausstellungsansicht / installation view *Preis der Nationalgalerie 2024*, Hamburger Bahnhof – Nationalgalerie der Gegenwart, Berlin, 2024

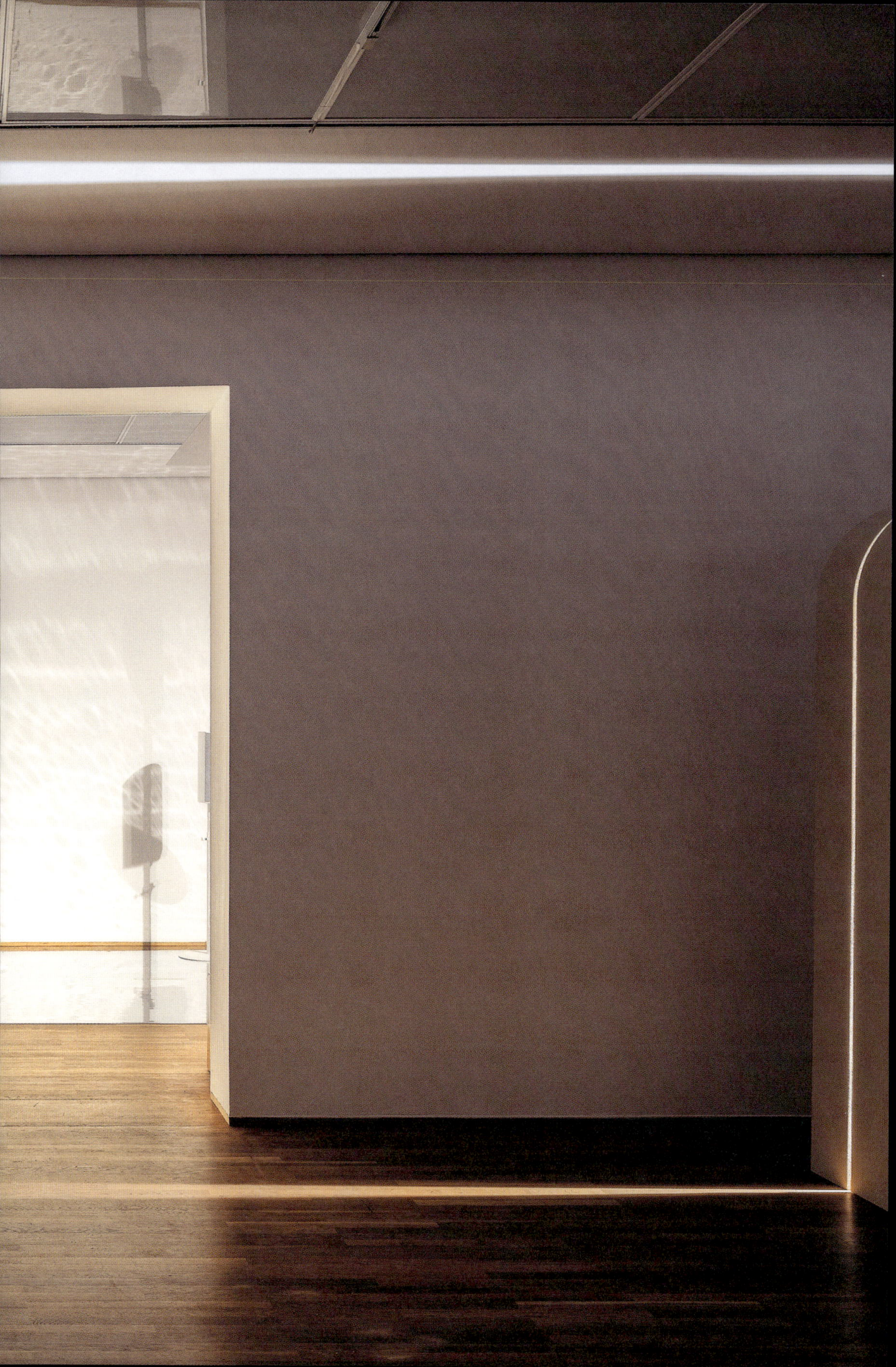

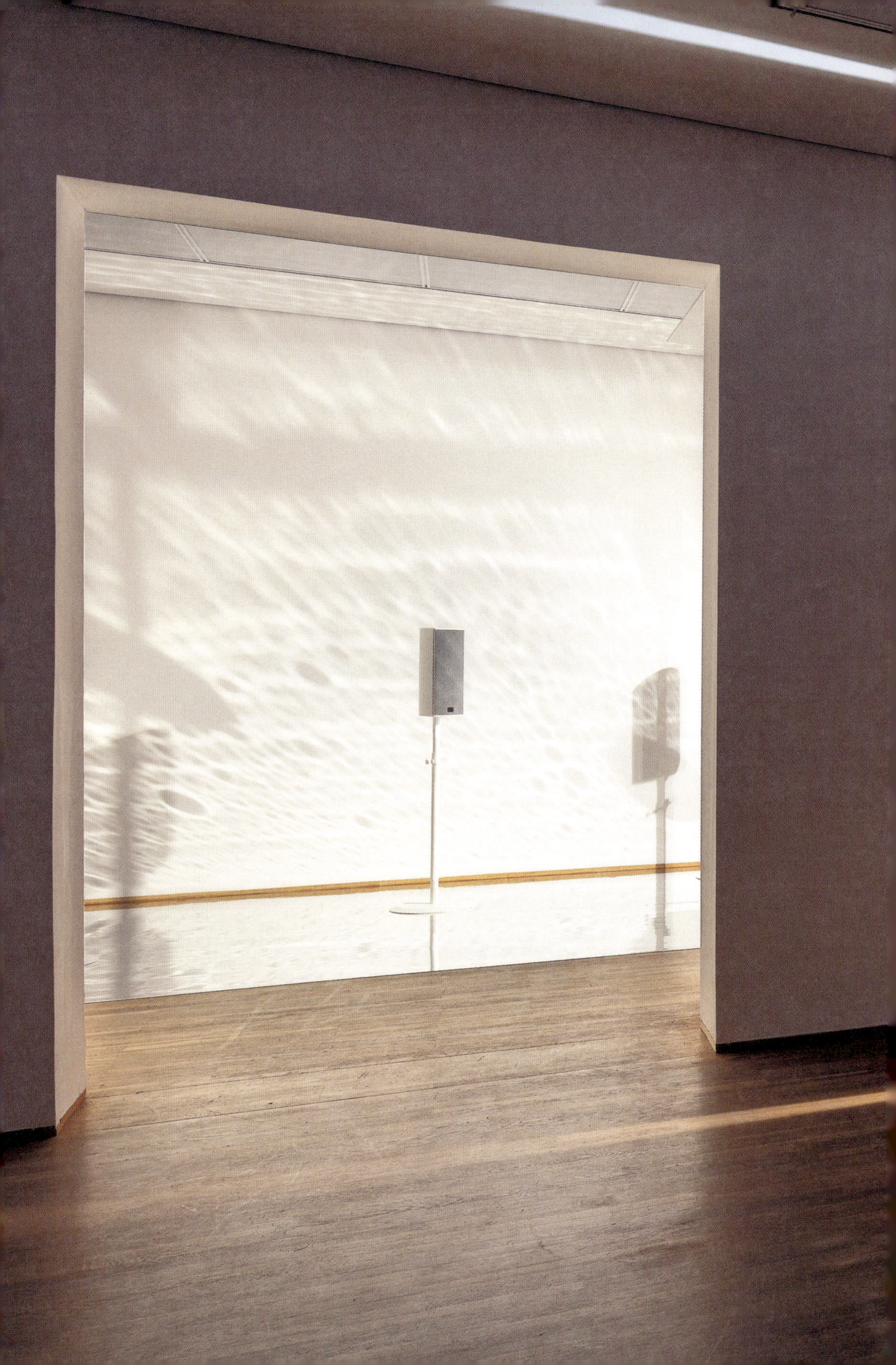

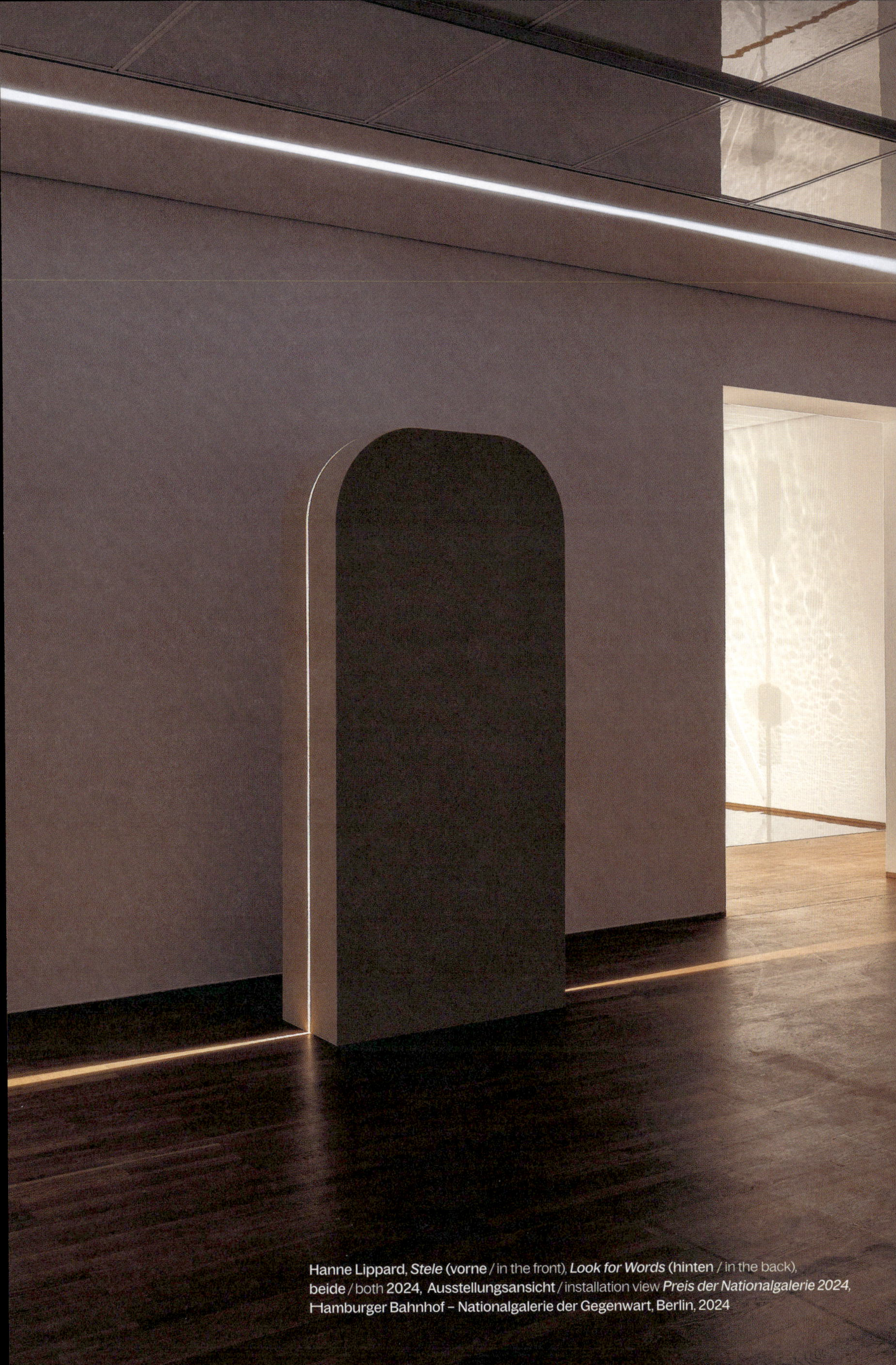

Hanne Lippard, *Stele* (vorne / in the front), *Look for Words* (hinten / in the back), beide / both 2024, Ausstellungsansicht / installation view *Preis der Nationalgalerie 2024*, Hamburger Bahnhof – Nationalgalerie der Gegenwart, Berlin, 2024

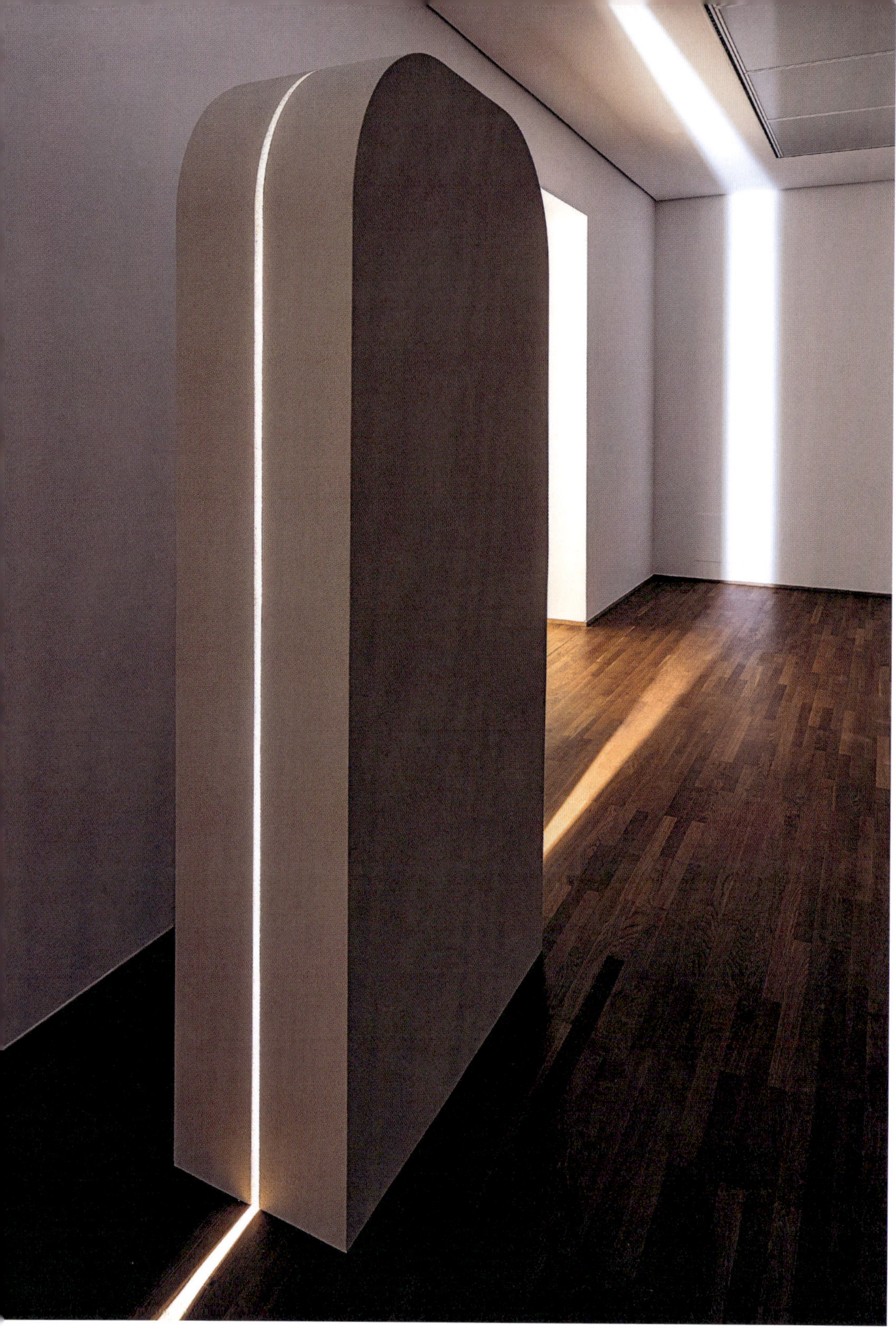

Hanne Lippard, *Stele,* 2024, Styropor, Aluminium, Holz, LED-Licht, Schallwandler, Lautsprecher, Verstärker, Farbe / styrofoam, aluminum, wood, LED light, transducer, speakers, amplifier, paint, Ausstellungsansicht / installation view *Preis der Nationalgalerie 2024,* Hamburger Bahnhof – Nationalgalerie der Gegenwart, Berlin, 2024

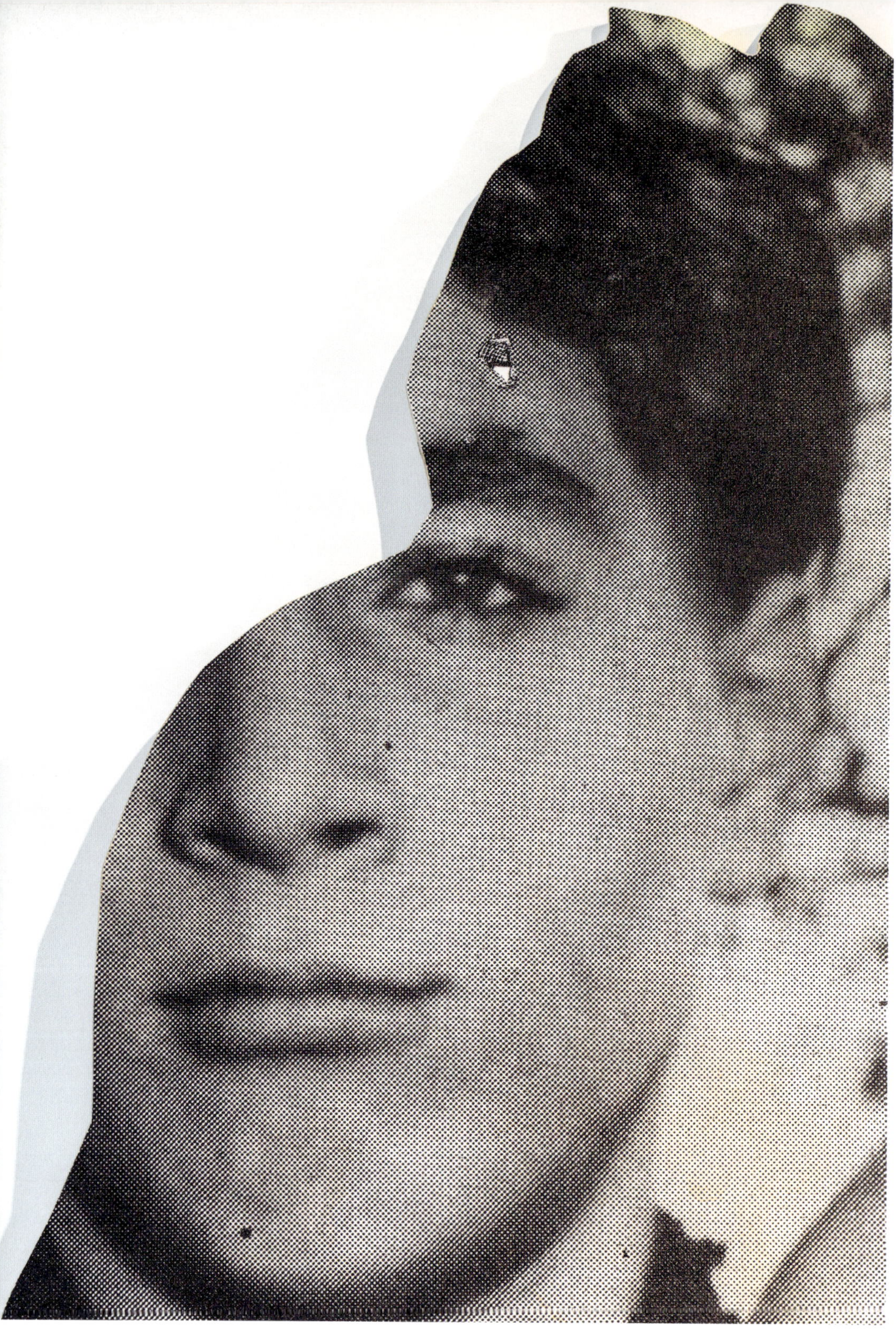

James Richards & Lucas Foletto Celinski, *Novel Pleasures,* 2024, Schwarzweißdruck auf Sperrholz-platten, Pigmentpapier, Cartoon-Ausschnitte, Druckerzeugnisse / black and white print mounted on plywood panels, pigment wash, cartoon clippings, printed matter, **Ausstellungsansicht** / installation view *Preis der Nationalgalerie 2024,* Hamburger Bahnhof – Nationalgalerie der Gegenwart, Berlin, 2024

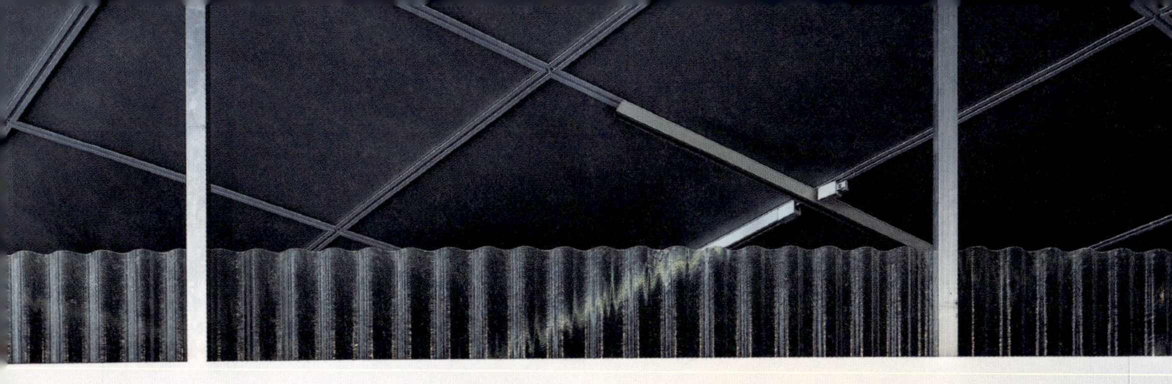

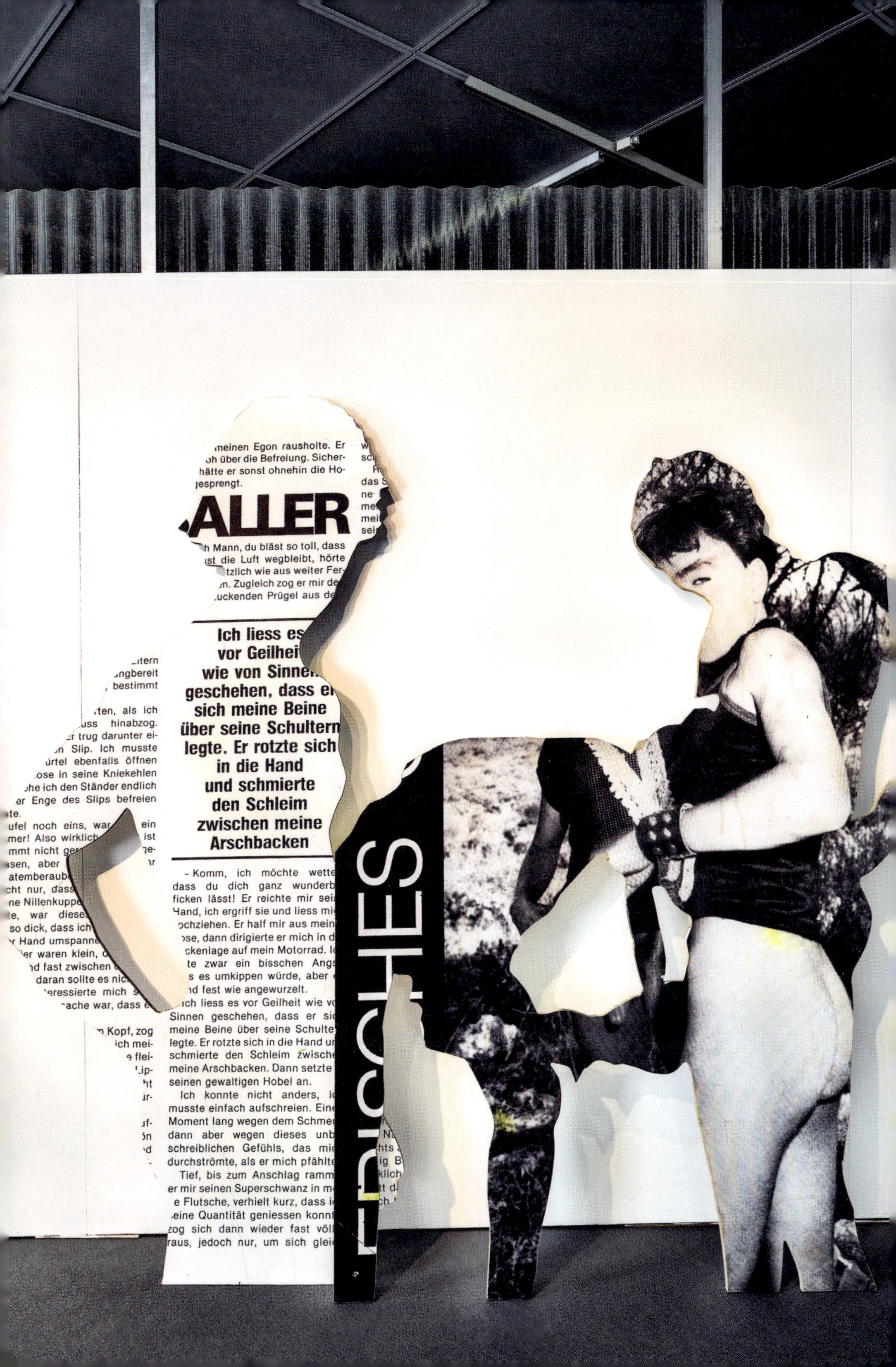

...meinen Egon rausholte. Er
...oh über die Befreiung. Sicher-
hätte er sonst ohnehin die Ho-
...gesprengt.

ALLER

...h Mann, du bläst so toll, dass
...ist die Luft wegbleibt, hörte
...tzlich wie aus weiter Fer-
...en. Zugleich zog er mir de...
...uckenden Prügel aus de...

Ich liess es
vor Geilhei...
wie von Sinne...
geschehen, dass e...
sich meine Beine
über seine Schultern
legte. Er rotzte sich
in die Hand
und schmierte
den Schleim
zwischen meine
Arschbacken

– Komm, ich möchte wette...
dass du dich ganz wunderb...
ficken lässt! Er reichte mir sei...
Hand, ich ergriff sie und liess mi...
...ochziehen. Er half mir aus mein...
...ose, dann dirigierte er mich in d...
...ckenlage auf mein Motorrad. Ic...
...te zwar ein bisschen Angs...
...s es umkippen würde, aber...
...nd fest wie angewurzelt.
...ch liess es vor Geilheit wie vo...
Sinnen geschehen, dass er sic...
meine Beine über seine Schulte...
legte. Er rotzte sich in die Hand un...
schmierte den Schleim zwische...
meine Arschbacken. Dann setzte...
seinen gewaltigen Hobel an.
Ich konnte nicht anders, ic...
musste einfach aufschreien. Eine...
Moment lang wegen dem Schme...
dann aber wegen dieses unb...
schreiblichen Gefühls, das mic...
durchströmte, als er mich pfählte...
Tief, bis zum Anschlag ramm...
er mir seinen Superschwanz in m...
e Flutsche, verhielt kurz, dass i...
...eine Quantität geniessen konnt...
zog sich dann wieder fast völ...
raus, jedoch nur, um sich glei...

...itern
...ngbereit
...bestimmt

...ten, als ich
...uss hinabzog.
...r trug darunter ei-
...n Slip. Ich musste
...ürtel ebenfalls öffnen
...ose in seine Kniekehlen
...he ich den Ständer endlich
...er Enge des Slips befreien
...te.
...ufel noch eins, war... ein
...mer! Also wirklich... ist
...mmt nicht ge...
...sen, aber
atemberaub...
...cht nur, dass
...ne Nillenkuppe...
...te, war diese...
so dick, dass ich
...r Hand umspanne...
...er waren klein,
...nd fast zwischen
...daran sollte es nic...
...eressierte mich s...
...ache war, dass e...
...n Kopf, zog
...ich mei-
...e flei-
...Lip-
...ht
...ur-
...uf-
...n
...d

FRISCHES

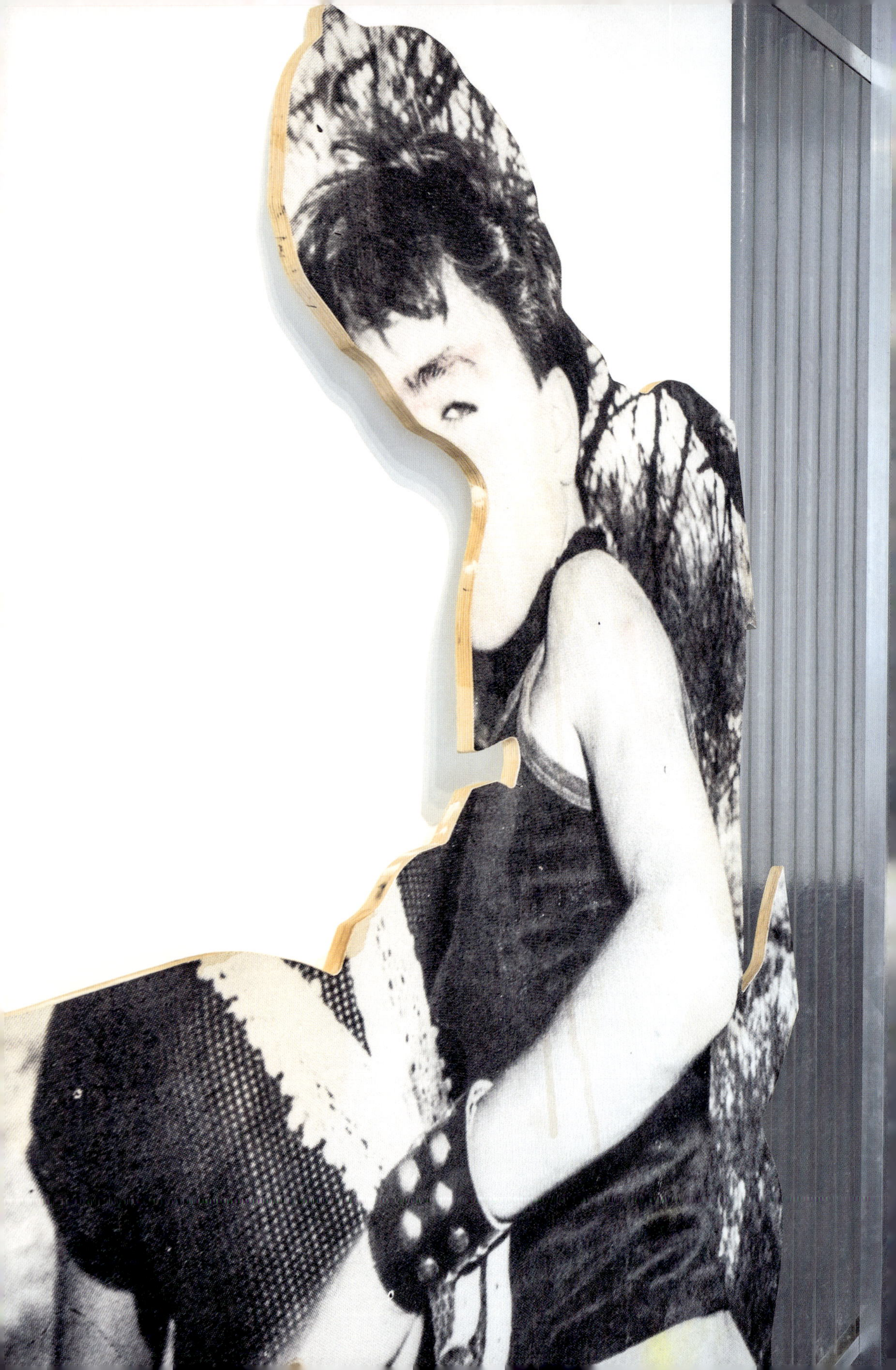

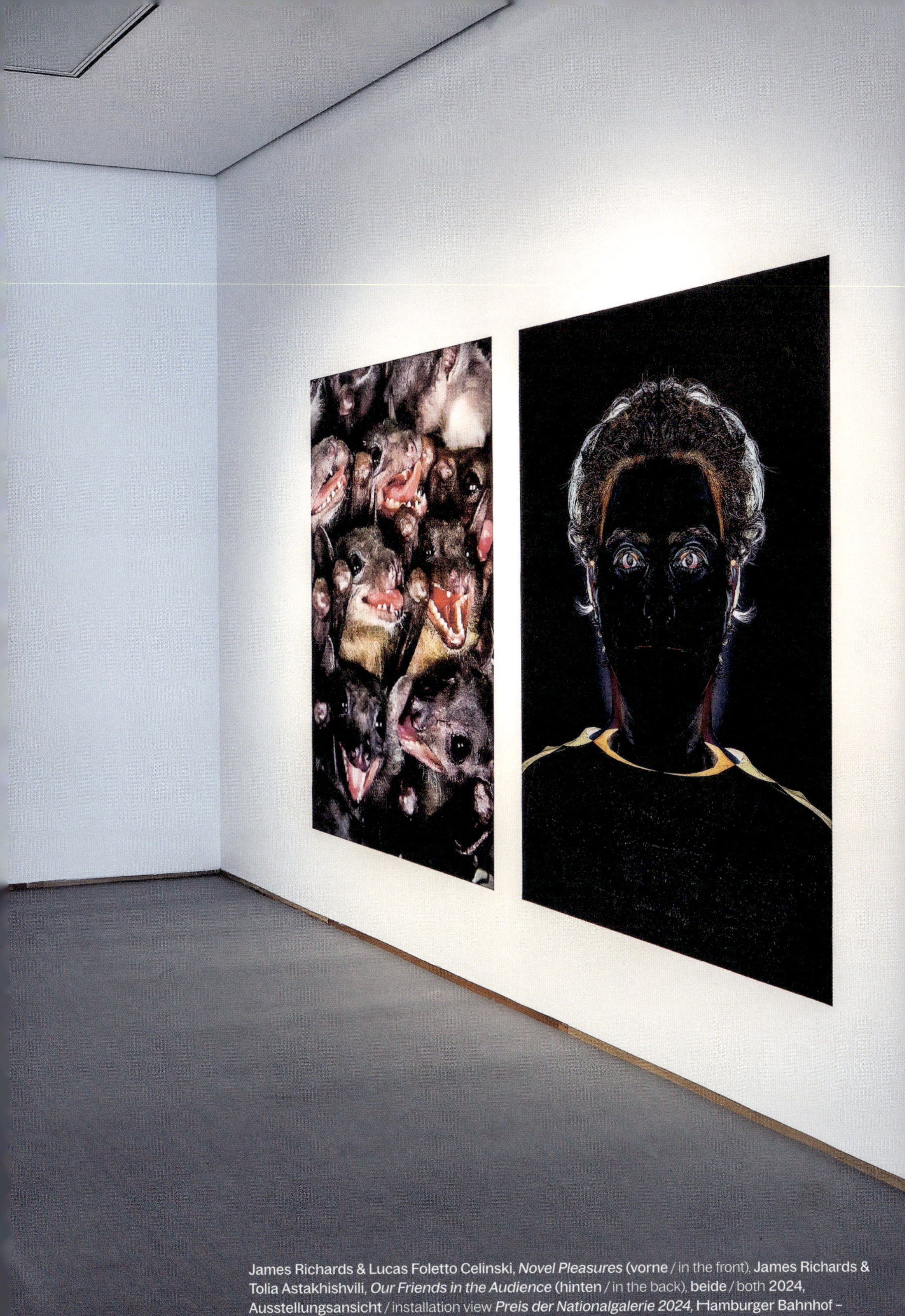

James Richards & Lucas Foletto Celinski, *Novel Pleasures* (vorne / in the front), James Richards & Tolia Astakhishvili, *Our Friends in the Audience* (hinten / in the back), **beide** / both 2024, Ausstellungsansicht / installation view *Preis der Nationalgalerie 2024*, Hamburger Bahnhof – Nationalgalerie der Gegenwart, Berlin, 2024

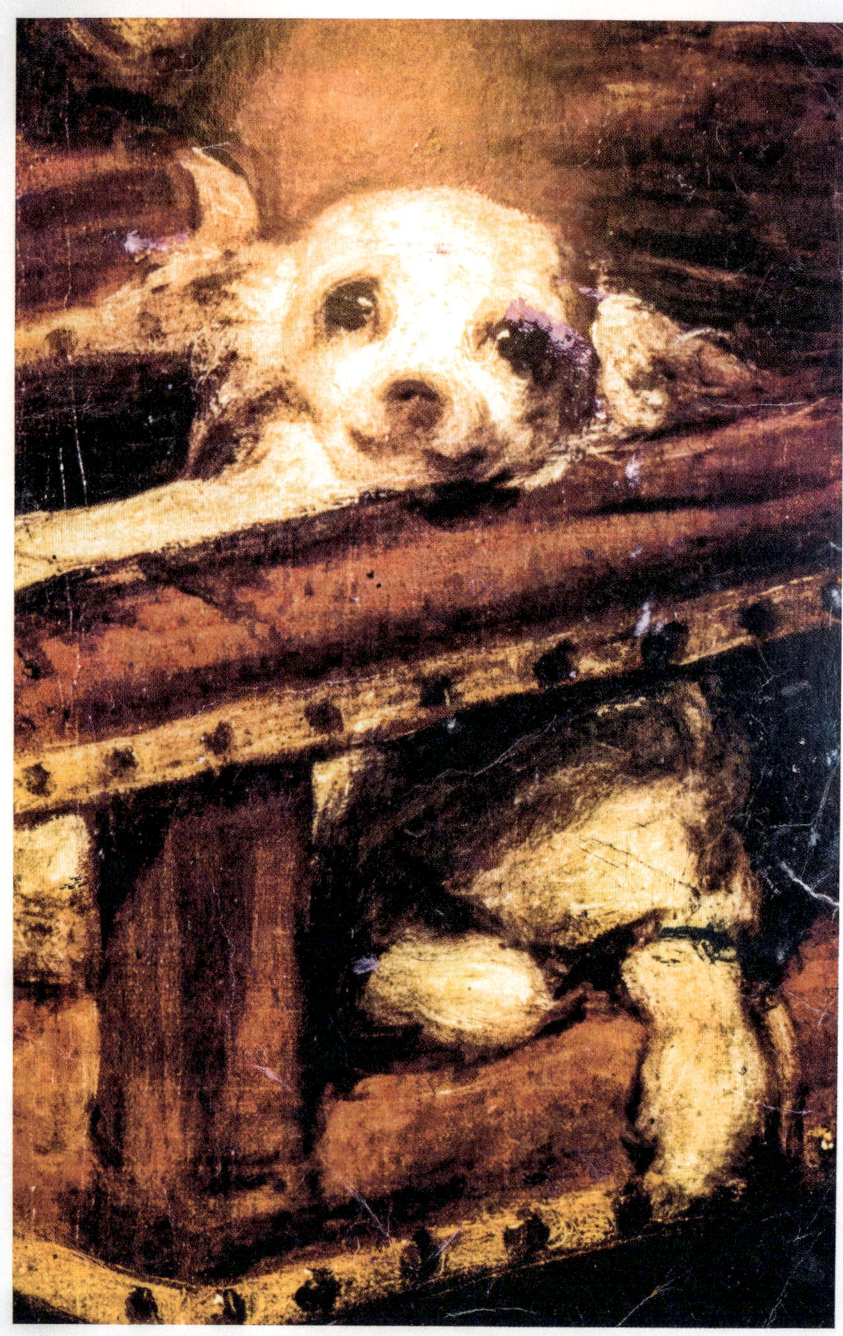

James Richards & Tolia Astakishvili, *Our Friends in ...*
Digitaldruck auf Papier / digital print on paper, Ausstellungsansicht /
installation view *Preis der Nationalgalerie 2024*, Hamburger Bahnhof –
Nationalgalerie der Gegenwart, Berlin, 2024

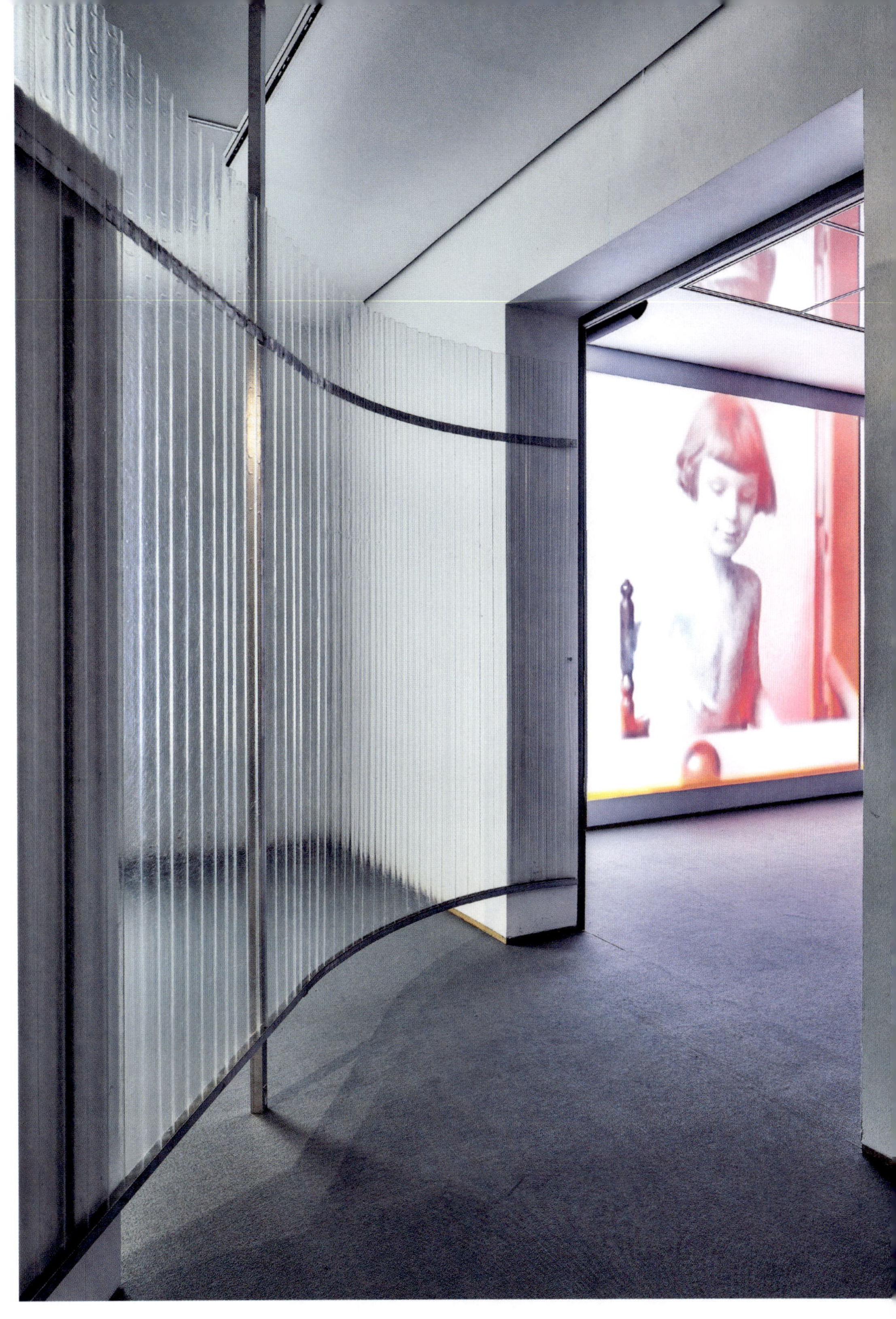

James Richards, *Happy Fall Triology*, 2024, Zweikanal-Videoinstallation, Ton /
two-channel video installation, sound, **drei Kapitel** / three chapters, **je** / each
ca. 12 Min., Ausstellungsansicht / installation view *Preis der Nationalgalerie 2024*,
Hamburger Bahnhof – Nationalgalerie der Gegenwart, Berlin, 2024

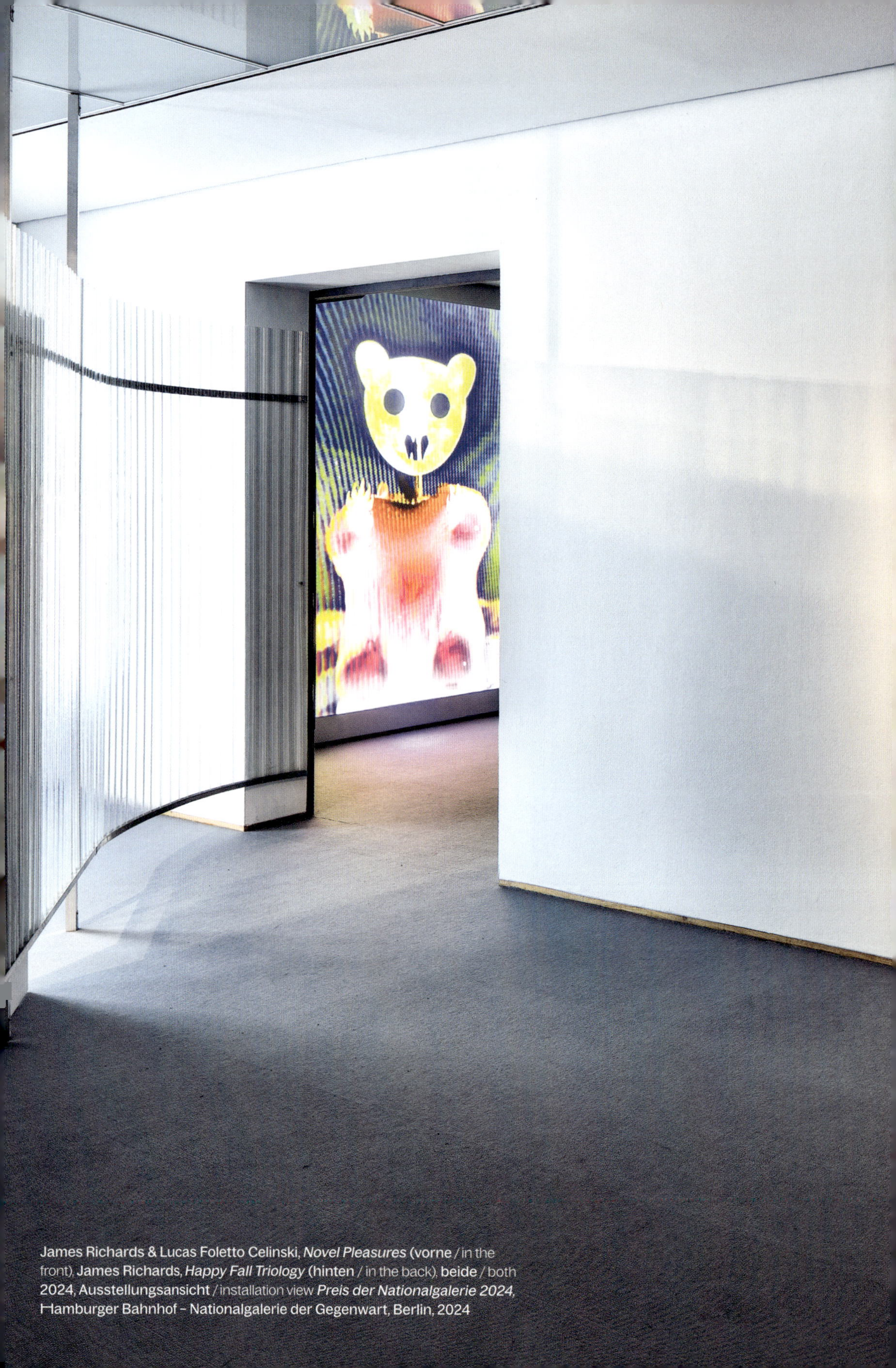

James Richards & Lucas Foletto Celinski, *Novel Pleasures* (vorne / in the front), James Richards, *Happy Fall Triology* (hinten / in the back), beide / both 2024, Ausstellungsansicht / installation view *Preis der Nationalgalerie 2024*, Hamburger Bahnhof – Nationalgalerie der Gegenwart, Berlin, 2024

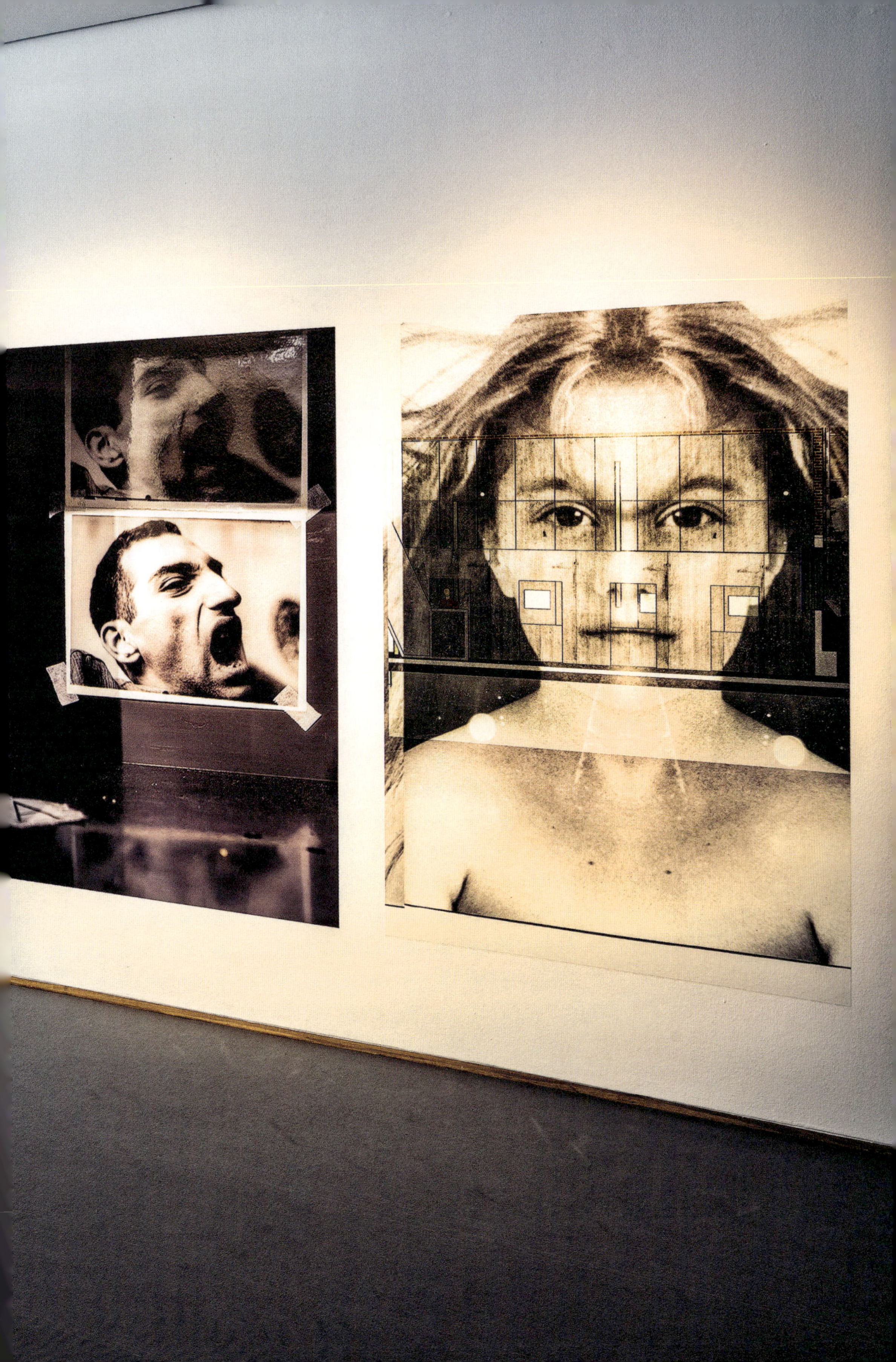

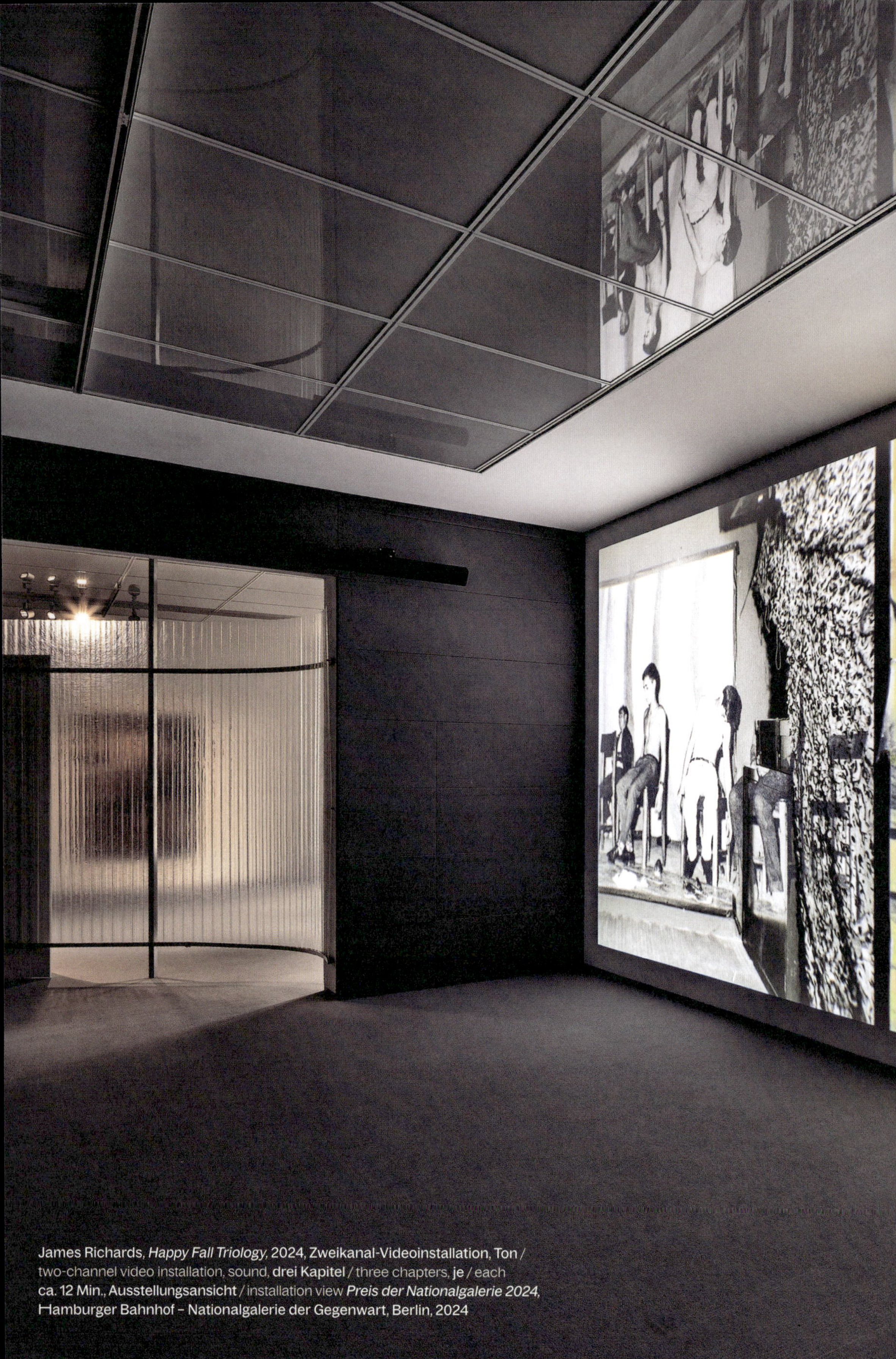

James Richards, *Happy Fall Triology,* 2024, Zweikanal-Videoinstallation, Ton / two-channel video installation, sound, **drei Kapitel** / three chapters, **je** / each ca. 12 Min., Ausstellungsansicht / installation view *Preis der Nationalgalerie 2024,* Hamburger Bahnhof – Nationalgalerie der Gegenwart, Berlin, 2024

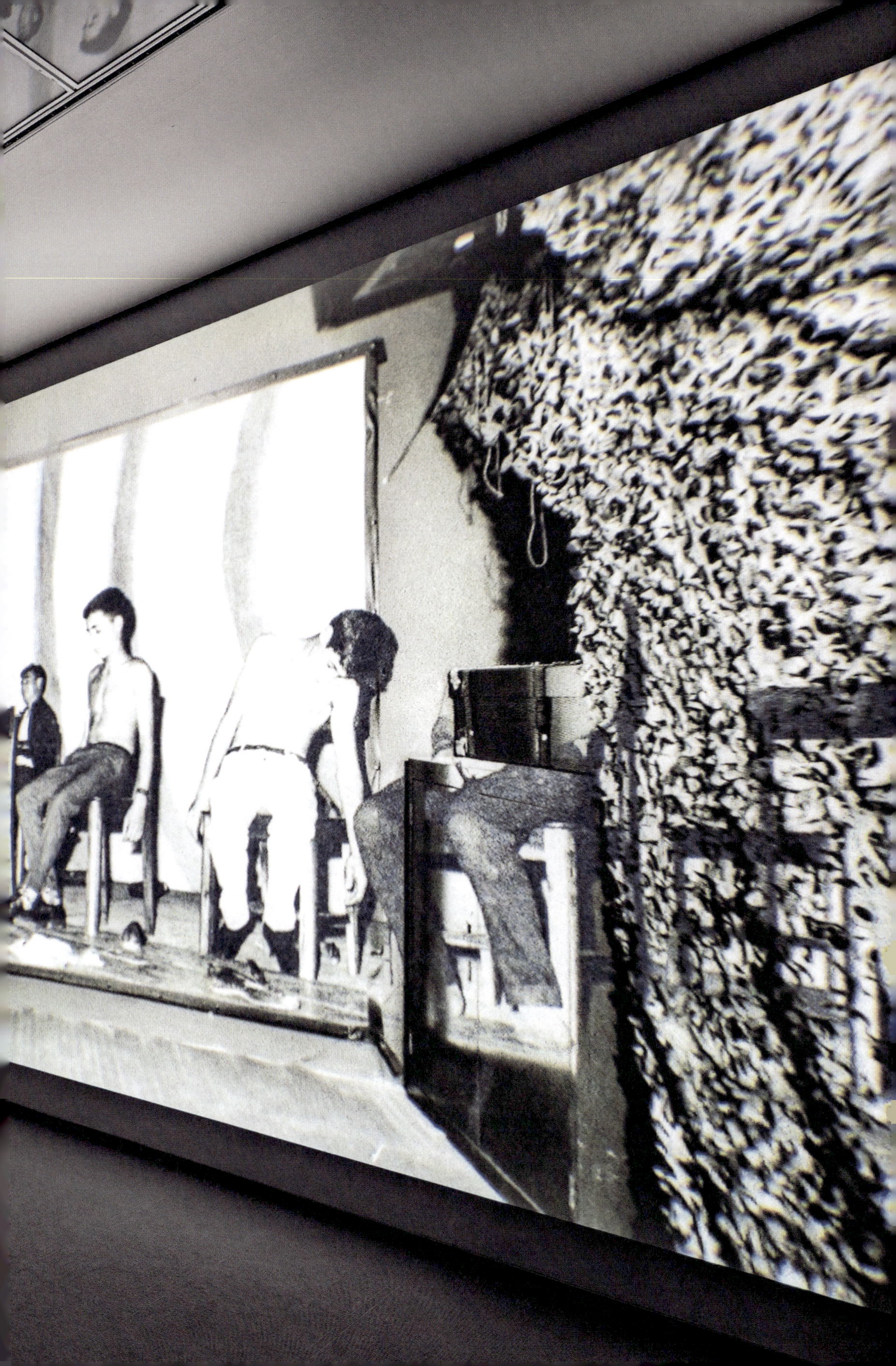

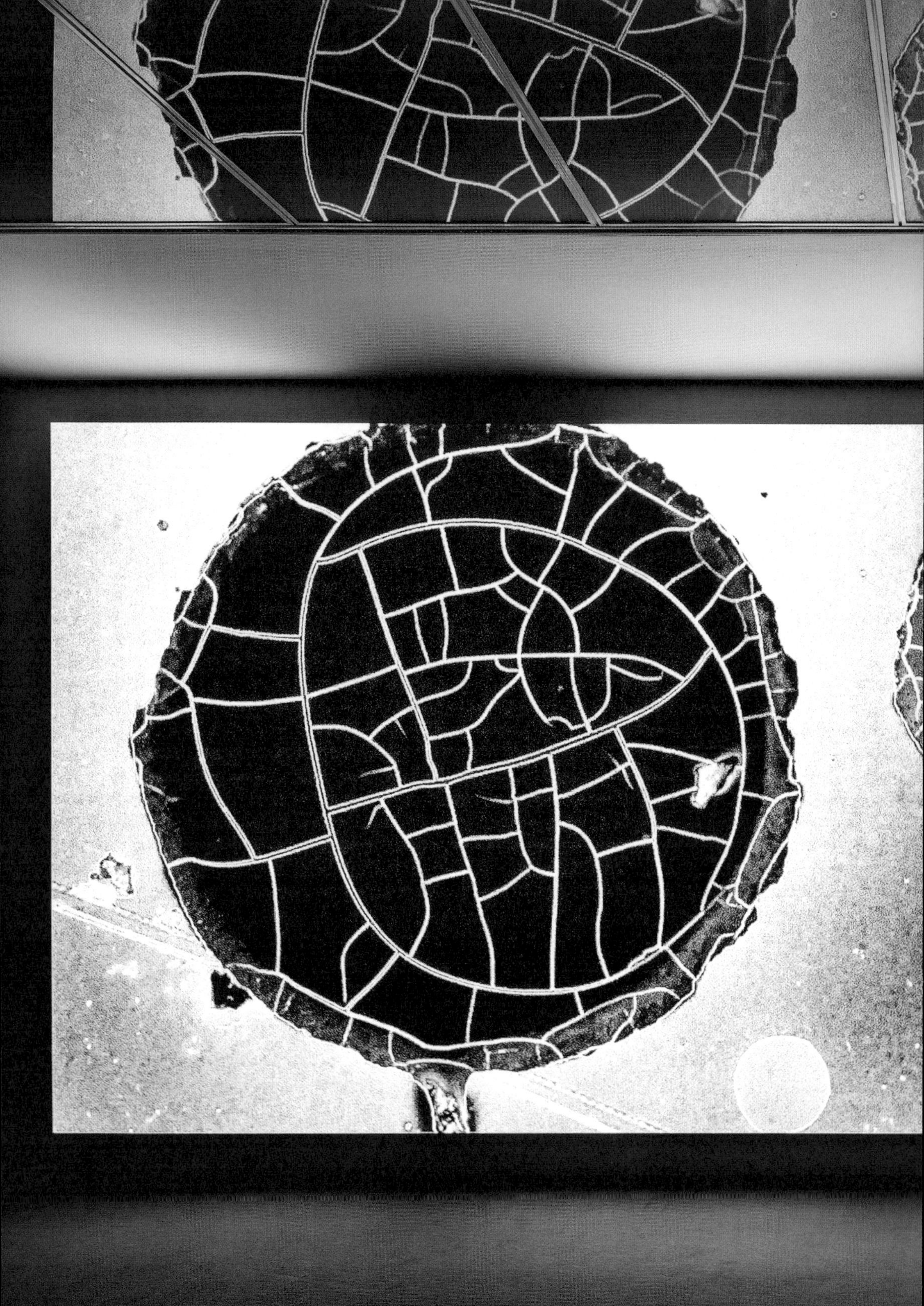

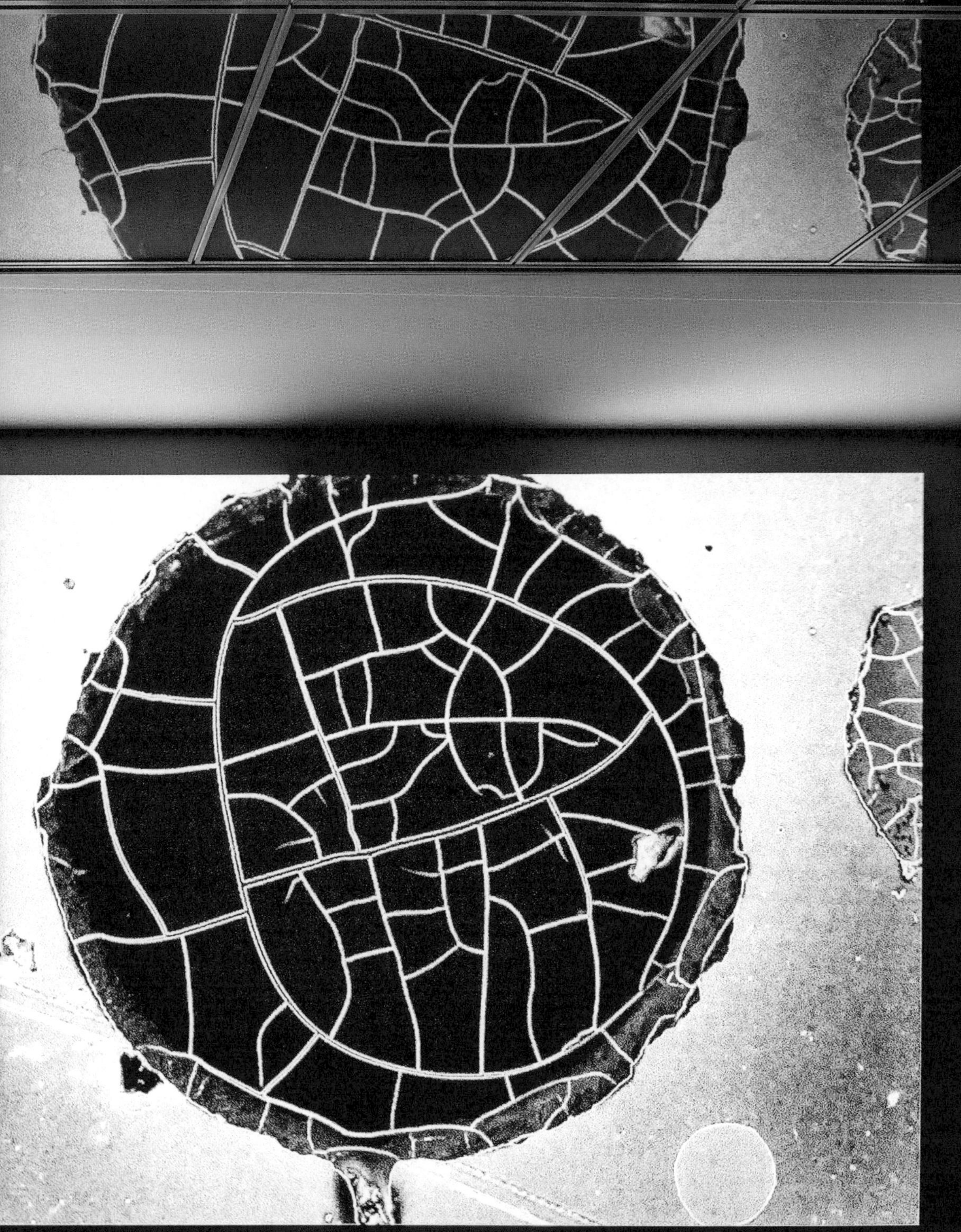

James Richards, *Happy Fall Triology*, 2024, Zweikanal-Videoinstallation, Ton /
two-channel video installation, sound, **drei Kapitel** / three chapters, **je** / each
ca. 12 Min., Ausstellungsansicht / installation view *Preis der Nationalgalerie 2024*,
Hamburger Bahnhof – Nationalgalerie der Gegenwart, Berlin, 2024

# Über Preise und Sichtbarkeit in einer neoliberalen Kunstwelt / On Prizes and Visibility in a Neoliberal Art World

Eine Unterhaltung / A Conversation:
Ägnes Rameder mit / with
Dan Lie, Pan Daijing, Hanne Lippard,
James Richards

Agnes Rameder Ich möchte unser Gespräch mit einer kleinen Anekdote beginnen. Zur Verleihungszeremonie für den Preis der Nationalgalerie 2005 war der inzwischen verstorbene Theaterregisseur Christoph Schlingensief eingeladen worden; er sollte den*die Gewinner*in des Publikumspreises verkünden, den es damals noch gab. Statt den Umschlag, der den betreffenden Namen enthielt, jedoch zu öffnen, zerriss er ihn in Stücke und erklärte: „Kunst kennt keine Sieger, also breche ich die Veranstaltung ergebnislos ab."[1] Damit verließ er die Bühne. Offenbar hielt Schlingensief nicht allzu viel von Kunstpreisen, zumindest nicht solchen, die nur einer einzigen Person zuerkannt werden. Und natürlich ist es unmöglich, verbindliche Kriterien zu identifizieren, anhand derer sich die ‚beste Kunst' herauspicken lässt. Was bedeutet es für euch, mit Kunstpreisen generell und insbesondere mit diesem Preis ausgezeichnet zu werden?

Hanne Lippard Ich denke, es geht dabei nicht nur um die Frage, ob ein*e Künstler*in besser als ein*e andere*r ist oder ob die Kunst von professionellen Künstler*innen besser als die von Personen ohne künstlerische Ausbildung ist. Für mich geht das vielmehr mit einer allgemeineren Erfolgskurve einher, wer die Chance erhält, seine oder ihre Kunst zu zeigen. Ich finde es immer schwierig, mit anderen zu konkurrieren, es erscheint mir generell ziemlich unerfreulich – besonders wenn Arbeiten in einer großen Auswahlausstellung nebeneinandergestellt werden, aus der dann eine einzige Position zur besten erklärt wird. Die Preisidee an sich ist ein integrer Bestandteil der systemischen Bedingungen um uns herum, und ein Hauptfaktor ist dabei die Sichtbarkeit, auch wenn die Entscheidung dann letztendlich von einer spezifischen Jury getroffen wird. Insbesondere online hat die Sichtbarkeit von Künstler*innen definitiv zugenommen, seit Schlingensief hier auf der Bühne stand. 2005 gab es vermutlich nur Facebook, das von Künstler*innen aber kaum genutzt wurde.

Agnes Rameder I'd like to start our discussion with a little anecdote. In 2005, at the award ceremony for the Preis der Nationalgalerie [Prize of the National Gallery], the late theater director Christoph Schlingensief was supposed to announce the winner of the public's choice award (which still existed back then). Instead, he tore the envelope enclosing the winner's name into pieces, and declared, "I hereby terminate this event, this art competition, without any result. Art knows no winners."[1] He then left the stage. Schlingensief apparently didn't believe in art prizes, or at least not in art prizes awarded to only one winner. And of course, normative criteria measuring 'the best art' are impossible to define. Could you share your thoughts on receiving prizes in general and this prize in particular?

---

1 "Nationalgalerie ehrt italienische Künstlerin" in: *Der Spiegel*, September 28, 2005, https://www.spiegel.de/kultur/gesellschaft/gegenwartskunst-nationalgalerie-ehrt-italienische-kuenstlerin-a-377103.html, last accessed on April 9, 2024 [transl. by the author]

---

1 "Nationalgalerie ehrt italienische Künstlerin" in: Der Spiegel, September 28, 2005, https://www.spiegel.de/kultur/gesellschaft/gegenwartskunst-nationalgalerie-ehrt-italienische-kuenstlerin-a-377103.html, last accessed on April 9, 2024 [transl. by the author]

James Richards Myspace, man hatte eine gut kuratierte Myspace-Seite.

HL Ja, Myspace.

Dan Lie Die Erfahrung, einen Preis zu bekommen, ist relativ neu für mich, obwohl ich seit sechzehn Jahren künstlerisch arbeite. Ich erinnere mich, dass ich einen Anruf bekam und man mir mitteilte, ich sei mit dem Preis der Nationalgalerie ausgezeichnet worden. Aber ich war mit keinem der Schritte vertraut, die der Prozess der Preisverleihung involvieren würde. Es war ein ähnliches Gefühl, als eine Mail von einem*r Kurator*in mit einer Einladung zu einer ziemlich coolen Gruppenausstellung zu erhalten, obwohl ein Preis natürlich noch mal etwas anderes als eine Gruppenausstellung ist. Sicher, es ist wirklich gut, Anerkennung zu bekommen und nach sechzehn Jahren meinen ersten Kunstpreis zu empfangen. Auf der anderen Seite aber ist es ein Spiel. Ich denke, dass sich das System Kunst verändern muss, und langsam beginnen sich auch erste Veränderungen zu zeigen. Eine Menge Leute sind sich einig darin, dass diese Änderungen notwendig sind.

JR Es ist gut, solche Momente der Anerkennung und Bestätigung zu erfahren. Und hier fühlt es sich definitiv weit weniger unerfreulich an, da wir nicht in einer Situation sind, wo wir heimliche Blicke in die Räume der anderen werfen und uns ausmalen, jemand anders könnte am Ende die Medaille bekommen. Seinerzeit habe ich an einigen Sachen teilgenommen, bei denen ich mich bewusst in eine Wettbewerbssituation begeben habe, Szenarios, bei denen am Ende eine einzelne Person gewinnen würde, und das sind wirklich ungemein stressige Erfahrungen. Damals war ich aber auch noch jünger. Mit der Zeit stellt sich dann mehr und mehr das Gefühl ein, dass diese Dinge kommen und gehen.

AR Beispielsweise beim Turner Prize warst du in einer solchen Konkurrenzsituation?

JR Ja genau, beim Turner Prize, aber auch dem Jarman Award, einem britischen Filmpreis.

Hanne Lippard I think it follows the trajectory of who in general gets the opportunity to show their art and not only this idea of whether one artist is better than the other, or whether or not a professional artist is better than someone who might be doing it as an amateur.

I always find it difficult to compete, it seems a bit futile to me. Especially when you show pieces together in one big show and then somehow one is selected as the best. The idea of the prize itself is also part of the systems found around us where visibility is a major factor, even if there's a specific jury that has the final word.

The artist's visibility, especially online, has definitely increased since Schlingensief was around, because in 2005, there was maybe only Facebook at that time. But it was hardly used by artists.

James Richards Myspace. A well curated Myspace.

HL Yes, Myspace.

Dan Lie The experience of being awarded prizes is fairly new to me even though I've been working as an artist for the past sixteen years. I remember that I got a call saying that I'd been awarded the Preis der Nationalgalerie, but I wasn't familiar with any of the steps in the awarding procedure. It felt a bit similar to when you get an e-mail from a curator inviting you to take part in a group show that looks pretty cool, though of course a prize is very different from group shows. Obviously it's really good to be recognized after sixteen years and to be receiving my first award. But on the other hand, it's a game. I feel that the art system needs to change, and it is changing very slowly. A lot of people agree that such changes are necessary.

Für diese Preise nominiert zu sein führt unter anderem zu mehr Wahrnehmung und Sichtbarkeit in deiner Community. Aber es sind nicht nur Kunstpreise. Auch wenn du an Biennalen teilnimmst, wirst du dafür sensibilisiert, dass das kulturelle und finanzielle Kapital, auf das sich Kunstproduzierende stützen können, ganz unterschiedlich verteilt sein kann; wenn zum Beispiel Künstler*innen in ein und derselben Gruppenausstellung unterschiedliche Budgets zugewiesen bekommen. So etwas ist in der Pressemitteilung natürlich nicht zu lesen, aber wenn du vor Ort bist und deine Arbeit aufbaust, ist es unübersehbar. Der Preis der Nationalgalerie ist in dieser Hinsicht vielleicht eine Ausnahme, und ich denke, mit den anderen Künstler*innen wird es sich gemeinschaftlicher gestalten und die Ausstellung insgesamt zu einer positiveren Erfahrung werden. Als Künstler habe ich natürlich den Drang, gesehen und herausgegriffen zu werden; ich will gesagt bekommen, dass ich etwas Besonderes bin. Aber auf der anderen Seite habe ich auch das Bedürfnis, mich zurückzuziehen und Dinge einfach für mich selbst, mit meinen Freund*innen zusammen zu machen. Ich erinnere mich noch gut an das Gefühl wirklicher Befreiung, das ich im ersten Covid-Jahr hatte. Nachdem alle Ausstellungen einmal abgesagt oder verschoben worden waren, wurde das Kunstmachen wieder zu einer Art Hobby für mich. Mit der Zeit machte sich dann allerdings eine gewisse Trägheit bemerkbar und ohne terminliche Vorgaben oder auch das Lampenfieber, das sich einstellt, wenn man die Arbeit öffentlich zeigt, wurde es schwer, Dinge wirklich zu Ende zu bringen. In mir und in meiner Arbeit sind wohl beide Tendenzen vorhanden, und vermutlich brauche ich diesen Widerspruch oder die Spannung, die dadurch entsteht, damit ich mich weiterentwickeln kann.

HL Ja genau, ich würde dir zustimmen, James. Nach ars viva ist dies mein zweiter deutscher Kunstpreis. Am Anfang habe ich mir keine großen Gedanken gemacht; es war einfach eine Überraschung, dass ich den Preis bekommen hatte. Aber dann wirst du auf die eine oder andere Art tatsächlich zu einer Künstlerin, die

JR It's nice to get these moments of acknowledgement and validation. And here it definitely feels a little less jagged since we aren't peeping into each others' spaces thinking someone else might get the medal. I've done some things in the past where I was consciously competing, and in the end there would be one winner and that makes it a more stressful experience. I was also younger. With time comes a feeling that this stuff comes and goes.

AR You were competing in the Turner Prize for example?

JR Yes, the Turner Prize, but also the Jarman Award, a film prize in the UK. Being nominated for these prizes causes more awareness and visibility in your community among other things. But it's not just prizes, with biennials you're made very aware of the amounts of cultural and financial capital different artists have behind them. For example, when different budgets are allocated to different artists in the same group show. It isn't mentioned in the press release, but of course it's there when you turn up and are setting up. The Preis der Nationalgalerie is perhaps a moment of respite from that and I think it makes it more communal with the other artists and a more optimistic perception of the show overall.

Of course, as an artist, I have the desire to be seen and singled out, to be told I'm special, but I also feel an urge to withdraw, to just make things for myself with my friends. I remember during the first year of Covid feeling really

einen Kunstpreis repräsentiert, und du bist permanent in der öffentlichen Wahrnehmung. Mein Gesicht wird in Verbindung mit dem Preis extrem oft gezeigt, hauptsächlich aus Gründen der Werbung. Bei anderen Ausstellungen stand mein Gesicht nie so im Fokus, daher ist es tatsächlich, als würde ich den Preis repräsentieren und ein bisschen sogar Deutschland, was wieder auf ganz andere Art kompliziert ist. Ein solches Gefühl habe ich bei anderen Präsentationen und Ausstellungen eigentlich so gut wie nie gehabt. Ich denke, mit einem Preis wird es anders; der Künstler oder die Künstlerin, die Identität der Person selbst geraten in den Fokus.

DL Das hat auch viel mit der Zeit zu tun, in der wir leben. Ab diesem Jahr erlaube ich den Medien nicht mehr, mein Gesicht zu zeigen. Ich habe die Bekanntgabe des Preises daher nicht in den sozialen Medien geteilt und gebe auch keine Interviews. Zu einem wesentlichen Teil ist das in meiner Arbeit begründet. In meiner Praxis stelle ich Überlegungen an, wie die Menschheit motiviert werden kann, eine neue Ethik zu entwickeln und die zentrale Stellung auf diesem Planeten, die sie für sich in Anspruch nimmt, aufzugeben. Ich würde es als extremen Widerspruch empfinden, mich selbst als menschliches Wesen permanent in der Öffentlichkeit zur Schau zu stellen, während all meine Konzepte und philosophischen Überzeugungen doch in eine vollkommen andere Richtung gehen. Ich will den Blick der Allgemeinheit auf andere Protagonisten lenken und zwar solche der nicht-menschlichen Art. Letztens habe ich versucht, mir zeitgenössische Künstler*innen mit einer erfolgreichen Karriere ins Gedächtnis zu rufen, deren Gesichter ich nicht kenne, Personen, von denen ich nicht weiß, wie sie aussehen. Mir sind tatsächlich ein oder zwei Namen eingefallen. Ich finde es gut, dass sich viele bildende Künstler*innen primär auf die Produktion von Bildern konzentrieren, die nicht sie selbst (re)präsentieren, die keine Selbstdarstellungen sind. Im Gegenteil dazu sind Sänger*innen, insbesondere Frontsänger*innen, Schauspieler*innen und Performer*innen natürlich auf die visuelle Darstellung der eigenen Person

liberated as, with all shows cancelled or postponed, making art became a hobby again. With time inertia set in, without deadlines or the stage-fright that comes with making things public it became hard to really finish things.

These two tendencies are oscillating within me and my work. It's a contradiction or tension that's probably needed to keep moving forward.

HL Yeah. I agree with what you were saying, James. This is my second German prize, after the ars viva. I didn't think much about it in the beginning because it was somehow a surprise receiving the prize but you do in fact become this sort of representative in one way or another because you're constantly involved with its conditions. There's a lot of my own face in the context of this prize, mainly for promotional reasons. In the context of other exhibitions my face is never that present, so it's a bit like being a representative of the prize and maybe even of Germany to some extent, which comes with its own complications. I rarely feel like this towards other shows and exhibitions that I've had. With a prize it becomes different, I find that it's more involved in the artist's identity, in the person itself.

DL This is also very much relatable to the times that we're living in.

As of this year, I'm no longer allowing the media to show my face. I therefore didn't share the announcement of the prize on social media and I'm not giving any interviews either. This also strongly relates to my work, in which I'm thinking about how to decenter humanity as the

angewiesen. Ihr Körper ist ihr Medium. Ihr Körper ist ihre Leinwand. Ich glaube, diese extrem übertriebene Aufmerksamkeit, die der Person des*der Künstler*in zuteil wird, hat viel mit dem Digitalzeitalter zu tun, in dem wir heute leben, und der romantischen Vorstellung, die Leute von Künstler*innen haben. Allerdings glaube ich nicht, dass es langfristig gesehen gut ist. Wenn ich mir vorstelle, in den nächsten zehn, zwanzig, dreißig oder vierzig Jahren weiterhin Kunst zu machen, beziehungsweise wenn ich mich selbst als ältere, künstlerisch tätige Person sehe, stellt sich mir noch eine andere Frage: Welche Verantwortung haben Institutionen in Bezug auf diejenigen, die Kunst produzieren? Wie wichtig ist es, dass sich Institutionen um Künstler*innen kümmern, wenn die Kunstwelt so extrem von Konkurrenzdenken geprägt ist? Ich meine damit den Kunstmarkt, aber auch Situationen, in denen Künstler*innen für prestigeträchtige Ausstellungen ausgewählt werden oder Auszeichnungen erhalten oder wenn es um Ankäufe von Arbeiten geht …

JR Ich muss dabei an elektronische Musik denken, insbesondere Techno und Electronica. In dieser Szene ist es nicht unüblich, den eigenen Namen außen vor zu lassen. Musiker*innen arbeiten mit einem Pseudonym oder verwenden für unterschiedliche Projekte verschiedene Namen. Jemand veröffentlicht vielleicht eine Zeit lang unter einem Namen, um dann auf einem anderen Musiklabel mit einem anderen Namen und einem total neuen Sound wieder aufzutauchen. Es kommt auch vor, dass Interviews abgelehnt werden, und so weiter.

HL Ja.

JR Um aber auf deinen Punkt zurückzukommen, ob es im Rahmen einer Preisverleihung Kriterien geben kann, um die ‚beste Kunst' zu identifizieren, so glaube ich nicht, dass ein Kunstpreis ein Indikator für Qualität sein kann. Was sich in Preisen allerdings häufig spiegelt, sind die Vorstellungen der Preisverleihenden, wie ein Künstler oder eine Künstlerin oder auch eine Institution zu einer bestimmten Zeit sein sollten.

planet's protagonist in ethical ways. I'd find it extremely contradictory to show my image as a human being all the time, because my concepts and philosophies point towards a very different direction – towards an other-than-human protagonist.

The other day I was trying to think of contemporary artists that are doing really well in their careers and whose faces I don't know, that I don't really know what they look like. I was able to come up with one or two names. I actually think it's good that many visual artists set their main focus on creating images that do not primarily (re)present themselves, images of themselves. In contrast, singers, especially lead singers, actors, and performers are dependent on their visual image. Their body is their media. Their body is their canvas.

I think this hyper attention paid to the artist persona is very much linked to the digital age we live in and the romantic idealization of the artist.

However, I don't think it's good in the long run. When I think about the possibility of continuing to be an artist in the next ten, twenty, thirty, forty years or whatever, or when I think of myself as an elderly artist, I also ask myself: what are the responsibilities of institutions regarding care? How important is it for institutions to take care of artists when so much in the art world is about competition? I'm referring for example to the art market, being selected for prestigious art shows, receiving awards, having work acquired…

JR It makes me think of electronic music where there's been a strong tradition, particularly in techno and electronica, of anonymity. Musicians work under pseudonyms or multiple

HL Ich finde es interessant, dass wir vier alle keine Deutschen sind, und ich denke, hier hat sich in den letzten zehn Jahren definitiv etwas verändert. Bestimmt haben 2005, als Schlingensief hier war, mehr deutsche Künstler*innen den Preis bekommen.[2]

JR Ja, wobei wir alle vier zu dieser Kategorie von Kunstproduzierenden gehören, die ständig reisen und ‚based in Berlin' sind, was ja auch wieder ein besonderes Deutschland ist.

HL Berlin ist ein besonderes Deutschland, da hast du recht.

AR Pan, welche Gefühle verbinden sich für dich mit diesem Preis und mit Auszeichnungen generell?

Pan Daijing Es ist toll, den Preis zu teilen und Anerkennung für etwas zu bekommen, an das wir glauben und mit dem wir alle schon eine ganze Weile beschäftigt sind. Aber Kunstpreise sind auch Symptome eines Systems, von dem ich nicht weiß, ob ich es voll durchblicke oder mich in Beziehung dazu sehen kann. Ich bin nicht sicher, ob ich dieses komplizierte System befürworte. Aber in jedem Fall bin ich froh, dass wir dies gemeinsam angehen.

HL Ja, ich auch.

AR Das Neue am diesjährigen Preis der Nationalgalerie ist, das er keiner Einzelperson, sondern vier Künstler*innen gemeinsam verliehen wird. Das lässt an den Turner Prize 2019 denken, als die Jury von den vier Nominierten gebeten wurde, den Preis an sie alle zu vergeben und das Preisgeld aufzuteilen, um sich damit für „Gemeinsamkeit, Vielfalt und Solidarität" stark zu machen. Natürlich kam der Wunsch, den Preis an mehr als eine Person zu vergeben, damals von den nominierten Künstler*innen, während es in unserem Fall die Entscheidung der Institution war. Aber wie dem auch sei, seht ihr in der Entscheidung, mehr als eine*n Künstler*in auszuzeichnen, eine Art Gegenkraft zur Idee

different project names, doing a few releases under one name and then popping up on a different record label with a totally different name and sound. There's also more precedent for refusing to do interviews etc.

HL Yeah.

JR Returning to your question on whether it's possible in the framework of a prize to determine criteria for what the best art is, I don't think prizes are indicators of what the best art is. What they do often indicate is what the awarders of the prize desire for an artist or an institution to be in the given era.

HL I think it's interesting that none of us four winners is of German nationality and I think that is something that definitely has changed in the last ten years. Like I'm sure that in 2005 with Schlingensief there were more German artists receiving the prize.[2]

JR Yeah, and we all belong to this semi-itinerant ‘based in Berlin' category... which again is a particular Germany.

HL That is a particular Germany, yes.

AR Pan, what are your feelings about this prize and about receiving prizes in general?

Pan Daijing It's nice to share this prize and to share this sort of acknowledgement of something we believe in and have been doing for a while. But these prizes are also a sign of a system that I'm not sure if I fully understand or relate to. I'm not sure if I support this complicated system. But I'm glad we're doing this together.

HL Yeah, me too.

des*der individuellen Künstler*in, dessen*deren Arbeiten sich von allen anderen abheben – und als Eingeständnis, dass es nahezu unmöglich ist, sich für eine einzelne Person als Preisträger*in zu entscheiden? Oder würdet ihr sagen, die Verleihung des Preises an vier Künstler*innen erzeugt fälschlicherweise die Illusion, dass es keine Konkurrenz gibt?

DL Ich denke, es kann ziemlich unangenehm sein, in eine Konkurrenzsituation zu geraten, wenn du für einen sehr wichtigen Preis nominiert bist und im Grunde keine Wahl hast, ob du die Nominierung annehmen willst oder nicht, denn die Teilnahme an solchen Auswahlverfahren kann für deine künstlerische Karriere natürlich enorm wichtig sein. Der Wettstreit mit anderen Künstler*innen und die überzogenen Erwartungen an die Zeremonie, in der schließlich die eine siegreiche Person bekanntgegeben wird, haben mitunter etwas Perverses an sich. Es war daher eine enorme Erleichterung, den Anruf zu bekommen und zu erfahren, dass wir zu viert ausgezeichnet würden. Generell, denke ich, ist es immer sehr unerfreulich, mit anderen Künstler*innen zu konkurrieren, und trotzdem kommt es nur allzu häufig vor, denn wir sind alle Teil eines Systems, das vom Kunstmarkt und seinem Kapital gesteuert wird. Ich finde es schade, dass der Turner Prize nach der Ausgabe von 2019 nicht damit weitergemacht hat, jedes Mal vier Künstler*innen auszuzeichnen. Wobei wir wieder bei der bereits erwähnten institutionellen Verantwortung wären: Ich denke, Institutionen haben eine ethische Verantwortung, wenn es um künstlerische Arbeit geht. Um ein Beispiel aus Brasilien anzuführen, in São Paulo wurden die öffentlichen Mittel für Kultur in den vergangenen zehn Jahren auf ein Mindestmaß zurückgefahren und die Privatisierung der Kultur unterdessen mit Nachdruck gefördert, wodurch sich die Bedingungen der Kunstproduktion komplett verändert haben. Die Kunst, die dort heute entsteht, ist extrem angepasst und in höchstem Maß am Kunstmarkt orientiert. Meiner Meinung haben Museen und andere Kunstinstitutionen eine entscheidende Verantwortung, wenn es um

AR The novelty of this edition of the Preis der Nationalgalerie is that it's not being awarded to one single artist but to four collectively. This is reminiscent of the 2019 Turner Prize, when the four nominees asked the jury to award the prize to all of them and divide the prize money in order to recognize "commonality, multiplicity, and solidarity." Of course, back then the desire to award the prize to more than one winner was expressed by the nominated artists, whereas in our case now, it was the decision of the institution. However, do you perceive this decision to award more than one winner as a kind of resistance to the idea of the individual artist whose work stands out against all the others – and as an acknowledgement that it's almost impossible to decide on one single winner? Or would you say that awarding the prize to four artists creates the false illusion that there's no competition?

DL I think it's quite embarrassing to be placed in a position of competition when there's a nomination for a very important prize and you have very little choice in whether to take part in it or not, because taking part in these competitive prizes can be very important for an artist's career. Competing with other artists and the expectation of the ceremonies around the selection of this one winner can feel perverse. It was an extreme relief to receive the call that said we'd all receive the prize.

Generally, I think competing with other artists is always bad and it's always happening because we also live in a system that is guided by the art market and its capital.

---

2  Die Nominierten 2005 waren John Bock, Anri Sala, Monica Bonvicini und Angela Bulloch.

---

2  The nominees in 2005 were John Bock, Anri Sala, Monica Bonvicini, and Angela Bulloch.

die Förderung von Kunst geht, die wenig Chancen hat, vom Markt oder kommerziellen Galerien aufgegriffen zu werden. Eine andere Frage ist die der finanziellen Stabilität und zwar langfristig gesehen, damit wir auch in fortgeschrittenem Alter weiterhin künstlerisch arbeiten können. Als Künstler*innen beziehen wir kein regelmäßiges Einkommen, wir erhalten nicht dieselben Beschäftigungsvorteile wie die meisten Angestellten, die in diesen Institutionen tätig sind, und ich denke, was das anbelangt, gibt es eine Menge Raum für Verbesserungen. Es ist wichtig für die Zukunftsfähigkeit der Kunst im Allgemeinen. Ohne Künstler*innen gäbe es kein Kunstsystem, aber nichtsdestoweniger sind wir diejenigen, die am wenigsten davon profitieren.

PD Ja, ich stimme dem, was du sagst, absolut zu. Wie bereits erwähnt, bin ich wirklich froh, dass wir diesen Preis gemeinsam entgegennehmen, aber ich denke nicht, dass diese Geste eine generelle Lösung ist. Wir müssen uns zusammentun und gemeinsam Wege suchen, wie etwas Zukunftsfähiges entstehen kann, und damit meine ich nicht nur uns vier, denn diese Frage ist so viel größer.

HL Das ist ein guter Punkt. Künstler*innen sind oft in einer sehr prekären Lage, und das ist auch der Grund, warum so viele von uns total ausgebrannt sind oder sich gefühlsmäßig leer fühlen; wir alle kennen dieses seltsame emotionale Vakuum, das sich zum Beispiel nach einer Ausstellungseröffnung einstellen kann. Als Kunstproduzierende operieren wir an immer anderen Orten und müssen uns auf die unterschiedlichsten Arbeitssituationen einstellen, insbesondere, wenn man mit Institutionen arbeitet, was ich zumeist tue. Du musst wandlungs- und anpassungsfähig sein, womit man als Künstler*in entweder umgehen kann oder nicht, was dir bisweilen aber aberwitzig erscheint. Es kommt vor, dass ich sechs Monate lang eng mit einer Institution in Belgien zusammenarbeite und mich von einer Woche zur nächsten dann plötzlich in einer Situation wiederfinde, wo ich mit einer Institution in Italien kooperiere, die alles komplett anders macht und über eine total andere Infrastruktur

I think it's sad that the Turner Prize didn't continue to award four artists after the 2019 iteration. This takes us back to the responsibility of the institution I mentioned before. I think there's an institutional responsibility towards the ethics surrounding artistic work. In another example, in the city of São Paulo in Brazil, public cultural funds have been substantially reduced over the last ten years while the privatization of culture's been forcefully advanced, changing the landscape of art production completely. It now feels very conformist and geared towards the art market. In my opinion, institutions such as museums are very much responsible for enhancing a production of art that doesn't easily fit into the market or commercial galleries. Another issue is the matter of reaching economic sustainability and being able to continue to exist as artists in the future, when we're older. Artists don't earn a regular salary, we aren't getting the same benefits of employment as most people working in these institutions do, and I think there's a lot of room for improvement. This is important for the sustainability of art itself.

## There's no art system without artists, but still, we get the least out of it.

PD Yes absolutely, I agree with what you're saying. As I mentioned before, I'm really glad we're receiving this prize together but I don't think this gesture provides a complete solution. We need to explore collectively how to create something sustainable and I mean not only the four of us, because this is so much bigger.

HL That is a good point. The artist is often placed in a very vulnerable situation and that is why artists often end up with burnouts or the feeling of emotional vacuum, a strange emptiness that can occur after the opening of a show. As artists we're frequently going in and out of a new workplace, especially when you're working with institutions, which I mostly do. There's a requirement of mutability and adaptability that artists can either handle or not, a crazy demand at times. I might be working super closely with an

verfügt. Zuweilen kann ich mich des Gefühls nicht erwehren, ich müsste auf eine Weise funktionieren, für die eigentlich sechs Versionen von mir nötig wären, für jeden Programmteil eine andere. Doch während Institutionen spezielle Abteilungen für alles und jedes haben, bin ich als Künstlerin ganz auf mich allein gestellt. Ich finde, das nimmt immer mehr zu, denn die Programme der Institutionen werden immer größer und ambitionierter, während sie nach wie vor sehr niedrige Honorare anbieten, die kaum die Menge an Arbeit abdecken, die wir investieren, insbesondere wenn es um zusätzliche Dinge geht, die Veranstaltungen drum herum, all das, was über die Produktion der eigenen Arbeit für die Ausstellung hinausgeht.

JR Ich vermute, wir vier sind alle primär institutionell orientiert und gehören zu dieser Kategorie, die früher Biennale-Künstler*innen genannt wurden, Kunstproduzierende, deren Werke größtenteils im öffentlichen Sektor zu sehen sind. Öffentliche Institutionen zeigen jetzt mehr Sound und Video, sie organisieren Lyrikabende und vieles mehr, und im Zuge dessen hat sich eine bestimmte Art des künstlerischen Arbeitens etabliert; wobei dieses Modell zum Teil von Exilant*innen entwickelt wurde, die sich mit avantgardistischem Film, Lyrik oder experimenteller Musik beschäftigen. Ich liebe das, was ich tue, und mir gefallen auch die Rahmenbedingungen, unter denen es stattfindet – und sollte sich das je ändern, würde ich sicherlich aufhören und etwas anderes machen. Aber wenn du im Umfeld Kunst lebst und arbeitest, bist du ständig gefragt, deinen Hut in den Ring zu werfen. Und gelegentlich, wenn du dich beispielsweise für ein Stipendium oder einen Lehrauftrag bewirbst oder dich mit Kurator*innen triffst, kannst du einen Erfolg für dich verbuchen. Einmal gehen die Dinge zu deinen Gunsten aus und ein anderes Mal vielleicht nicht. Daher ist es beileibe nicht so, dass Kunstpreise die einzigen Anlässe sind, wo wir gegeneinander antreten, und überall sonst Gemeinschaftlichkeit und einträchtige Harmonie herrschen, ohne jedes Konkurrenzgebaren im Spiel. Es ist interessant, dass du den Turner Prize 2019 erwähnst. Denn ja, es war durchaus mutig

institution in Belgium for six months and then suddenly, within a week, you find yourself doing something with an institution in Italy that does everything completely differently and has a different infrastructure.

Sometimes I feel like I'm asked to work in a way that requires six different versions of myself, for every kind of program, and while institutions have departments for each and every thing, you're only an individual.

I find this is getting increasingly out of hand, especially when it comes to institutions' programs becoming bigger and more ambitious while still providing very low fees that barely cover the amount of work you put in, especially when it comes to extra things, the events around it that go beyond the production of your own artwork.

JR I guess most of us here belong to this category of very institutional, or what used to be called biennial artists whose practice takes place largely in the public sector. Public institutions now show more sound, video, host poetry events etc. and a model of artistic practice has emerged with this, populated in part by exiles from the worlds of avant-garde film, poetry, or experimental music. I love what I do and the frameworks in which it takes place – and for sure would stop and do something else if that changes. But living and working within the whole art ecology, you're always getting asked to throw your hat into the ring and sometimes you get the ticket, for example by applying for grants, teaching positions, meetings with curators. And sometimes things come out in your favor and sometimes they don't. So it's not like the art prize is the only place where things are competitive and everywhere else it's radically communal or non-competitive. It's interesting that you bring up the 2019 Turner Prize. Because yes, it was bold for the four artists to refute the singularity paradigm. But then of course they all benefited from

von den vier Künstler*innen, das Paradigma der Singularität anzufechten. Aber dann wiederum haben sie aus diesem subversiven Akt natürlich alle auf singuläre Art Kapital geschlagen. Sie haben davon profitiert, dass sie diejenigen waren, die ‚das System herausgefordert' haben. Und das ist etwas, das von zeitgenössischen Künstler*innen immer erwartet wird. Eine radikalere Ausgabe des Turner Prize war die von 2020. Sie wurde wegen Covid abgesagt, und anschließend bekamen zehn Künstler*innen dann stillschweigend Stipendien über je zehntausend Pfund. Inmitten der nie dagewesenen Zäsur, die die Covid-19-Pandemie darstellte, gab es einen flüchtigen Moment, an dem ein komplett anderes System vorstellbar war.

PD Oft habe ich das Gefühl, wir stehen unter immensem Druck und sind permanent gezwungen, über Geld nachzudenken, schon allein wegen der Verantwortung unseren Projekten und Kooperationspartner*innen gegenüber. Oft habe ich das Gefühl, va banque zu spielen und darauf zu spekulieren, dass mein Wille stark genug ist und ich die vielen Stunden Arbeit schon durchhalten werde. Sicher, in unseren Dreißigern, unseren Vierzigern können wir uns ewig verausgaben – aber wird es in zwanzig oder dreißig Jahren noch möglich sein, uns dieselbe Menge an Arbeit aufzubürden und obendrein auch noch die Arbeit zu schaffen, die nebenherläuft, ohne zwangsläufig mit unserer kreativen Tätigkeit verbunden zu sein? Ich habe den Eindruck, dass viele der Künstlerkolleg*innen, mit denen ich mich unterhalte, dieses Gefühl der Erschöpfung teilen – angesichts der endlosen Stunden, die wir den diversen Aspekten unseres Metiers widmen.

AR Um ein wenig mit den Worten ‚(Kunst-)Preis' und ‚(Verkaufs-)Preis' zu spielen – habt ihr den Eindruck, dass sich die Auszeichnung mit einem Kunstpreis im Verkaufspreis eurer Arbeiten niederschlägt? Oder anders formuliert, in welchem Maße führt ein Kunstpreis zu einer Wertsteigerung im zeitgenössischen Kunstmarkt, eurer Erfahrung nach?

that refusal in singular ways. They each gained from being the ones that 'challenged the system.' And that is what contemporary artists are always meant to do.

A more radical Turner Prize was the one in 2020. It was cancelled due to Covid and ten artists quietly received bursaries of ten thousand pounds each. In the extreme rupture of the Covid-19 pandemic, we got a glimpse of another system all together.

PD Often I feel we're pressured and forced to constantly think about money because of the responsibility we have to our projects and collaborators. I often feel like I'm gambling on how strong my will is, on how many hours I can work. Sure, we can do this in our thirties, in our forties – but can we sustain the same amount of labor and on top of that the work that isn't necessarily creativity-related in twenty or thirty years? I feel like many of the fellow artists I talk to share this mutual feeling of exhaustion toward the endless hours spent on these aspects of our field.

AR If we play a bit on the words prize and price – do you have the impression that receiving prizes changes the monetary value, the price, of your artworks? Or, in other words, to what extent, in your experience, are prizes a valuation device in the contemporary art market?

DL I also got two prizes last year, ars viva and our prize.

But I'm asking myself if these can really be called prizes because there's work related to them. In order to receive the Preis der Nationalgalerie, we have to create an exhibition, produce

DL Ich habe letztes Jahr auch zwei Preise bekommen, ars viva und diesen Preis. Allerdings frage ich mich, ob man sie wirklich als ‚Preise' bezeichnen kann, denn es ist ja Arbeit damit verbunden. Um den Preis der Nationalgalerie zu erhalten, müssen wir eine Ausstellung realisieren, eine neue Arbeit produzieren und darüber hinaus eine Menge zusätzlicher Leistungen erbringen, etwa für Interviews und Gespräche zur Verfügung stehen. So wie ich es verstehe, bedeutet ein Preis eigentlich, dass dir Bestätigung und Anerkennung für deine vergangene Arbeit zuteilwird und du darüber hinaus nichts weiter tun musst, um die Auszeichnung zu erhalten. In der Realität jedoch bringt die Auszeichnung mit einem Preis einiges an Arbeit mit sich. Allerdings ist mir auch bewusst, dass dies etwas ist, das ich noch besser verstehen muss, denn es ist für mich eine relativ neue Erfahrung, Preise zu bekommen. Ich bin noch nicht sicher, inwiefern sich dadurch die Wahrnehmung meiner künstlerischen Praxis ändert. Natürlich ist es eine Bestätigung für das, was ich tue. Aber ich glaube, ich muss tatsächlich abwarten, um es besser zu verstehen, und insofern ist dies wohl eine Frage, die ich vielleicht erst in ein oder zwei Jahren beantworten kann. In jedem Fall hat es damit zu tun, das Spiel zu spielen, wie ich schon sagte. Immer wenn wir gewinnen, verlieren wir zugleich. Bis jetzt ging jedes Mal, wenn ich etwas gewonnen habe, einiges in meinem persönlichen Leben verloren; jeder große Gewinn ging mit einem großen Verlust einher. Auch habe ich festgestellt, dass man immer Kompromisse eingehen muss, sogar in Bezug auf Aspekte, die mir früher gar nicht in den Sinn gekommen wären. Nachdem ich die Preise bekommen hatte, wurde ich anders wahrgenommen, im Guten wie im Schlechten.

JR Mit der Zeit ist mir klargeworden, dass die Wahrnehmung der Arbeit von außen nicht immer deckungsgleich mit dem ist, was in deinem Inneren, in der Arbeit selbst passiert. Zuweilen ist es sogar genau entgegengesetzt. Es kann vorkommen, dass du von außen betrachtet extrem erfolgreich bist; du bekommst Preise verliehen und stellst in

new work and on top do a lot of additional things such as interviews and talks. Actually, as I understand it, a prize is when you get recognition and acknowledgement of your past work and you don't have to do more to receive the award.

But often there's so much labor involved in prizes. However, I'm also aware that I still need to acquire a better understanding of this because receiving prizes is a very recent experience for me. I'm still not sure how it changes the perception around my artistic practice. Of course it's a legitimation of what I do. But I think that I still need to wait to understand, so this is probably a question I can answer next year or in two years. But it's to do with playing the game, as I said earlier. Every time we win, we also lose. Every time that I won, I lost many things in my personal life. Every big win is a big loss and I also realized that you always have to compromise, even in aspects that I'd not thought about before. I was being perceived differently after winning, for better and for worse.

JR Over time, I've found that what can be happening on an external level around the work and what's happening internally – in the work itself – isn't always aligned. Sometimes, it's directly inverted even. Sometimes, on the external level you're doing super well – you receive prizes, you have shows at high profile institutions, but it might not be the best time in your work, you might not actually be in a great flow, not really be making new discoveries. Sometimes too much external pressure can make me feel a bit cramped. And then there've been periods when on the external level I've not been present so much publicly – but there are major breakthroughs in the studio. In those years I made some really great pieces that I've continued to cherish, and that in studio visits, people get most excited about. So I guess that is to carry on from what Dan was saying, the inner stuff is operating on its own rhythms and is often in total counter flow to the external stuff.

renommierten Institutionen aus. Aber zur gleichen Zeit produzierst du vielleicht nicht gerade die besten Arbeiten, es läuft womöglich gar nicht mal so gut und du machst in deiner Arbeit keine wirklich neuen Entdeckungen. Wenn bei mir der Druck von außen zu groß wird, kann es sein, dass ich mich verkrampfe. Und dann wieder erinnere ich mich an Jahre, in denen ich öffentlich nicht so präsent war, währenddessen aber wichtige Durchbrüche im Atelier geschafft habe. In solchen Zeiten habe ich ein paar wirklich gute Arbeiten gemacht, die ich nach wie vor hoch schätze und die auch von Leuten, die ins Atelier kommen, den größten Zuspruch erhalten. Also, ich denke, das schließt an das an, was Dan sagte, dass das, was in dir drinnen vor sich geht, einem eigenen Rhythmus folgt, der oft total konträr zu den externen Bedingungen ist.

HL Definitiv. Ich denke, es hat auch mit Konkurrenzsituationen generell zu tun, aber zum Glück treten wir hier nicht gegeneinander an. Als ich 2018 für den Nam June Paik Award vorgeschlagen wurde, gab es eine Auswahl zwischen vier Nominierten, und ich hatte eine Installation produziert, von der ich zugebenermaßen nicht bis ins Letzte überzeugt war. Und zwar war der Grund einfach, dass ich mir zu sehr den Kopf zerbrach, wie das Verdikt der Jury wohl ausfallen würde. Das ist meine einzige Erfahrung damit, in direkter Konkurrenz zu anderen Künstler*innen zu stehen, und es hat der Arbeit kein bisschen geholfen. Aber ich denke, der Verkaufspreis ist in hohem Maße vom Kunstmarkt gesteuert und entspricht nicht unbedingt dem Wert, den man den Arbeiten realistischerweise beimessen würde. Ich kann nicht behaupten, dass sich, nachdem ich 2015 den ars viva-Preis bekam, meine Arbeiten im Preis verdoppelt oder verdreifacht hätten, aber es hat der Arbeit sicherlich zu mehr Sichtbarkeit verholfen, besonders in Deutschland. Allerdings ist ein Kunstpreis definitiv kein magisches Mittel, mit dem man mehr Ausstellungen bekommt oder künstlerisch glaubwürdiger wird.

PD: Ich bin nicht sicher, wieviel ich zu diesem Thema beitragen kann, denn ich denke nicht, dass ich Teil des Marktes bin, weder im

HL Definitely. I also think it's about the competition itself, but luckily this time we aren't competing with each other. When I was nominated for the Nam June Paik Prize in 2018, it was a competition among four artists, and I made an installation that I must admit I didn't feel super confident about, simply because I was thinking so much about how it would be perceived by a jury. This is my only experience of being in direct competition with other artists, and it didn't help the work at all.

But I think the idea of value is very much tied to the question of the art market and not the fiscal price of the actual works. After I received the ars viva prize in 2015, I wouldn't say that my works doubled or tripled in price but it did increase my work's visibility, especially in Germany. However, prizes are definitely not a magic trick to get more shows, or artistic credibility.

PD I'm not sure of how much I can contribute to this topic because I don't feel like I'm part of the market in the traditional and contemporary sense. To be honest I'm not sure what the art market even means to that extent. I'm not represented by a gallery, I haven't yet agreed to sell a single work. On the other hand I've been nominated for quite a few prizes. And what a prize actually does to and for an artist, I'm still questioning. I just hope that any sort of acknowledgement or support an artist receives could potentially contribute to giving them more time to actually do art, to give them time to experiment, to give them time to make mistakes.

AR Each of you received a budget to produce a new work for the exhibition, and the Freunde der Nationalgalerie [Friends of the National Gallery] will offer to buy this work for the Nationalgalerie's collection at

herkömmlichen noch im zeitgenössischen Sinn. Um ehrlich zu sein, bin ich noch nicht einmal sicher, welche Bedeutung der Kunstmarkt diesbezüglich eigentlich hat. Ich bin von keiner Galerie vertreten und habe noch kein einziges Mal eingewilligt, ein Werk zu verkaufen. Auf der anderen Seite bin ich für mehrere Preise nominiert worden. Und was ein Preis tatsächlich mit einer Person macht und was er für eine Person tut, die künstlerisch arbeitet, ist eine Frage, die ich für mich noch nicht beantwortet habe. Ich hoffe einfach, dass jede Art der Anerkennung oder Förderung, die Künstler*innen erhalten, dazu beiträgt, dass man mehr Zeit für die eigentliche Kunstproduktion hat, mehr Zeit zu experimentieren und den Freiraum, auch Fehler zu machen.

AR Jede*r von euch hat ein Budget bekommen, um eine neue Arbeit für die Ausstellung zu produzieren, und am Ende der Ausstellung werden euch die Freunde der Nationalgalerie anbieten, das Werk für die Sammlung der Nationalgalerie anzukaufen. Was waren die Herausforderungen für euch, die Arbeit, die ihr halbwegs im Auftrag produziert, in dieser relativ kurzen Zeit zu entwickeln? Ich habe das Gefühl, die Konzeption der Ausstellung war und ist ein sehr prozessbasiertes Unterfangen. Und vielleicht würdet ihr auch gern etwas zu euren neuen Arbeiten sagen?

PD: In den vergangenen Monaten habe ich gleichzeitig an meiner bislang größten Einzelausstellung im Haus der Kunst in München gearbeitet. Ich habe endlose Stunden mit Überlegen, Produzieren und Organisieren verbracht. Das Ergebnis war, dass ich nicht so oft im Hamburger Bahnhof vor Ort sein konnte, als ich es normalerweise gern gewesen wäre, um mich voll und ganz dem kreativen Prozess, der Beschäftigung mit dem Raum und der Intervention in die Architektur widmen zu können. Aus dem Grund war die Konzeption der Präsentation besonders herausfordernd für mich. Dazu kommt, dass die Arbeit mit einem Gebäude wie dem Hamburger Bahnhof nicht gerade einfach ist, aufgrund der vielen

the end of the show. What were the challenges for you in producing what could be called a semi-commissioned work, in a relatively short amount of time? I feel like the whole exhibition was and still is a very process-based endeavor. Also, would you like to talk a bit about your new works?

PD In the past months I've been simultaneously working on my largest solo exhibition to date at Haus der Kunst in Munich. It involved endless hours of thinking, creating, and managing. This resulted in me not being able to be on site as much at Hamburger Bahnhof as I'd usually like to be, in order to fully engage in the creative process of understanding and intervening with the architecture of a space. This made the development of the show quite challenging.

Additionally, working with a building like Hamburger Bahnhof isn't easy because of the many regulations and continuous seeking of approvals. This requires a lot of dialogue back and forth. I think it's a shared feeling – we're expected to create something special but there are limits to what one person or a team can do. Limits in time and resources. You don't give birth immediately, you need nine months of growth.

DL Of course, time is important, there's never enough. I think a lot about how much creative resources I have for each project, not only regarding money but also how much energy, how much health, how much inspiration I have. I calculate all these in my mind, to see what I can put into one show and what is the best I can do.

HL I also think it's quite challenging. In the beginning I felt very encouraged to explore, to create a new work and be more ambitious with the work itself, which is great. But at the same time there

Vorschriften und den Genehmigungen, die kontinuierlich einzuholen sind. Dazu ist eine Menge an Kommunikation hin und her zu bewältigen. Ich denke, das ist ein Gefühl, das wir vier teilen – von uns wird erwartet, dass wir etwas Besonderes erschaffen, aber was von einer Person oder einem Team geleistet werden kann, ist begrenzt. Sowohl die Zeit als auch die Ressourcen sind begrenzt. Will man aber etwas Neues auf die Welt bringen, geht man damit eine Weile schwanger und es braucht bekanntlich neun Monate, in denen es heranreifen kann.

DL Na klar, Zeit ist wichtig, und es gibt nie genug davon. Ich mache mir bei jedem Projekt über meine kreativen Ressourcen Gedanken. Und zwar überlege ich nicht nur, wie viel Geld ich zur Verfügung habe, sondern auch, wie viel Energie es bedeutet, wie gesund etwas ist, wie inspiriert ich bin. Alle diese Faktoren kalkuliere ich in meinem Kopf, um mir einen Überblick zu verschaffen, wie viel ich in eine Ausstellung einbringen kann und was ich im besten Fall zu erreichen vermag.

HL Ich denke auch, dass es viele Herausforderungen gibt. Anfangs fühlte ich mich extrem motiviert, intensive Nachforschungen zu betreiben, neue Arbeiten zu produzieren und immer ambitionierter mit der Arbeit selbst zu werden, was großartig ist. Aber gleichzeitig lastet auf Künstler*innen soviel Verantwortung über die eigentliche Produktion der Arbeiten hinaus, auch wenn es bei mir so ist, dass ich zwei externe Personen beschäftige, die mir in technischen Dingen behilflich sind.

PD Der Prozess und das Denken einer jeden künstlerisch tätigen Person sind anders und einmalig, und sicherlich sind manche Praktiken ungewöhnlicher als andere. Oft wird eine Menge Energie dafür verbraucht, mit einer Institution zu diskutieren, wer was finanziell übernehmen sollte, und diese Verhandlungen sind oft nicht einfach zu führen. Sich gegenseitig kennenzulernen, eine gute Art der Kommunikation und ein Vertrauensverhältnis aufzubauen, damit starke Arbeiten entstehen können, braucht Zeit. Zeit ist ein wesentlicher Faktor für

are so many responsibilities weighing on the artist beyond the making of the work, even if I've hired two external people who are helping me with technical things.

PD Every artist's process and every artist's thinking is so different and unique and some practices are odder than others. There's very often a lot of energy spent on discussing with the institution who should cover what financially and that's often not an easy conversation to have. Getting to know each other, improving communications and trust in order to make strong works takes time which is another limited element in the process. During the past few projects I've worked on, I felt a lot of empathy for the employees in the museum because most institutions are simply understaffed. But it's important that there's compassion between the artists and the teams we work with, it's important to understand each other's position.

DL I mean, we always deliver, that's the thing. How can we sustain complaints about the structure of working in the arts when the end result always looks good? The stakes feel too high sometimes and, personally, I feel there's a tendency to sacrifice something else in life for the sake of the work.

HL We're like DHL.

AR While we're speaking, your works for the show are still in the process of being created. But I think that, if we wanted to find a common element in your works, it would be a certain tension between the visible and the invisible. Dan's *The Rook* is constantly changing by growing and rotting, what visitors see one day won't be visible one week later, but they may still smell the remnants of what was once visible; in Pan's work we can

den Entwicklungsprozess, der in der Regel aber nur begrenzt verfügbar ist. Während der letzten paar Projekte, die ich realisiert habe, hatte ich viel Mitgefühl für die Museumsangestellten, denn offensichtlich sind die meisten Institutionen einfach komplett unterbesetzt. Aber es ist wichtig, dass es dieses Einfühlungsvermögen auf beiden Seiten gibt, den Kunstproduzierenden aber auch den Museumsteams, mit denen wir arbeiten; es ist wichtig, die andere Position zu verstehen.

DL Ich meine, wir liefern immer; das ist eine Tatsache, die sich nicht leugnen lässt. Doch wie können wir unser Klagen über die Bedingungen in der Kunstwelt begründen, wenn das Endresultat jedes Mal gut aussieht? Mitunter erscheint mir der Einsatz zu hoch, und persönlich habe ich das Gefühl, wir tendieren dazu, etwas anderes im Leben zu opfern – um der Arbeit willen.

HL Wir sind wie DHL.

AR Während wir uns unterhalten, sind eure Arbeiten für die Ausstellung noch im Entstehen. Aber wenn wir ein gemeinsames Element in euren Arbeiten identifizieren wollten, denke ich, es wäre in einer gewissen Spannung zwischen Sichtbarem und Unsichtbarem zu finden. Dans *The Reek* ändert sich in einem kontinuierlichen Wachstums- und Verwesungsprozess; was sich den Besuchenden optisch an einem Tag bietet, ist eine Woche später vielleicht nicht mehr zu sehen, aber womöglich hängt der Geruch des vormals Sichtbaren noch in der Luft und wir können es riechen. In Pans Arbeit ist Klang hörbar, aber es ist nicht sichtbar, woher er kommt, was sein Ursprung ist. In Hannes Installation hören wir eine Stimme, die aus einer Stele dringt; deren Inschriften zeigen sich hier nicht in sichtbarer Form, sondern wurden in akustisches Raunen verwandelt. Und schließlich begegnen uns in James' Film *Happy Fall Triology* ausschnitthafte Bilder, die uns in ihrer extremen Nahaufnahme den Blick auf das

hear sound without understanding where it comes from; in Hanne's installation we hear a voice coming out of a stela, whose inscriptions aren't visible but turned into sonic murmuring; and finally, in James's film *Happy Fall Triology*, we encounter details of images, which, via extreme close-up, make it impossible to see the whole. Could you share some thoughts on the aspects of visibility and invisibility present in your works and maybe also on where you see connections to the works of the other three winners?

HL Maybe my practice is more obscure than invisible. I mean, to some extent I do address this idea of invisibility in my work, but at the same time, there are a lot of visual elements present, like a speaker, or a certain color or light. So, I think it's more about obscuring something or distorting things in my work.

And I'd also say, despite not knowing everyone's work super well, that somehow there's a bit of darkness in everyone's practice. I'm not saying it's depressing or pessimistic, but there's a certain heaviness occurring in an interesting way.

DL I also work with obscurity and am very interested in experimenting with elements of mystery, with how I can create a certain mystery without things becoming immediately apparent.

There's something in my work that requires an expanded sense of time. You need patience for this. Sometimes things that weren't expected unravel and display layers of the ephemeral, which I think to a certain degree

große Ganze verwehren. Könnt ihr etwas zu dem Gedanken der Sichtbarkeit und Unsichtbarkeit in euren Arbeiten sagen und vielleicht auch dazu, wo ihr Verbindungen zu den Arbeiten der anderen drei Preisträger*innen seht?

HL Meine Praxis ist vielleicht eher undurchsichtig als unsichtbar. Ich meine, bis zu einem gewissen Grad thematisiere ich diese Idee der Unsichtbarkeit in meiner Arbeit zwar, aber zugleich sind durchaus visuelle Elemente präsent, etwa ein Lautsprecher oder eine spezielle Farbe oder ein besonderes Licht. Also, ich denke, es geht in meiner Arbeit eher darum, etwas zu verdunkeln oder zu verzerren. Und obwohl ich die Arbeiten der anderen nicht supergut kenne, würde ich behaupten, dass auch in den Werken der anderen ein gewisses dunkles Element zu finden ist. Ich meine damit nicht, dass die Arbeiten deprimierend oder pessimistisch sind, sondern dass es bei allen eine gewisse Schwere gibt, die sich auf interessante Weise zeigt.

DL Ich arbeite auch mit Dunkelheit und finde es interessant, mit Elementen des Mystischen zu experimentieren; ich erforsche, wie ich ein gewisses Mysterium erzeugen kann, ohne dass die Dinge sofort offensichtlich werden. Meine Arbeit erfordert eine verlangsamte Wahrnehmung der Zeit, und dazu braucht man Geduld. Manchmal entwickeln sich unerwartete Dinge und ephemere Schichten werden sichtbar. Ich denke, in gewisser Hinsicht entspricht das manchen Dingen, die ich in Pans Arbeit und auch bei Hanne und James sehe. Ich bin gespannt, wie unsere Arbeiten in der Ausstellung miteinander korrespondieren werden. Seit den frühen Stadien der Ausstellungsplanung haben wir diskutiert, wie man die Ausstellung kollektiver und homogener gestalten könnten, aber ich glaube, und denke da ähnlich wie Pan, dazu hätten wir mehr Zeit gebraucht.

PD Ich glaube, die Arbeiten der anderen, soweit ich sie kenne, vermitteln auch das Gefühl von Zeit und zeugen von einer ausgeprägten Empfindsamkeit. Ich denke definitiv, es geht um

corresponds with what I've seen in Pan's work, and also in Hanne's and James's.

I'm curious to see how our works will encounter each other in the exhibition. Since the early planning stages of the show, we've been talking about how to make the exhibition more collective and cohesive but again I think, agreeing with Pan, that would've required more time.

PD From the works I know, I feel there's also a sense of time and a strong sensitivity. I definitely feel there's a sense of distilling or preserving something that's hard to grasp, like, a memory, ephemeral elements, romantic tones. I suppose we all are trying to lay hold of something that is hard to grasp and there's always a duration, a zooming in and out, a playing with scale that requires the viewer to be sensitive about details and about themselves. I feel there are very tender gestures in all the works.

JR I relate to this idea of invisibility in the work by thinking in terms of a flickering between absence and presence, legibility and opacity.

Some elements in my own work clearly come from the world and other parts of culture, other things are very intensely decontextualized, processed into oblivion, and you're moving the viewer through these different registers.

ein Verdichten oder Bewahren, ein Gefühl, das schwer zu fassen ist, etwas wie eine Erinnerung, ein ephemeres Element, ein romantischer Ton. Ich schätze, wir versuchen alle, etwas schwer Greifbares zu erfassen, und es geht immer um ein Verstreichen der Zeit, um ein optisches Annähern und den Blick aus der Distanz, ein Spiel mit dem Maßstab, das dem Publikum ein Auge für Details und Sensibilität in Bezug auf die eigene Person abverlangt. Ich denke, es gibt in allen Arbeiten sehr empfindsame Gesten.

JR Ich kann mich mit dieser Idee der Unsichtbarkeit in der Arbeit identifizieren, wenn ich sie im Sinne eines Flackerns verstehe, einer Bewegung, die zwischen Anwesenheit und Abwesenheit oder zwischen Lesbarkeit und Undurchdringlichkeit alterniert. Offensichtlich entstammen manche Elemente in meiner Arbeit einem weltlichen Kontext und anderen kulturellen Bereichen, während andere Dinge wiederum intensiv dekontextualisiert und bis zur Unkenntlichkeit bearbeitet werden. Und mit all diesen unterschiedlichen Ebenen finden sich die Betrachtenden konfrontiert. Es stellt sich immer die Frage, wie viel davon man verstehen kann oder kennt – und wie viel an Informationen oder Einsichten einfach gefühlsmäßig auf einer weniger bewussten Ebene wahrzunehmen ist. Aber da ich die Arbeit gerade in diesem Moment produziere, habe ich zwangsläufig das Gefühl, im Dunklen herumzutappen.

AR Während wir dieses Gespräch führen, sind wir noch in der Planung der Präsentation, die quasi eine kollektive Ausstellung mit vier verschiedenen Werken ist, aber auch Raum für Begegnungen zwischen den individuellen Arbeiten bietet. Könnt ihr etwas zu den Herausforderungen sagen, die ein solches Ausstellungsumfeld mit sich bringt, ein Szenario also, in dem ihr alle gleichberechtigte Preisträger*innen seid, aber eure Arbeiten gleichwohl zwischen den Werken anderer Künstler*innen in einer Präsentation zeigt, die keine thematische Gruppenausstellung ist?

There are always questions of how much to understand and to know, and how much information or knowledge is possible just to feel on a less conscious level. But I'm making the work right now, so inevitably, it feels like I'm groping around in the dark.

AR While we're talking, we're still planning the set-up of, what is to a certain degree, a collective exhibition with four individual works that also includes spaces of encounter between the works. Can you talk a bit about the challenges presented by such an exhibition environment, where you're all equal winners, but are still showing your work alongside works by other artists in a presentation that is not structured as a group show revolving around a specific theme? In other words: How can the individual position sustain itself in such a collective non-themed surrounding?

DL I think the historical hall of Hamburger Bahnhof would've allowed for more encounters between the four of us. It's also a space with more character. For me, the architecture on the first floor is really challenging. I find white cubes in museums and galleries generally difficult because they don't have an identity, they were designed to be neutral. These white cubes were initially the biggest challenge. Because my practice very strongly encompasses, or even starts by listening to the heritage of a space and then my works respond to that – not only to the story of that space, but to the architecture as well. A white cube doesn't have much to say.

HL I personally think I have a very particular, designated practice, so it's definitely not one of the things I struggle with in this prize exhibition. I'm also quite happy to share the prize and the space in this context of being a so-called winner.

Even though I'm very confident that I will make great work, I think if I was given the historical hall only for myself, as was the case for

Anders gefragt, wie kann sich die individuelle Position in einem solchen kollektiven, thematisch aber unverbundenen Set-up behaupten?

DL Ich denke, die historische Halle des Hamburger Bahnhof hätte mehr Begegnungen zwischen uns vieren erlaubt. Es ist auch ein Raum mit mehr Charakter. Für mich ist die Architektur im ersten Obergeschoss eine wirkliche Herausforderung. Ich finde White Cubes in Museen und Galerien generell schwierig, da sie keine eigene Identität haben; sie sind als neutraler Hintergrund gedacht. Diese White Cubes waren für mich anfangs die größte Herausforderung, denn meine Praxis bezieht die Vergangenheit eines Ortes stark mit ein oder beginnt gar damit, dass ich der Geschichte des Raumes nachspüre und mit meinen Arbeiten darauf reagiere – und nicht nur darauf, sondern auch auf die Architektur. Ein White Cube hat allerdings nicht besonders viel zu erzählen.

HL Ich denke, ich persönlich habe eine sehr spezifische, relativ fest umrissene Praxis, daher ist das definitiv keines der Dinge, mit denen ich in hier zu kämpfen habe. Ich bin ebenfalls froh, den Preis und Raum im Kontext dieser Preisausstellung zu teilen. Zwar bin ich zuversichtlich, eine gute Arbeit zu präsentieren, aber wenn ich die historische Halle ganz allein zu bespielen hätte, wie es bei den vorherigen Preisträger*innen der Fall war, hätte ich mir ein komplettes Jahr nur für dieses Projekt freihalten müssen. In dem Wissen, dass es auch andere Stimmen geben wird, fühle ich mich etwas entspannter.

PD Für mich war es auch eine Erleichterung, nicht die einzige Preisträgerin zu sein. Es ist gut zu wissen, dass wir uns solidarisch präsentieren werden, und ich finde es angenehm, in guter Gesellschaft zu sein.

JR Ich finde es auch entspannend, dass es nicht thematisch kuratiert ist. Themenausstellungen vermitteln oft das Gefühl, dass es mehr um die Kurator*innen als um die Künstler*innen geht.
HL Stimmt.

previous prize winners, I would've needed to take one year off for this project alone. It makes me relax a little bit more knowing that there will be other voices.

PD It was also a relief for me not to be the only winner. It's good to know that we will stand together. It's nice to be in good company.

JR I also find it relaxing that it's not thematically curated. Thematic shows often end up feeling like they're more about the curators than the artists.

HL Yeah.

JR We're not working to a topic. I've approached this openness by making a snapshot of where things are at right now. That being the most honest response to this quite loaded invitation. At least half of the time I work collaboratively, and I also work as a curator/film programmer, alongside my own making – so I'm trying to channel some of that spirit here too into the presentation, to bring the voices of collaborators such as Tolia Astakhishvili, Billy Bultheel, and Lucas Foletto Celinski into the space. In answer to the question, I'm most interested when individual positions actually don't sustain themselves, when they experience periods of rupture or disintegration. For me, a lot of the most meaningful experiences occur through this. In friendship, the erotic, or the spiritual – so why not art. When working with someone collaboratively, sometimes people want to see fifty percent of you and fifty percent of your collaborator. For me, that's not what it's about, what excites me most is when there's an unsettling, a loss of self, and a kind of 'third mind' emerges, even if only for a brief moment. Also, in my teaching practice I always encourage students not to find a corner for themselves so they have a brand for the rest of their careers. So if anything, I'd advocate here for more loss of self.

JR Da wir hier keine thematischen Vorgaben beachten müssen, werde ich die offene Situation nutzen, um eine Momentaufnahme davon zu machen, wie die Dinge im Augenblick stehen. Das erscheint mir die ehrlichste Antwort auf diese ziemlich gewichtige Einladung zu sein. Mindestens die Hälfte meiner Zeit arbeite ich kollaborativ und bin neben meiner eigenen Arbeit auch als Kurator von Filmprogrammen aktiv – daher versuche ich, etwas von diesem Geist auch hier zu kommunizieren und die Stimmen von Kollaborationspartner*innen wie Tolia Astakhishvili, Billy Bultheel oder Lucas Foletto Celinski in die Präsentation einzubringen. Um aber deine Frage zu beantworten – für mich wird es eigentlich immer dann am interessantesten, wenn sich einzelne Positionen nicht langfristig aufrechterhalten lassen und der Punkt erreicht ist, an dem sich Brüche auftun oder Auflösungserscheinungen bemerkbar machen. Ich habe viele tiefgründige Momente in solchen Situationen erlebt: in Freundschaften, der Erotik oder im Spirituellen – warum also nicht in der Kunst? Wenn man mit jemandem kollaboriert, erwarten die Leute zumeist, fünfzig Prozent von dir und fünfzig Prozent von der Person zu sehen, mit der du zusammenarbeitest. Für mich ist das allerdings nicht der springende Punkt; was mich am meisten fasziniert, ist diese Erschütterung, wenn du einen Verlust des Selbst erlebst und dann eine Art ‚dritter Geist' in Erscheinung tritt – und sei es nur für einen kurzen Moment. Auch in meiner Unterrichtspraxis rate ich den Studierenden immer davon ab, sich eine Nische zu suchen und zu besetzen, um so für den Rest ihrer Laufbahn als Marke erkennbar zu sein. Also, wenn überhaupt, würde ich an dieser Stelle für mehr Verlust des eigenen Selbst plädieren.

HL Was für eine treffende Bemerkung zum Abschluss unserer Diskussion um Preise und Sichtbarkeit und die Erfahrung, eine Auszeichnung zu erhalten und das externe Gesicht davon zu sein.

HL Which is a nice note on the idea of winning in terms of getting a prize and being the external face for it.

# Impressum / Imprint


Diese Publikation erscheint anlässlich der Ausstellung /
Published on the occasion of the exhibition
*Preis der Nationalgalerie 2024. Pan Daijing. Dan Lie.
Hanne Lippard. James Richards*
7. Juni 2024 – 5. Januar 2025 /
June 7, 2024 – January 5, 2025
im / at Hamburger Bahnhof – Nationalgalerie der
Gegenwart, Staatliche Museen zu Berlin
Direktoren / Directors: Sam Bardaouil & Till Fellrath
smb.museum/hbf

## Ausstellung / Exhibition
Kuratoren / Curators: Sam Bardaouil & Till Fellrath
Assistenzkuratorin / Assistant Curator: Agnes Rameder
Restauratorische Betreuung / Conservation:
Andrea Sartorius, Lisa Herold, Paulina Potell
Ausstellungskoordination / Exhibition Coordination:
Elena Mortini, Sophie Schattner
Kommunikation / Communication: Fiona Geuß,
Anna Nike Sohrauer
Kunstvermittlung / Mediation: Claudia Ehgartner
Sekretariat / Office: Katrin Berendsen
Sammlungsverwalter / Collection Management:
Jörg Lange, Thomas Seewald
Haustechnik / Maintenance: Stefan Gösche,
Dirk Wagner, Frank Wloka
Praktikant*innen / Interns: Philip Bunk, Anna De Luca,
Robert Schlücker, Laura Maria Schulze,
Gretchen Sorge, Anica Tengelmann

Studio Pan Daijing: Taissa Fromme, Yongsheng Deng
Studio Dan Lie: Ruli Moretti, Cleo Ulatowski,
Coco Magnusson, Ida Lawrence, Veslemøy Rustad
Holseter. Dank an / special thanks to Callie's
Studio Hanne Lippard: Marcus Pal, Marcel Weber,
Lisa Lauren. Dank an / special thanks to Callie's
Studio James Richards: Johanna Markert.
Dank an / special thanks to Gallery Isabella Bortolozzi
und / and Rodeo Gallery
Art Handling und Ausstellungsbau / Art Handling and
Exhibition Construction: LICHTblick Bühnentechnik

Medientechnik / Audiovisuals: EIDOTECH
Ausstellungsgrafik / Exhibition Graphics: Eps51
Produktion Wandtexte / Production of Wall Texts:
Annette Herwegh

## Publikation / Catalog
Für die / For the Nationalgalerie – Staatliche Museen
zu Berlin herausgegeben von / edited by
Sam Bardaouil & Till Fellrath
Autor*innen / Authors: Tom Engels, Till Fellrath,
Estelle Hoy, Agnes Rameder, Kristian Vistrup Madsen,
Wong Binghao (Bing)
Redaktion / Editing: Lisa Hörstmann
Übersetzungen / Translations: Tim Beeby &
Sabine Bürger

Visuelles Konzept und Design / Visual Concept and
Design: Eps51
Druck und Bindung / Printing and Binding:
Tipostampa, Moncalieri
Papier / Paper: Fedrigoni Arena White Rough
Schriften / Typefaces: Bagoss Variable

## Silvana Editoriale
Hauptgeschäftsführung / Chief Executive: Michele Pizzi
Verlagsleitung / Editorial Director: Sergio Di Stefano
Art Director: Giacomo Merli
Redaktionskoordination / Editorial Coordinator:
Chiara Tulli
Korrektorat / Copy Editor: Cristina Pradella
Produktionskoordination / Production Coordinator:
Antonio Micelli
Redaktionsassistenz / Editorial Assistant:
Giulia Mercanti
Photo Editor: Silvia Sala
Pressestelle / Press Office: Lidia Masolini

Erschienen bei / Published by Silvana Editoriale S.p.A.,
Cinisello Balsamo, Mailand / Milan.
www.silvanaeditoriale.it

## BMW Group Kulturengagement /
## BMW Group Cultural Engagement

Als Corporate Citizen nimmt die BMW Group soziale Verantwortung wahr und engagiert sich seit über 50 Jahren in hunderten kulturellen Initiativen weltweit, sowohl in der Kunst als auch in den Bereichen Musik und Sound, in der Architektur wie im Design.
Den Preis der Nationalgalerie fördert die BMW Group als exklusiver Partner bereits seit 2006. Als einer der wichtigsten Kunstpreise national und international ist die Auszeichnung ein fester Bestandteil des Kulturengagements der BMW Group und durch den Aufbau dieser langfristigen Partnerschaft stärkt die BMW Group den interkulturellen Dialog und schafft Plattformen für einen multidisziplinären Austausch.
www.bmwgroup.com/kultur /
As a corporate citizen, the BMW Group takes social responsibility seriously, and as part of that, it has been involved in hundreds of cultural initiatives worldwide for over 50 years, in the fields of art, music and sound, architecture and design.
The BMW Group has supported the Preis der Nationalgalerie as an exclusive partner since 2006. As one of the most important national and international art awards, the prize is an integral part of the BMW Group's global commitment to culture. By fostering this long-term partnership, the BMW Group strengthens intercultural dialogue and creates platforms for multidisciplinary exchange.
www.bmwgroup.com/culture

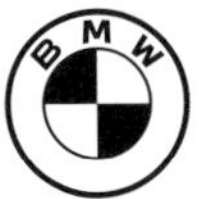




Die Deutsche Nationalbibliothek verzeichnet diese Publikation in der Deutschen Nationalbibliografie; detaillierte bibliografische Daten sind im Internet über http://dnb.dnb.de abrufbar. / The German National Library lists this publication in the German National Bibliography. Detailed bibliographic data are available at http://dnb.dnb.de.





Printed in the EU
ISBN: 9788836657889


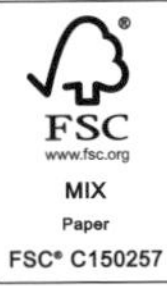

# Abbildungsverzeichnis / Photo Credits

# Dank/ Acknowledgements

Der Preis der Nationalgalerie wird ermöglicht durch die Freunde der Nationalgalerie und gefördert durch BMW. Der Erwerb der Kunstwerke wird unterstützt durch Riller & Schnauck, BMW Partner in Berlin./
The Preis der Nationalgalerie is made possible by Freunde der Nationalgalerie and supported by BMW. The acquisition of the artworks is facilitated by Riller & Schnauck, BMW partner in Berlin.

Die Publikation wurde ermöglicht durch die Freunde der Nationalgalerie./
The publication was made possible by Freunde der Nationalgalerie.